U0109699

# 高等教育政策与管理研究丛书

主编：陈学飞　副主编：李春萍

三　编
第 1 册

博雅教育的概念史：
起源、发展及其现代转型（上）

沈文钦 著

花木兰文化事业有限公司

国家图书馆出版品预行编目资料

博雅教育的概念史：起源、发展及其现代转型（上）／沈文钦
著 -- 初版 -- 花木兰文化事业有限公司，2019〔民108〕
目 4+194 面；19×26 公分
（高等教育政策与管理研究丛书　三编　第 1 册）
ISBN 978-986-485-824-8（精装）
1. 人文教育　2. 教育史
526.08　　　　　　　　　　　　　　　　108011549

ISBN-978-986-485-824-8

高等教育政策与管理研究丛书
三编　第一册　　　　　　　　ISBN：978-986-485-824-8

# 博雅教育的概念史：
## 起源、发展及其现代转型（上）

作　　　者　沈文钦
主　　　编　陈学飞
副 主 编　李春萍
总 编 辑　杜洁祥
副总编辑　杨嘉乐
编　　　辑　许郁翎、王筑、张雅淋　美术编辑　陈逸婷
出　　　版　花木兰文化事业有限公司
发 行 人　高小娟
联络地址　台湾 235 新北市中和区中安街七二号十三楼
　　　　　电话：02-2923-1455 ／传真：02-2923-1452
网　　　址　http://www.huamulan.tw 信箱 hml 810518@gmail.com
印　　　刷　普罗文化出版广告事业
初　　　版　2019 年 9 月
全书字数　290162 字
定　　　价　三编 6 册（精装）台币 12,000 元　　　　版权所有 请勿翻印

# 博雅教育的概念史：
## 起源、发展及其现代转型（上）

沈文钦　著

## 作者简介

沈文钦，北京大学教育学院副教授。北京大学文学学士、教育学博士，公共管理学博士后。中国社会学会科学社会学委员会理事。威斯康星大学麦迪逊分校访问学者。主要研究领域为大学制度史与观念史、高等教育理论与政策、博士生教育。在《北京大学教育评论》、《教育研究》、《高等教育研究》、Higher education、Journal of Higher Education Policy and Management、Higher education quarterly、History of eduation Quarterly 等国内外权威学术期刊发表学术论文六十余篇。

## 提　要

从古希腊、古罗马到近代英国，再到当代美国，博雅教育（liberal education）和博雅技艺（Liberal arts）的语汇与观念一直广为流播，深刻地影响了西方教育制度、课程模式及知识传统。可以说，"博雅教育"概念是理解整个西方教育思想的关键所在。本书试图从概念史的视角对西方博雅教育思想的"概念变迁"作一系统的研究。

本书以大量的教育思想史原典、英语辞典、学者文集为基础，重点选择若干代表人物的经典文本，以思想史的关键人物为线索，以语义分析为基础，用概念史的方法，从"理想人格和知识挑选"的角度，勾勒博雅教育的"概念变迁"和思想流变。

博雅教育的概念起源于古希腊的"自由人知识"（eleutherion epistemon）和古罗马的"自由人技艺"（artes liberals），在中世纪演变为"七艺"，17 世纪之后，在英国与绅士观念合流，遂演变为近代"博雅"教育学说。18、19 世纪的博雅教育（liberal education）均强调"博"与"雅"这两个维度。不过，两者存在一些本质性的区别。首先，18 世纪的博雅教育深受文雅观念（politeness）的影响，以社会－道德为指向，在 19 世纪，心智训练取代了"文雅"观念的地位；其次，在 19 世纪，通识教育和专业教育之间的矛盾开始突显，liberal 的语义重心从"雅"（高雅的，符合绅士身份的）转向"通"。这两大区别背后是"文雅社会"向"才智社会"的转型。从 19 世纪末开始，博雅教育从针对绅士阶层的教育变成了对所有公民的通识性教育，并日益和自由主义的意识形态勾连在一起，liberal 的语义也从博雅转向了自由，博雅教育变成了自由教育。

# 序 言

　　这是一套比较特殊的丛书，主要选择在高等教育领域年轻作者的著作。这不仅是因为青年是我们的未来，也是因为未来的大师可能会从他们之中生成。丛书的主题所以确定为高等教育政策与管理，是因为政策与管理对高等教育的正向或负向发展具有重要、甚至是决定性的意义。公共政策是执政党、政府系统有目的的产出，是对教育领域社会价值的权威性分配。中国不仅是高等教育大国，更是独特的教育政策大国和强国，执政党和政府年复一年，持续不断的以条列、规章、通知、意见、讲话、决议等等形式来规范高等院校的行为。高等教育管理很大程度上则是政治系统产出政策的执行。包括宏观的管理系统，如党的教育工作委员会及各级政府的教育行政部门；微观管理系统，如高等学校内部的各党政管理机构及其作为。

　　这些政策和管理行为，不仅影响到公众对高等教育的权利和选择，影响到教师、学生的表现和前途，以及学科、学校的发展变化，从长远来看，还关乎国家和民族的兴盛或衰败。

　　尽管高等教育政策和管理现象自从有了大学即已产生，但将其作为对象的学术研究却到 19 世纪和 20 世纪中叶才在美国率先出现。中国的现代大学产生于 19 世纪后半叶，但对高等教育政策和管理的研究迟至 20 世纪 80 年代才发端。虽然近些年学术研究已有不少进展，但研究队伍还狭小分散，应然性研究、解释性研究较多，真实的高等教育政策和管理状况的研究偏少，理论也大多搬用国外的著述。恰如美国学者柯伯斯在回顾美国教育政策研究的状况时所言："问题是与政策相关的基础研究太少。最为主要的是对教育政策进行更多的基础研究……如果不深化我们对政策过程的认识，提高和改进教育效果是无捷径可走的。仅仅对政策过程的认识程度不深这一弱点，就使我们远远缺乏那种可以对新政策一些变化做出英明预见的能力，缺乏那种自信地对某个建议付诸实施将会有何种成果做出预料的能力，缺乏对政策过程进行及时调整修正的能力"。（斯图亚特.S.纳格尔.政策研究百科全书，北京：科学技术文献出版社，1990:458）这里所言的基础研究，主要是指对于高等教育政策和管理实然状态的研究，探究其发生、发展、变化的过程、结果、原因、机理等等。

编辑本丛书的一个期望就是，凡是入选的著作，都能够在探索高等教育政策和管理的事实真相方面有新的发现，在探究方法方面较为严格规范，在理论分析和建构方面在前人的基础上有所创新。尽管这些著作大都聚焦于政策和管理过程中的某个问题，研究的结果可能只具有"局部"的、"片面"的深刻性，但只要方向正确，持续努力，总可以"积跬步以至千里,积小流以成江海"，逐步建构、丰富本领域的科学理论，为认识、理解、改善政策和管理过程提供有价值的视角和工具，成为相关领域学者、政策制定者、教育管理人员的良师和益友。

主编 陈学飞

# 目

# 次

# 引论　博雅教育与西方教育传统

　　自 20 世纪 90 年代以来，我国高等教育界开展了一场轰轰烈烈的通识教育运动，十多年来，通识教育的改革日渐深入，影响波及全国，一些著名高校甚至成立了专门的通识教育机构，如北京大学的元培学院、复旦大学的复旦学院、中山大学的博雅学院和南京大学的匡亚明学院，等等。

　　我们同时也知道，这场通识教育改革的一个重要的理论来源是美国的通识教育（general education）概念。而在美国，通识教育又被称为自由教育或博雅教育（liberal education）。中山大学的博雅学院明确地将自身的定位和美国的博雅文理学院（liberal arts college）相对应。如此看来，我国当前的通识教育改革与西方的自由教育或博雅教育概念颇有渊源。那么，何谓自由教育或博雅教育？

## 第一节　博雅教育与西方教育传统

　　在西方教育史上，尤其是在教育思想史当中，恐怕没有哪一个概念的重要性能够与"博雅教育"或"自由教育"（liberal education）相比拟。在西方人看来，这一概念的源头是古希腊。确实，我们在两千多年前柏拉图给密友狄翁的支持者们的《第七封信》中就已经看到了这个概念的雏形，柏拉图在书信中指出，有理智的人只有在"自由的教育"（eleutheras paideias）中才能取得自信，"自由"的教育使志同道合者结成友谊，而且是一种高贵的友谊[1]。

---

1　Plato. Timaeus. *Critias. Cleitophon. Menexenus. Epistles*, Cambridge, Mass. : Harvard University Press, 1914-1937：508..

多年后，柏拉图的学生亚里士多德在吕克昂开设了政治学的讲座，这些讲课稿由后人整理成书，名为《政治学》。在这本西方政治学的开山之作中，亚里士多德将最后的两卷（第七卷和第八卷）用于讨论最佳政体中的教育问题。亚里士多德在该书中明确提出了"适合于自由人的科学"（ελενθερίων επιστημων，eleutherion epistemon）这一概念，这一般被视为是博雅教育概念的希腊起源。

博雅教育概念的拉丁形式"Liberaliter educatione"或"Artes Liberales"则出现在西塞罗、塞捏卡等古罗马著名政治家与作家的笔下。而在中世纪，博雅教育的传统通过"七艺"的概念而绵延不绝，通过"艺学院"与法学院、神学院、医学院的制度分割，博雅教育的传统得以在以专业教育为取向的中世纪大学中保留下来。

中世纪之后，英国最好地继承了古典的博雅教育传统。16世纪末，"Liberal education"这个短语已经开始在英国出现，[2]这一概念在此后的三、四百年中逐渐演变成为英国最重要、最有特色的一种教育理念。在19世纪现代大学建立之前，非专业的博雅教育一直是英国公学和大学最为主要的教育形式。

19世纪之后，德国、英国、美国等世界各国的大学逐渐走向了研究型大学、专业化教育的现代发展道路。1809年成立的柏林大学开创了现代大学的新纪元，从那之后，大学告别了中世纪和文艺复兴的传统，进入了一个崭新的时代。然而，柏林大学的创立者洪堡并没有彻底背离大学的"教养"传统，相反，在洪堡看来，大学最根本的目标在于达成人的"修养"（Bildung），或者说，通识性修养（Allgemeine Bildung）[3]。修养或通识性的修养是洪堡古典大学观的核心内容，西方学者通常称这两个概念为德国版本的博雅教育理论。在英语文献中，这两个概念也通常被译为博雅教育或通识教育。

洪堡创办柏林大学的四十多年后，亨利·纽曼面临着和洪堡同样的问题，他受命创建一所天主教大学，并应邀发表关于大学教育的演讲。纽曼关于大学的系列演讲有两个最主要的主题，其一为神学和宗教教育在大学中的地位；其二为博雅教育。在纽曼看来，大学的本质特征和核心使命在于博雅教育，博雅学科是西方文明世界的"教育手段"，是"心智培育的最佳手段"、"理智

---

2　Simpson, J. A.（1989）.*The Oxford English dictionary*，　New York: Oxford University Press.

3　陈洪捷.《德国古典大学观及其对中国大学的影响》.2002：83.

进步的最佳保障"[4]，是大学安身立命的根基所在。

在纽曼发表演讲之后七十多年，也就是20世纪20年代末、30年代初，刚过而立之年的罗伯特·赫钦斯执掌学界重镇芝加哥大学。创建于1891年的芝加哥大学是一所典型地效仿德国大学模式的研究型大学。在赫钦斯上任之时，芝加哥大学风头正劲，其学术研究实力在美国排名第一，力压哈佛、耶鲁等传统名校。然而，赫钦斯上任之后，却一心致力于振兴自由教育和博雅教育的传统，在他看来，"整个西方教育的传统就是自由技艺（liberal arts）的传统"[5]，自由教育传统一直在西方教育中占据主导地位，西方民主制度的出现同样也要归功于这种教育，而当代西方文明的危机则是由于忽略自由技艺的传统，过分重视实用技艺与生产技艺造成的。[6]赫钦斯还指出，自由教育"就其特性来说是西方的"[7]，因为自由教育"假定一切都是可以讨论的"，这种教育是逻各斯的文明和对话的文明——亦即西方的文明——的特有产物。

以上简略的回顾，已足以表明博雅教育概念在西方教育思想史上的重要地位。更加重要的是，在西方教育史上，博雅学科的教育理念绝非"空中楼阁"，而是两千多年历史中占据主导地位的教育实践和支配性的"课程模式"。一门技艺或知识，惟有获得"博雅技艺"或"博雅科学"的称号，才能够名正言顺地进入正规的教育体系，那些没有获得这一称号的知识，只能在作坊、家庭或专门职业性学校等场域加以传授。绘画、雕塑、医学、现代语言学、近代实验科学等知识为了进入正规教育体系，获得这个头衔，都曾苦苦挣扎。

博雅技艺的影响还反映在教育制度层面上，中世纪的艺学院常常又称为"自由技艺学院"（liberalium artium facultate）[8]，在中世纪大学成立后的数百

---

4 Newman, John Henry. *The idea of a university defined and illustrated*, London, Thoemmes Press, 1994：262.

5 Robert Maynard Hutchins. *Great books：The foundation of a liberal education*, New York, Simon and Schuster, 1954：31

6 Robert Maynard Hutchins. *Great books：The foundation of a liberal education*, New York, Simon and Schuster, 1954：30-32.

7 赫钦斯著.《民主社会中教育上的冲突》. 陆有铨译.台北：桂冠图书公司，1994：68.

8 Gaines Post. Three Letters Relating to the University of Paris, ca. 1284-1289, *Speculum*, Vol. 14, No. 4.（Oct., 1939），pp. 478-482.

年间，艺学院一直在法国学术史上执其牛耳；从十七世纪开始，德国、苏格兰等大学的艺学院一般称为哲学院[9]，传统上，哲学院的地位低于神学院、法学院和医学院这三个专门学院，但近代的社会科学、自然科学和人文科学的大多数学科均发端于哲学院。作为一种精英教育的制度形式，美国特色的文理学院（liberal arts college）影响至今未衰。不管是作为一种教育理念，还是作为一种课程模式，抑或作为一种大学制度，博雅教育的传统可谓悠久绵长，影响既深且巨。可以毫不夸张地说，博雅教育是理解西方教育思想与历史的关键所在。

## 第二节 "liberal 这个词到底是什么意思呢？"

那么，何谓博雅技艺或博雅教育？

博雅技艺（liberal arts）或博雅科学（liberal sciences）源自希腊文 eleutherion epistemon 和拉丁文 artes liberales，其意大利文写法为 arti liberali，德文写法为 freien Künste（或 freien Wissenschaften），荷兰文写法为自由艺术（vrije kunsten），法文写法为 Arts libéraux。

博雅教育（liberal education）源自拉丁文 Liberaliter educatione，其在法语中的对应概念为"良好的教育"（Une belle education）[10]，在德语中对应的概念为"通识性修养"（Allgemeine Bildung）[11]，或"修养"（Bildung）。

尽管博雅教育在西方教育思想史上影响非常深远，但人们对其的阐释和理解常常分歧甚多，这种分歧主要表现在如何理解"liberal"这个词。在《大学的理念》一书中，纽曼提出这样一个意味深长的问题：

"我们通常会用 '*liberal* knowledge'，'*liberal* arts and studies' 或 '*liberal* education'（斜体为原文所加）等名称来表示一所大学或一个绅士所特有的品

---

9　Notker Hammerstein. "Epilogue: The Enlightenment" in Hilde de Ridder-Symoens. *A History of the university in Europe（v.2）: Universities in early modern Europe, 1500-1800*, New York: Cambridge University Press, 1992：629.

10　Joseph Wilson. *A French and English Dictionary*, London: 1833，liberal 词条。Une belle education 一般翻译为 good education 或 fine Education。

11　例如，美国教育家詹姆斯·罗素（James Earl Russell, 1864-1945）就将德文 Allgemeine Bildung 等同于英文 Liberal Education。参见 James Earl Russell, *German higher schools: the history, organization and methods of secondary education in Germany*. New York: Longmans, Green and co., 1905：175.

格或特性，那么，liberal 这个词到底是什么意思呢？[12]"

"liberal 这个词到底是什么意思呢"，这是纽曼在一百多年前所提出的问题，是每一位阐述博雅教育的思想家首先着力回答的问题，也是每一位研究者最先碰到、且无法回避的问题，但也是一直困扰中外学界的问题。

在纽曼看来，这个问题之所以至关重要，原因在于，当我们将"liberal"这个词用于知识或教育时，我们就表达了一种"特定的观念"，而且这种观念是永恒的：

> "只要这个世界继续下去，亚里士多德在这些问题上的理论（笔者注：指关于 liberal knowledge 和 liberal education 的理论）就会继续下去……当我们将 liberal 这个词用于知识或教育时，就表达了一种特定的观念，只要人性不变，这个观念就从来存在而且将永远存在。……这个观念此时存在于世界上，彼时也会存在于这个世界上。……正如信仰的教义一样，它是由一个连续不断的历史传统来加以解说的，从它进入这个世界的那一刻起，就再也不会离开这个世界。确实，关于哪些活动或技艺可以归入"liberal"的范围，时不时会有种种意见的分歧，但这种分歧只不过为证明其真实性补充了例证……所有这些分歧只不过意味着而不是否定了这样一种原型观念（ *the archetypal idea* ），这种原型观念是一个现在的假设或条件，靠着它，相互对抗的意见才能交锋，没了它，就没什么可争论的了"[13]。

根据纽曼的说法，当我们将 liberal 一词用于知识时，我们得到了博雅知识（liberal knowledge）、博雅技艺（liberal arts）、博雅运动（libeal exercise）、博雅学科（liberal studies）等概念，当我们将 liberal 一词用于"教育"时，我们得到了博雅教育的概念。只要人性不变，博雅技艺、博雅知识、博雅教育的观念"从来就存在而且永远会存在"。

纽曼的论述充分说明了博雅教育理念的重要性。然而，当我们试图回答纽曼的问题"liberal 这个词到底是什么意思呢"时，我们仍然面临诸多困难。

---

12 John Henry Newman，*The idea of a university defined and illustrated*, London, Thoemmes Press, 1994：106.

13 Newman, John Henry. *The idea of a university defined and illustrated* , London, Thoemmes Press, 1994：110.

1. 博雅技艺尤其是博雅教育的概念在西方历史上几乎一开始就歧义丛生、聚讼纷纭。进入二十世纪之后，博雅教育的改革成为万众瞩目的事件，相关的学术性的、非学术性的文章呈几何级数增长，"六经注我"式的非历史解释蜂拥而起，使博雅技艺和博雅教育成了"被用得最多但又滥用得最厉害的词汇"[14]。

2. 博雅技艺这个术语不是"单枪匹马"出现在教育史上的。西方文化中还有博雅职业、博雅文化等类似概念，以及工匠技艺、实用技艺、奴性技艺、粗鄙技艺等相对的概念。此外，教养（Paideia）、通育（enkuklios paideia）、人文学、修养（Bildung）、通识修养（Allgemeinbildung）等也属于博雅教育家族概念群中的核心概念。这些概念组成了一个庞大的家族概念群，共同形塑了博雅教育的话语实践。

3. 博雅教育这个术语也是一个异常复杂、纠缠不清的"观念丛"。在不同的历史时期，博雅教育常常等同于（或被误解为）礼貌教育、高雅教育、人文教育、绅士教育、贵族教育[15]、通识教育等等。

4. 最后，在不同的历史时期，人们对 liberal 一词的解释是有差异的。

一种最常见的理解是将 liberal 解释为"符合自由人身份的"，如西塞罗、塞涅卡、弗吉里奥（1349-1420）、托马斯·赫胥黎，等等[16]。

另一种理解是将 liberal 解释为"符合绅士身份的"，如纽曼将 liberal knowledge 等同于"绅士知识"，爱德华·兰德将 artes liberales 译为"适合于绅士的技艺"[17]。

第三种理解是将 liberal 解释为"自由的"，如康德[18]、汉娜·阿伦特[19]、

---

14 Stanley N. Katz, "Liberal Education on the Ropes," *Chronicle of Higher Education* （April 1, 2005），1-8.

15 Bruce Kimball. *Orators & philosophers: a history of the idea of liberal education* , New York : College Board Publications ,1995：196.

16 Huxley, Thomas Henry. *Man's place in nature and other essays*, London, J.M. Dent & co.; New York, E.P. Dutton & co., 1906:238. 转引自 J. P. Powell. Some Nineteenth-Century Views on the University Curriculum, *History of Education Quarterly*, Vol. 5, No. 2. （Jun., 1965），pp. 97-109

17 Rand, Edward Kennard. *Founders of the middle ages*, Cambridge: Harvard University Press, 1928：223

18 康德. 《判断力批判》.邓晓芒译. 北京：人民出版社，2002：147.

19 Arendt, Hannah. *The human condition* , Chicago: University of Chicago Press, 1958：128.

汉斯-格奥尔格·伽达默尔[20]、《大英百科全书》，等等。

第四种理解则将 liberal 解释为"使人自由的"，如古罗马哲学家塞涅卡认为真正的 liberal arts 是那些"使人自由"的知识。

第五种典型的理解将 liberal 解释为"高贵的"，其代表人物有维柯[21]。

第六种理解则将 artes liberales 追溯至希腊词"enkuklios paideia"，并认为两者的内涵一致，据此，liberal 意为"贯通的、普通的、循环的"。持这种观点的有亨利·马鲁、乔治·肯尼迪[22]等。

此外，在不同时期，liberal 一词还有文雅的（polite）、博学的（learned）、上流社会的（genteel）、儿童的、书面的（bookish）、解放的（liberating）等含义。

有鉴于此，本书试图通过概念史和历史语义学的方法，对"博雅学艺"与"博雅教育"这两个概念进行概念史的研究，目的在于澄清这两个概念在西方教育史中的起源与流变，以更为深入、准确地把握西方的博雅教育传统。

## 第三节 "博雅教育"概念在中国

起码从上世纪初开始，中国学人就已经开始将西方 liberal arts 和 liberal education 概念介绍到中国来。从民国时期的学者陈廷璠、潘光旦、蒋梦麟等人开始，中国人翻译、阐释这两个概念的历史已经将近一个世纪。

### 3.1 译著中的"博雅技艺"与"博雅教育"

迄今为止，liberal arts 一词的中文译法已多达数十种，大致可归为以下几类：

#### 1、自由艺术、自由学科、自由技艺

这几种译法的共同点是将 liberal 理解为"自由的"，如自由学科[23]、自由科学[24]、自由技艺[25]、自由学艺[26]、自由学术[27]、自由文艺[28]、自由之艺[29]、自

---

20 Hans-Georg Gadamer. *Praise of theory: speeches and essays*, New Haven, Conn. : Yale University Press, 1998：185.

21 Vico, Giambattista. *The new science of Giambattista Vico*, Ithaca, N.Y.: Cornell University Press, 1948

22 George Alexander Kennedy（1928- ），美国学者，以对古代修辞学的研究而著名。

23 滕大春主编.《外国教育通史第 2 卷》.济南：山东教育出版社，2005：13.

24 刘晓萍、汪玉兰.《西方美育思想简史》.北京：中国社会科学出版社，2007：86.

25 （法）爱弥尔·涂尔干.《教育思想的演进》.李康译，上海：上海人民出版社，2003：55.

由的艺术[30]、自由七艺[31]、自由职业[32]、自由艺术[33]。

## 2、文科、人文学科、人文学艺

这几种译法的特点是绕开 liberal 一词，将其理解为等同于人文学科的概念，如人文科学[34]、人文学艺[35]、文科[36]、古代文科[37]、大学文科[38]、人文学科[39]、文科七艺[40]、文学[41]、文学艺术教育[42]、综合性文科教育[43]、文科教育[44]、文艺[45]。

---

26 （比利时）伍尔夫.《中古哲学与文明》.庆泽彭译，上海：华东师范大学出版社，2005：61.

27 朱龙华.人道主义探源.世界历史.1984（2）：3-8.

28 （美）约翰·杜威.《人的问题》.傅统先、邱椿译.上海：上海人民出版社，2006：70.

29 [德]雅斯贝斯.《大学之理念》.邱立波.上海：上海世纪出版集团，2007：127.

30 康德.《判断力批判》.邓晓芒译.北京：人民出版社，2002：147.

31 （美）查尔斯·霍默·哈斯金斯.《12世纪文艺复兴》.夏继果译.上海：上海人民出版社，2005：3.

32 （德）哈贝马斯.《公共领域的结构转型》.曹卫东等译.上海：学林出版社，1999：44.

33 （法）蒙田.《蒙田试笔》.梁宗岱译.北京：中央编译出版社，2006：326.

34 （德）E·策勒尔.《古希腊哲学史纲》.翁绍军译.济南：山东人民出版社，2007:296.

35 这是唐逸先生对 "disciplines liberalium" 一词的翻译，参见唐逸.《理性与信仰》.桂林:广西师范大学出版社，2005：54.

36 （美）罗伯特·M·赫钦斯.《美国高等教育》.杭州：浙江教育出版，2001：66；（美）哈罗德·J·伯尔曼.《法律与革命：西方法律传统的形成》.贺卫方等译.北京：中国大百科全书出版社，1993.

37 （奥地利）弗里德里希·希尔.《欧洲思想史》.赵复三译.桂林：广西师范大学出版社，2007：63.

38 狄德罗等.丹尼·狄德罗的《百科全书》.梁从诚译.广州：花城出版社，2007：38.

39 （英）雷蒙·威廉斯.关键词-文化与社会的词汇.刘建基译.北京：三联书店，2005:17.

40 （古罗马）西塞罗.《论至善和至恶》.石敏敏译.北京：中国社会科学出版社，2005：204

41 彭小瑜."爱塑造德行，智塑造学识"——十二世纪西欧教会的大学理想.载于《大学与基督宗教研究》，香港浸会大学中华基督宗教中心2002年，第13-29页.

42 西塞罗.《西塞罗全集·修辞学卷·论开题》.王晓朝译.北京：人民出版社，2007：167，Cicero, Marcus Tullius. De inventione ; De optimo genere oratorum ; Topica, Cambridge, Mass. : Harvard University Press,1949：72-73.

### 3、文雅学科、博雅学科、博雅课程

文雅学科、文雅科目[46]、博雅艺术[47]、博雅课程[48]、博雅科目[49]、博雅之艺[50]、美优之艺[51]、雅艺。

### 4、通艺、通识、通才七艺

这种译法的共同点是将 liberal 理解为"通"的，如通艺[52]、通识[53]、通才七艺[54]。

### 5、文理科

这种译法认为 liberal arts 包括文法、修辞、数学、物理等人文学科和自然科学，因此将之译为文理科[55]、文理学科[56]、高等文理学科[57]。

43 （美）施文娟.《西方文化教育谬误之源：从修辞与讽刺的历史演变谈起》.南昌：江西教育出版社，2004：146, C. Jan Swearingen. *Rhetoric and irony: Western literacy and Western lies* , New York: Oxford University Press, 1991：142.

44 列奥·斯特劳斯.肖涧译.自由教育与责任.刘小枫主编.《古典传统与自由教育》.北京：华夏出版社，2005：13. Leo Strauss. "Liberal education and responsibility".in *Liberalism ancient and modern,* Chicago：University of Chicago Press，1995：13.

45 （意）维柯.《论人文教育》.王楠译.上海：上海三联书店，2007：33.

46 黄坤锦《美国大学的通识教育——美国心灵的攀登》.北京：北京大学出版社，2006：4.

47 （英）约翰·亨利·纽曼.《大学的理念》.高师宁等译.贵州：贵州教育出版社，2003：215.

48 [美]柯林斯.《文凭社会：教育与阶层化的历史社会学》.台北：桂冠图书股份有限公司，1998：147.

49 Jacques Maritain.《十字路口的教育》.简成熙译.台北：五南图书出版公司，1996：61.

50 张灿辉.人文学科与通识教育.陕西师范大学学报.2000（1）：5-13.

51 吴国盛.《自由的科学》.福州：福建教育出版社，2002·10-11.

52 （美）格莱夫斯.《中世教育史》.吴康译.上海：华东师范大学出版社，2005.

53 赵敦华.《人性和伦理的跨文化研究》.哈尔滨：黑龙江人民出版社，2004：284.

54 陈绪纲.《法律职业与法治——以英格兰为例》.北京：清华大学出版社，2007：116.

55 彼得·柏克.《知识社会史——从古腾堡到狄德罗》.贾士蘅译.台北：麦田出版，2003：161.

56 大卫·沃德（David Ward）等.《令人骄傲的传统与充满挑战的未来：威斯康星大学150年》.清华大学出版社，2007：21.

57 昆体良.《昆体良教育论著选》.任钟印译.北京：人民教育出版社，2001：159.

### 6、高尚科学、高尚优美的才艺

这种译法将 liberal 理解为高尚的，如高尚优美的才艺[58]、高尚科学[59]。

### 7、自由人的技艺、君子之道

这种译法将 liberal arts 和自由人阶层、君子阶层联系在一起，如自由人的技艺[60]、高尚的、适合于自由人研究的科学[61]、自由民学科、君子之道[62]等等。

与此类似，liberal education／liberal arts education 一词在中文学界也无统一译法，各种译法包括完全教育[63]、文科教育[64]、人文教育[65]、自由教育[66]、宽大自由教育[67]、自由民教育[68]、自由艺术教育[69]、自由人的教育[70]、博雅教育、文科博雅教育[71]、博放教育[72]、文雅教育、宽宏教育、通才教育[73]、通识

58 （古罗马）塔西佗.《阿古利可拉传、日耳曼尼亚志》.马雍、傅正元译.北京：商务印书馆，1959：15.

59 王焕生将 artium liberalissimis 和 ingenuae artes 均译为"高尚科学"。参见（古罗马）西塞罗.《论演说家》.王焕生译.北京：中国政法大学出版社，2003：9，55.

60 郭长刚.古希腊人文精神对科学精神的孕育.探索与争鸣.2003（12）：35-36.

61 （古罗马）西塞罗.《论演说家》.王焕生译.北京：中国政法大学出版社，2003：595.

62 黄万盛.作为 liberal arts 的大学理念.世界哲学，2004（2）：88-90.

63 这是我国学者在上世纪 20 年代的译法。参见（美）格莱夫斯.《中世教育史》.上海：华东师范大学出版社，2005：161.

64 （美）丹尼尔·科顿姆.《教育为何是无用的》.仇蓓玲、卫鑫译.南京：江苏人民出版社，2005：212

65 （英）特雷·伊格尔顿.《二十世纪西方文学理论》.伍晓明译.北京大学出版社，2006：26；黄万盛.大学理念和人文学.开放时代.2007（1）：50-67.

66 雷通群.《西洋教育通史》.上海：上海书店，1990（影印本，1934 年初版）：17-18；（美）约翰·杜威.《民主主义与教育》.王承绪译.北京：人民教育出版社，2001：268；刘小枫.《刺猬的温顺》.上海：上海文艺出版社，2002：210.

67 朱光潜.文学院.载于杨东平主编.《大学精神》.文汇出版社，2003：158.

68 亨特（Ian Hunter）.充当一种志业的人格：人文学科的政治理性.薛翠译.华勒斯坦等.《学科·知识·权力》.三联书店，1999：154.

69 杜维明.人文学和高等教育.清华大学教育研究.2003（8）：1-10.

70 梁美仪.通识课程设计与新学科的开发.理工高教研究.2002（12）：1-4.

71 张源.白璧德"人文主义"思想译介研究——以《学衡》译文为中心[D]北京大学中文系，2006：76.

72 （美）欧文·白璧德.《文学与美国的大学》.张沛、张源译.北京：北京大学出版社，2004：38

73 梁实秋主编.《远东英汉大辞典》.台北：远东图书公司，1977：189.

教育、文育[74]、文化艺术教育[75]、文理综合教育[76]、教养教育[77]、开明的教育[78]、高尚的培养和教育[79]等。

这些译法之间差异非常之大，一方面反映了 liberal arts 一词的丰富性与复杂性，另一方面也表明人们对这个概念／观念的认识还比较模棱两可。从已有文献来看，也没有学者对自己的译法加以解释说明，更没有人细究 liberal arts 一词的来龙去脉。"翻译，作为一种在认识论意义上穿越于不同界限之间的喻说，总是通过一种事物来解说另一种事物"[80]，一种翻译代表一种理解，因此，如何翻译就不仅仅是"咬文嚼字"的小问题，而是涉及到我们如何去把握西方教育思想传统的大问题。

准确地翻译 liberal education 和 liberal arts 这两个概念，对于我们理解西方经典著作亦不无意义。

## 3.2 教育研究中的"博雅教育"

如前所述，"整个西方教育的传统就是 liberal arts 的传统"，因此，在西方教育思想史、西方教育史的研究当中，博雅教育成为一个无法绕过去的问题。二十世纪八十年代以来，有关博雅教育或通识教育的研究成为教育研究的一个热点，成果丰硕，蔚为大观。

其中，成果最为丰硕的是对通识教育理念、课程模式和实践的研究。通识教育对应的英文概念是 general education，这个概念出现于十八世纪末，在十九世纪初逐渐成为一个通用的教育学术语，并与博雅教育（liberal education）

---

74 （意）维柯.王楠译.《论人文教育》.上海：上海三联出版社，2007：17.

75 西塞罗．《西塞罗全集·修辞学卷·论演说家》．王晓朝译.北京：人民出版社，2007: 350, Marcus Tullius Cicero, *De Oratore*, Cambridge, Mass. : Harvard University Press ,1942：97.

76 中国驻芝加哥总领事馆教育组. 析美国文理综合本科学院的教育本质及办学模式. 世界教育信息，2006（6）：25-2.

77 刘小枫.《刺猬的温顺》.上海：上海文艺出版社，2002：211.

78 （古罗马）西塞罗.《国家篇-法律篇》.沈叔平、苏力译.北京：商务印书馆，1999：33; Marcus Tullius Cicero. *De re publica; De legibus*, New York: G.P. Putnam's Sons, 1928：61.

79 这是王焕生先生对 liberaliter educatione 一词的翻译，参见（古罗马）西塞罗.《论演说家》.王焕生译. 北京：中国政法大学出版社，2003：592-593.

80 刘禾.《跨语际实践——文学，民族文化与被译介的现代性》.宋伟杰等译.北京：三联书店，2002：1.

成为同义词。在 1850 年之后，通识教育（general education）和博雅教育（liberal education）这两个概念基本上是可以互换的。因此，对于通识教育思想的研究，也就是对博雅教育思想的研究。

中文学界对博雅教育和通识教育的研究成果，主要集中在两个领域。

首先是对十九世纪英国博雅教育思想的研究，其中又以对纽曼的研究为主。北京师范大学王晓华 2000 年的博士论文《西方高等教育人文精神重构的历史阐释——纽曼和赫钦斯高等教育思想研究》以及北京师范大学王晨 2005 年的博士论文《西方大学理想中的保守理智结构：从纽曼到布鲁姆》是国内研究纽曼教育思想的最优秀的代表作。王晓华的落脚点是"人文精神"，试图用人文精神来统摄纽曼和赫钦斯的教育理念，作者对纽曼思想中"理性与信仰"之关系的剖析，令人印象深刻；王晨则致力于从发生学的视角解决"大学理念"在十九世纪的诞生，及其在二十世纪的流变问题，他指出，从纽曼，到马修·阿诺德、罗伯特·赫钦斯、艾兰·布鲁姆，其大学教育思想均体现出保守的特征，作者名之为"保守理智结构"。应当说，用"保守"来概括上述诸位思想家在面临现代主义浪潮时所做出的思想回应，可谓慧眼独具。除了上述两部专门性的研究之外，另有一些单篇论文也涉及了纽曼的教育思想[81]。尽管如此，从概念史的视角来看，纽曼研究尚存在可拓展的空间。

1、已有研究没有将纽曼置于整个博雅教育的思想传统之中去加以认识，对纽曼与亚里士多德、西塞罗、十八世纪博雅教育理论之间的关联，甚少着墨。

2、已有研究没有对纽曼思想中博雅知识（liberal knowledge, liberal arts, liberal studies，liberal pursuits）、绅士、心智训练、心灵的教育等关键的概念进行细致深入的分析。博雅知识（large knowledge）是纽曼博雅教育理论*最为核心*的一个概念，已有研究对这个概念的分析比较欠缺，如李曼丽的博士论文并没有将博雅知识作为一个独立的分析单元来加以分析[82]，王晨的博士论文对"自由知识与自由教育"这个概念的分析只有 3 页，而且未能注意到 liberal

---

81 如殷企平.纽曼大学观探微.杭州大学学报，1992（3）：142-148.官风华.保守与超前：纽曼的大学理想.清华大学教育研究，1994（1）：103-109；单中惠."教授普遍知识的大学理念".单中惠.外国大学教育问题史.济南：山东教育出版社，2006：428-441；王晨.热闹之后的冷观察——纽曼大学思想核心概念之意义重置.教育学报，2007（2）：72-77.

82 李曼丽.《通识教育：一种大学教育观》.1999：26-38.

一词语义的复杂性[83]。

其次是关于通识教育理论与实践的研究。二十世纪八十年代中叶以后，中国大陆、香港、台湾兴起一股"通识教育"的浪潮，在实践需求和理论旨趣的双重推动之下，中文学界的学者对通识教育的理念和实践展开了广泛的研究，代表性的成果有杨东平对通才教育思想的研究[84]、黄俊杰对台湾通识教育的研究[85]、黄坤锦对美国通识教育课程设置的研究[86]、李曼丽对美国通识教育运动以及美国通识教育三种不同理念的研究[87]、冯惠敏对中国现代通识教育史的研究[88]、陈向明等人对北京大学元培班通识教育实践的研究[89]、黄福涛对美国通识教育课程模式在日本和台湾地区之传播的研究[90]，等等。在这些研究当中，李曼丽和黄坤锦的研究有开拓之功。不过，已有研究仍然存在两个比较显著的不足。

1、历史视野的缺失，如前所述，关于二十世纪美国通识教育理论与实践的研究，成果非常丰富，与此形成鲜明对比的是，十九世纪之前的博雅教育思想几乎没有进入研究者的视野。关于古希腊的自由人教育思想，国内研究集中在亚里士多德身上，且大多是对《政治学》一书第八章的解读，柏拉图、智者派、伊索克拉底等思想家完全被忽视。对《政治学》第八章的解读又基本上是依赖于中文译本，对一些关键概念的把握不够准确。artes liberales 一词源自古罗马，但国内的相关研究尚付阙如。关于中世纪"自由技艺"的研究，亦非常寥寥。英国乔治王朝（1714-1837）时期的博雅教育和纽曼时代的博雅教育差别很大，前者关注性格塑造，后者强调心智训练，现有研究完全没有关注到前一阶段的博雅教育理论。

---

83 王晨. 西方大学理想中的保守理智结构：从纽曼到布鲁姆. 北京师范大学，2005：92-94.

84 杨东平.《通才教育论》. 沈阳：辽宁教育出版社，1989.

85 黄俊杰.《大学通识教育探索：中国台湾经验与启示》. 广州：中山大学出版社，2002.

86 黄坤锦. 美国大学的通识教育：美国心灵的攀登. 北京：北京大学出版社，2006.

87 李曼丽.《通识教育：一种大学教育观》. 北京：清华大学出版社，1999.

88 冯惠敏.《中国现代大学通识教育》. 武汉：武汉大学出版社，2004

89 陈向明等.《大学通识教育模式的探索：以北京大学元培计划为例》. 北京：教育科学出版社，2008

90 黄福涛.从自由教育到通识教育——历史与比较的视角.复旦教育论坛.2006（4）：19-24.

2、对西方已有研究的了解不够全面，忽视对国外学界相关经典研究的追踪和借鉴。关于二十世纪之前博雅教育的研究，英文、德文、法文的研究文献不胜枚举，国内学界对于这些研究成果的借鉴是比较欠缺的。例如，除渠敬东[91]外，目前所有的研究都没有关注或利用美国学者布鲁斯·金博尔 1986 年出版的经典著作《雄辩家与哲学家：博雅教育观念史》[92]。另外，已有研究也完全没有注意到德国学者海因茨·瑞恩对启蒙运动时期英国博雅教育思想的研究[93]，以及法国学者伊尔塞特劳特·哈多特对古典时期 artes liberales 的研究。

总的来说，最近二十年来，中文学界关于博雅教育或通识教育的研究取得了很大的成绩。不过，已有研究也存在一个明显的不足，即对二十世纪之前的博雅教育思想，缺乏深入的研究。由于忽视对 20 世纪之前西方博雅教育的研究，忽视对国外学界相关研究的追踪和借鉴，我国学界长期流传一些似是而非的说法，如：

1、"七艺"的典律何时建立、如何建立的，这是西方学界一百年来争论不休的焦点，也是西方古典学研究的一个热点问题，现在一般公认"七艺"的课程模式乃古罗马晚期所建立，我国学界却长期流传"古希腊罗马实施的是七艺教育"的说法[94]；2、博雅教育思想的源起在西方学界是一个聚讼纷纭的学术公案，我们却长期满足于这样一个简单的、未经严格论证的结论"亚里士多德第一个提出自由教育思想"；3、liberal arts 的"arts"，其本质特点是建立在规则基础之上、与制作有关的理性认识，liberal arts 又常称为 liberal disciplines，disciplinces 一词乃是对希腊文 epistēmē 的翻译，指永远为真的、不会变化的理性知识，无论 arts，抑或 discipines，原本都与"美术"渺不相涉，绘画、雕塑、建筑等"美术"在历史上常常不包括在 liberal arts 的范畴之内，直到文艺复兴以后，绘画、雕塑等现代美术才逐渐获得"liberal arts"的地位，与技术、技能相区分的独立的"美"的观念才浮出历史地表，一位颇有影响

---

91 渠敬东.《现代社会中的人性及教育：以涂尔干社会理论为视角》. 上海：上海三联书店，2006

92 布鲁斯·金博尔.

93 Heinz Rhyn. *Allgemeine Bildung und liberale Gesellschaft: Zur Transformation der liberal education in der angelsachsischen Aufklarung*, Peter Lang, 1997

94 郭晓明.《课程知识与个体精神自由》. 北京：教育科学出版社，2005；黄坤锦.《美国大学的通识教育——美国心灵的攀登》. 北京：北京大学出版社，2006.

的学者却在文章中说，liberal arts 一词中的"arts"是"艺术的集合名词，是美的问题，美是自由的最高界面"[95]；4、在绝大多数情况下，liberal arts 和 humanities 是两个不同的概念，而我国学界长期以来将 liberal arts 译为"人文学科"或"文科"，混淆了两者的区别。

## 3.3 通识（通才）教育运动与"博雅教育"

中国是一个有着悠久的人文教育传统和通才教育传统的国家。在很多方面，中国古代教育的传统与 17-19 世纪英国的绅士教育或博雅教育传统是相通的。

首先，两者的宗旨都在于培养统治精英，在中国为君子，在英国为绅士。

其次，两者均强调教育的目的是造就通才。在孔子及后来儒家的教育学说当中，君子是一个全面发展、自我完善的人，是一个"通才"。孔子说"君子不器"，就是这个意思，其大致旨趣，与西方"绅士"无异。从大的方面讲，"儒教心目中的有教养的人，是个既'仁'又'刚'，既'智'又'直'的人。"具体一点来说，"机智的文字游戏、婉转的表达法、引经据典以及洗练而纯粹的文字修养，被认为是士绅君子会话的典范。[96]"

最后，这两种教育都是"文献性格的"，都以经典著作为教育内容。

由于这种历史的亲缘性，通才教育或通识教育的理念一直都受到中国教育家的青睐，也就不足为奇了。1902 年，张百熙被任命为京师大学堂第二任管学大臣，在光绪二十七年十一月初一的上谕中，曾经记载着"派张百熙为管学大臣，将学堂一切事宜，责成经理，务期端正趋向，造就通才，明体达用，庶收得人之效。"京师大学堂在建立初期十分注重"通才"教育，这在其科目设置上有着比较集中的体现。当时的课程包括"博通学"和"专门学"两类。其中"博通学"的课程是所有学生都必须修习的，包括经学、理学、中外掌故、诸子学、初级算学、初级格致、初级政治学、初级地理学、文学和体操学等十门。学生除了要必修这些内容之外，还要在英语、法语、德语、俄语、日语这五种语言中任选一门，和"博通学"的课程一起修习。蔡元培校长主持北京大学时期，也主张"文理兼通"，造就"硕学闳才"。这一办学方针为随后的民国政府所采纳。1938 年，民国政府先后公布了《文理法三学

---

95 参见黄万盛.作为 liberal arts 的大学理念.世界哲学.2004（2）：88-90.
96 马克斯·韦伯.《儒教与道教》.洪天富译.南京：江苏人民出版社，2003：110-111.

院共同科目表》和《农工商学院共同必修科目表》，要求理工科学生必须修一门社会科学课程（政治学、经济学、社会科学概论、社会学、法学概论任选一门）；文法科学生则要必修一门自然科学的课程（科学概论、普通数学、普通物理学、普通化学、普通生物学、普通心理学、普通地质学、地学通论任选一门）。另一方面，又将国文和外语列为所有大学生的必修课。解放后至今，通才教育思想的命运颇为曲折。根据廖来红的看法，解放后的通识教育实践可划分为三个时期，第一个时期为 1949—1976 年，这一时期通识教育从被批判开始，随着专才教育权威地位的确立而逐步销声匿迹。第二个时期为 1977—2000 年，这一阶段在对高等教育过分专业化的纠正过程中，通识教育悄然复苏。第三个时期为 2001 至今，通识教育的概念在全国一些重点高校明确提出[97]。

在中国现代大学近一百年的通识教育思潮中，理论的探讨总是与教育的实践相伴随的。教育的实践催生了理论研究的兴趣，理论的探讨又直接或间接地推动了通识教育的实践。总体而言，就当前的教育改革而言，通识教育（general education）的概念比博雅教育或自由教育的概念要常用得多。相对于通识教育这个被广为接受的概念，liberal education 的译法五花八门，其内涵也模糊不清，从而限制了它在理论语境和实践语境中的可推广性。然而，历史地看，博雅教育概念又是通识教育的前身，它有着两千多年的历史，在西方教育史上（尤其是古希腊-古罗马-中世纪-英国一脉）一直至关重要。因此，对二十世纪之前的博雅教育思想进行研究，对于丰富我们目前的通识教育讨论，当不无裨益。

# 第四节　本研究的问题、方法与结构

## 4.1　研究问题、研究方法和分析路径

以上的回顾表明，在已有的博雅教育思想史研究当中，概念史的研究以及文本的解读是最为薄弱的两个环节。有鉴于此，本研究试图以文本分析为基础，以概念史为方法，以"教育的理想类型与知识的挑选"为视角，对博雅教育的"概念变迁"做一个系统性的研究。研究试图回答以下几个问题：

---

97 陈向明等.《大学通识教育模式的探索：以北京大学元培计划为例》.北京：北京大学出版社，2008.

第一、作为一个延续了两千多年的概念，博雅教育的概念是如何出现的？它的内涵和外延是什么？从概念史的角度看，一个概念的流行和社会认同程度，和与其对立的概念和相关的概念群的出现、传统，具有密切的关系[98]。而且，要准确地把握一个概念的本质内涵，必须将这个概念与对立概念、相关概念联系起来分析，在概念的差异辨析中，显现概念的本质。因此，本研究还关注以下问题：在不同的历史时期，博雅技艺或博雅教育的对立面是什么？两者的关系是什么？博雅技艺或博雅教育与其家族概念（humanities，polite arts，genteel education，polite education，ingenuous education，general education，professional education）的关系是什么？这里关心的是教育学语汇的相互关系及其变化问题，也就是博雅技艺、博雅教育及其对立概念、相关概念的关系问题。这里涉及的主要是共时维度的考察。

第二，在历史的演变中，博雅教育及其家族概念的涵义和外延发生了哪些变化？不同时代 liberal 的标准是什么？换言之，不同的时代是如何定义 liberal，并根据这个原则来对知识进行分类和挑选，并将其统合到"博雅技艺"或"博雅知识"名下的这种变化背后所蕴涵的教育思想史意义是什么？这里关心的是博雅教育的"概念变迁"问题，涉及的主要是历时维度的考察。

对以上两个问题的回答，主要的研究方法是概念史。概念史研究的一个目的是澄清某个观念的词源。正如著名文学批评家列奥·斯皮策所论，"词的变化就是文化的变化和灵魂的变化"[99]。中国传统学术则强调"辨章学术，考镜源流"。在哲学研究领域，概念史是最基本的研究方法之一，很多基础性的研究都围绕一些基本概念来展开，如存在、时间、空间[100]、异化、世界观[101]、心灵[102]、灵魂、正义[103]，等等。即便在最为纯粹的哲学研究著作中，概念史

98 黄兴涛. 晚清民初现代"文明"和"文化"概念的形成及其历史实践.近代史研究.2006（6）：1-35.

99 刘皓明.从好言到好智. 读书.2004（4）：77-85.

100 Heidegger, Martin. *History of the concept of time: prolegomena* . Bloomington: Indiana University Press ,1985

101 David K. Naugle. *Worldview: the History of a Concept*，Wm. B. Eerdmans Publishing Company，2002.

102 Lilli.Alanen, *Descartes's concept of mind*, Cambridge, Mass. : Harvard University Press ，2003

103 Eric Alfred Havelock,. *The Greek concept of justice: from its shadow in Homer to its substance in Plato.*, Cambridge: Harvard University Press, 1978

或词源学的方法也被视为一把进入思想殿堂的钥匙。如海德格尔的《存在与时间》就是从对柏拉图与亚里士多德等人的著作中最基本的动词"存在"及其各种变位形态的使用开始着手分析的。在《形而上学导论》一书中，海氏更专辟一章，对"Sein"一词的词源进行抉微考辨。在《真理与方法》一书中，伽达默尔对"修养"、共同感、体验等关键概念进行了语文学的考察与阐发，他的研究可视为概念史研究的一个典范。

　　"概念史"（Begriffsgeschichten）一词最早见于黑格尔的《历史哲学》，指基于普遍观念撰述历史的方式。[104]在十八世纪，学者们已经开始意识到概念的语义不是永恒不变的，也就是说，概念本身是有历史的。在维科和赫尔德的著作中，我们都能发现这一点，维科对词源学方法的重视即是明证。二十世纪三十年代，在德国，约斯特·特里尔的语言学研究、卡尔·施密特的法学研究、奥托·布伦纳的史学研究纷纷将概念史和社会史结合起来。他们的研究别开生面，给后来的概念史倡导者以极大的启发。在法国，年鉴学派的创始人吕西安·费弗尔和马克·布洛赫也将语言分析作为社会-历史研究不可分割的一部分。

　　严格来说，概念史研究方法的兴起始于二十世纪五十年代，此时，汉斯·伽达默尔、瑞恩哈忒·科泽勒克（Reinhart Koselleck，1923-2006）和瑞讷·卫赫（Reiner Wiehl）在传统解释学学会中担任要职，开始研究跨学科概念的历史，并且寻求阐明"在具体科学和哲学之间相互交换中，哲学与科学重要的基本概念。[105]"

　　1955 年，德国学者伊利希·罗塔克尔（Erich Rothacker）创办了世界上第一本概念史学术期刊《概念史档案》，其用意是为德国的精神科学研究提供素材。[106]二十世纪五十年代末，科泽勒克建议海德堡大学的教授韦尔纳·孔兹（Werner Conze）所支持的现代社会史研究小组编撰一本概念史词典，对一些重要的概念进行历史性的梳理。一开始，韦尔纳·孔兹只想编撰一本只限于德国、断代于十八、十九世纪的概念史词典，但最终的成果却是篇幅浩瀚的

---

104 Melvin Richter. *The history of political and social concepts*，Oxford University Press ,1995：3.

105 爱姆琳.卫特-布劳斯.概念历史的跨学科性——学科间的桥梁.山东社会科学.2005（12）：20-25

106 Iain Hampsher-Monk. *History of concepts: comparative perspectives*：Amsterdam: University Press, 1998：13.

七卷本词典，即《历史上的基本概念：德国政治-社会语言的历史辞典》[107]，远远超出了原来的预想。

在开始时，奥托·布伦纳、韦尔纳·孔兹和科泽勒克共同支持该词典的编撰工作。在三个主编当中，韦尔纳·孔兹感兴趣的领域是社会史，而奥托·布伦纳可算是概念史研究的一个探索者。奥托·布伦纳和韦尔纳·孔兹先后于1982年和1986年病逝，此后科泽勒克一人独撑大局，全部工程于1992年告竣。该项研究对一些关键概念的研究非常深入。例如，对"历史"这一概念的梳理长达一百多页。在科泽勒克、韦尔纳·孔兹看来，概念史的意义在于探究概念形成的历史过程，从而丰富我们对历史的认识，并意识到我们和前人的不同。用科泽勒克的话来说，我们可以通过概念的历史来"探究旧世界的消亡和现代世界的出现"。而且，《历史上的基本概念》的三位主编均经历了二战，因此，他们的概念史研究并非纯粹的考据之作，而是具有鲜明的政治诉求和现实关怀，他们（尤其是科泽勒克）试图从概念史的视角为荒谬的现代政治提供"病理学"的诊断。

德国的概念史研究扎根于德国十八、十九世纪的语文学传统，因此这种研究取向一直后继有人。约恩·里昂纳德对"自由主义"的概念史研究算得上是德国概念史研究最新的代表性成果[108]。在英美国家，对概念史的研究动力主要来自政治需要。受第二次世界大战恐怖经历的刺激，联合国教科文组织就"人权问题"在1946年成立了一个国际调查组，并得出了关于"人权问题"这一术语的标准定义，并用英语和法语在1949年公开。芝加哥大学著名学者理查德·麦肯以《处于世界紧张状态中的民主》为题对民主的概念做了研究[109]。同一时期以赛亚·伯林以及哈耶克关于"自由"观念的研究均体现了鲜明的概念史研究倾向。不过，这些研究并没有体现出明确的概念史方法意识。在很长的时间内，英美学界对德国学界兴起的概念史研究方法并不了解。1976年，雷蒙·威廉斯出版了他的经典著作《关键词：文化与社会的语汇》一书，在该书中，他提出要研究"意义的变种和混淆"，以增进我们对于

---

107 Otto Brunner. *Geschichtliche Grundbegriffe : Historisches Lexikon zur politisch-sozialen Sprache in Deutschland*，Stuttgart：E. Klett，1972-1992

108 Jörn Leonhard. *Liberalismus: zur historischen Semantik eines europäischen Deutungsmusters*，München，Oldenbourg：2001

109 爱姆琳.卫特-布劳斯.概念历史的跨学科性——学科间的桥梁.山东社会科学.2005（12）：20-25

"历史现实和当代现实"的理解[110]。在他看来，语言是反映社会现实的镜子。资本主义体系的形成、工业革命的出现，这些巨大的社会变革都在语言的变化上打下了烙印，反过来，语言的变化又反映了社会的变革。《关键词》一书可视为英语学界概念史研究的导火索。1984 年，在特伦斯·鲍尔主编的《政治革新与概念变化》一书中，昆廷·斯金纳提出要研究"变动的政治世界和变化的语言之间的关系"，并明确使用了"概念历史"（conceptual histories）的说法[111]。也正是在这本书中，昆廷·斯金纳对雷蒙·威廉斯的《关键词》一书进行了详尽深入的批评。斯金纳批评说，威廉斯对语言与现实的关系的认识是简化论的[112]。和斯金纳一样，波考克（J.G.A.Pocock）也强调要用严格的历史方法研究政治的语汇、语言、意识形态或话语。不过，无论是昆廷·斯金纳还是波考克，都很难说是概念史的倡导者，尽管他们也对政治语言和政治概念的历史进行分析，但他们更喜欢称自己的工作为"观念史"。在英语世界，真正持续推动概念史研究的学者是梅尔文·里克特，他主编了两本概念史的著作，即《政治与社会概念的历史》[113]以及《历史术语与概念的意义》[114]。

今天，概念史的研究方法已经在世界范围内引起广泛的关注。有学者指出，概念史研究是二十世纪下半叶历史研究最重要的进展之一。在荷兰、匈牙利、美国等国家，概念史的研究计划正在蓬勃地展开。[115]

近年来，概念史的研究方法也逐渐受到中文学界越来越多的关注。冯天瑜[116]、方维规[117]、章清[118]、郝时远[119]、黄东兰[120]、黄兴涛[121]、孙江[122]等学

---

110 Terence Ball, James Farr, Russell L. Hanson. *Political Innovation and Conceptual Change*, Cambridge University Press，1989：6.

111 Terence Ball, James Farr, Russell L. Hanson. *Political Innovation and Conceptual Change*，Cambridge University Press，1989：6.

112 Terence Ball, James Farr, Russell L. Hanson. *Political Innovation and Conceptual Change*，Cambridge University Press，1989：22

113 Melvin Richter. *The history of political and social concepts* , Oxford University Press，1995.

114 Reinhart Koselleck，Melvin Richter. *The meaning of historical terms and concepts* . German Historical Institute （Washington, DC），1996

115 Melvin Richter. *The history of political and social concepts.* Oxford University Press，1995：7.

116 冯天瑜.《"封建"考论》.武汉:武汉大学出版社，2006

117 方维规."Intellectual"的中国版本.中国社会科学，2006（5）:191-204；方维规《"议会"、"民主"与"共和"概念在西方与中国的嬗变》.载《二十一世纪》，2000 年4 月号

者都在概念史方面进行了可贵的探索。在教育学研究领域，田正平、章小谦、杜成宪这三位学者倡导对中国教育史上的基本概念进行概念史的研究，并发表了一些相关的研究成果[123]。

博雅教育思想史研究将涉及 liberal arts、liberal knowledge、general education、Bildung、liberal culture、gentleman、free man 等大量相关的概念，对于这些概念，国内外学界的认识还比较模糊，因此，要全面准确地认识博雅教育的流变与本质，概念史与概念分析是必不可少的研究方法。这要求我们破除先入之见，历史地、客观地对概念本身以及概念之间的关系进行辨析。最近几十年来，概念史研究逐渐形成了自己的一些研究方法，下面，笔者将结合本研究的需要，谈一下概念史研究的几种基本方法及其在本研究中的应用。

**语义场理论与历史语义学：**语义场理论最早可追溯至德国语言学家约斯特·特里尔（Jost Trier）。语义场（semantic field）理论认为，一个概念的含义并不仅仅是词典中的含义，相反，只有在由同义词、反义词、相关概念所组成的语义场中，我们才能准确把握一个概念的内涵。例如，要理解支配（Herrschaft）一词的含义，我们必须同时研究权力、暴力、国家、权威等词语的含义。[124]同样地，在研究 liberal arts 这个概念时，我们应当研究它和相似概念（如 humanites，polite arts，general studies）、对立概念（如 useful arts，

118 章清. "自由"的界限——"自由"作为学科术语在清末民初教科书中的"呈现". 载于孙江主编.《新史学：概念·文本·方法（第二卷）》.北京：中华书局，2008：47-75

119 郝时远. 中文"民族"一词源流考辨.民族研究.2004（06）：60-69.

120 黄东兰. "亚洲"的诞生——近代中国语境里的"亚洲"概念. 载于孙江主编.《新史学：概念·文本·方法（第二卷）》.北京：中华书局，2008：27-46.

121 黄兴涛.晚清民初现代"文明"和"文化"概念的形成及其历史实践.近代史研究.2006（6）：1-35.

122 孙江. "东洋"的变迁——近代中国语境里的"东洋"概念 载于 孙江 主编.《新史学：概念·文本·方法（第二卷）》.北京：中华书局，2008：3-27

123 田正平. 中国教育者概念从传统到现代的演变——从"教官"到"教师"称谓变化的历史考察.社会科学战线.2007（1）：245-251；田正平，章小谦. 中国教育概念史研究刍议. 华中师范大学学报（人文社会科学版）.2007（5）：132-135；田正平，章小谦. "老师"称谓源流考.浙江大学学报（人文社会科学版）.2007（5）：61-67；章小谦. "先生"考.华东师范大学（教育科学版）.2007（4）：73-78；章小谦，杜成宪. 中国课程概念从传统到近代的演变.华东师范大学学报.2007（5）：65-74.

124 Iain Hampsher-Monk. *History of concepts: comparative perspectives*, Amsterdam: University Press, 1998：2.

mechanical arts，vulgar arts）之间的关系。将一个概念与相似概念混为一谈，这并不利于我们把握某个概念的本质。不幸的是，这种情况在学术研究中经常发生，例如，我们常常将博雅学科（liberal arts）等同于人文学科（humanites）。又比如，罗斯布拉特对博雅教育（liberal education）和文雅教育（polite education）这两个相似概念不做任何的区分。

共时维度与历时维度相结合的概念分析：瑞恩哈忒·科泽勒克指出，在进行概念史的分析时，需要结合共时和历时两个维度。首先，通过历时的维度，我们可以观察某个特定概念在历史中所发生的变化；其次，通过历时的分析，我们可以将概念放到社会的语境当中去，并发现一个概念在某个历史时期的诸多变种。[125]

以婚姻现象为例。婚姻是人类社会广泛存在的社会现象，但其表现形式又是多样化的。在分析婚姻现象时，我们就可以结合历时和共时这两个维度。从共时的维度，我们可以分析事件、语言行为、文字和行动。例如，在分析统治者的婚姻仪式时，我们可以分析仪式的政治动机、婚姻契约的性质、嫁妆的类型、婚礼仪式组织的方式，等等。概念史和社会史的分析都不可能离开这些共时性的具体个案。

然而，要从具体的共时现象中抽绎出具有一定普遍性的"长时段"结论，我们必须引入历时的视角，并借用一定的理论工具（例如马克斯·韦伯的理想型理论）。还是以婚姻现象为例，我们可以引入宗教、税收、出生率和死亡率、工作时间、收入水平等因素来考察某个阶层（如农民阶层）在前工业时代和工业时代的婚姻模式，进而通过历时的比较，发现农民阶层的婚姻从前工业时代到工业时代所发生的变革。

通过历时的分析，我们可以发现婚姻概念在十八世纪所发生的变化。在十八世纪之前，婚姻的合法性建立在神学和宗教的基础之上，婚姻被认为是上帝所赋予的不可撤销的权利，其目的是为了保存人类种族。而在十八世纪，一种新的婚姻概念开始出现。人类学的论证开始取代神学的论证。根据这一论证，婚姻的目的是为了男女双方的道德实现。繁衍和经济的考虑被认为是次要的。伯伦知理甚至认为没有爱情的婚姻是不道德的。[126]

---

125 Iain Hampsher-Monk. *History of concepts: comparative perspectives*, Amsterdam: University Press, 1998：48.

126 Reinhart Koselleck. *The practice of conceptual history: timing history, spacing concepts*, Stanford, Calif.: Stanford University Press, 2002：33-35.

　　博雅技艺和博雅教育这两个概念同样需要进行历时和共时两个维度的分析。从历时的维度看，我们可以发现博雅教育观念所发生的"裂变"，例如，十八世纪的博雅教育概念相对于中世纪是一种裂变，十九世纪的博雅教育概念又与十八世纪存在显著的差别。从共时的维度看，在同一个时代，由于民族传统、教育制度、文化习俗的差别，从而导致了不同的博雅教育概念。例如，在十八世纪，我们便发现存在三种不同版本的博雅教育方案，它们分别代表苏格兰大学、非国教派学园和英国公学。

　　第三，概念史研究的目的是澄清概念本身的内涵及其变化，但这仅是本研究的一个中间环节，本研究的最终目的是在概念史研究的基础之上，通过对经典文本的细致解读，深入地把握经典博雅教育理论家的教育学意图和理论命题。这一努力试图将研究的层次由教育概念史提升至教育思想史。

　　要回答第三个问题，最基本的研究方法是历史文献法和文本细读法。有关博雅教育思想史的原始文献浩如烟海，要穷尽这些文献既不可能，也无必要。在这些文献之中，有一些文献是关键性的，它们或是最早阐述博雅教育观念的文本，或是最详细阐述博雅教育观念的文本，这些关键性的文本构成了我们所说的"影响源"，在很大程度上形塑了此后的人们对于博雅教育的理解。一部博雅教育思想史，就是一部思想的"效果史"，先前的文本总是构成了后来文本的"背景"，其中一些文本由于影响巨大而构成了理解时的"前理解"。在已有的博雅教育思想史研究中，课程史、社会文化史的视角偏多，对博雅教育思想史上的一些经典文本进行文本细读的研究非常之少。有鉴于此，在本研究中，笔者将挑选一些最有代表性的文本进行深入的文本分析。在挑选文本时，本研究所遵循的原则是经典性、原创性和影响力。

　　根据这些原则，本研究选定了亚里士多德《政治学》第八章、塞涅卡的第88封信、维塞斯莫·诺克斯的《博雅教育：或，关于获取有用与文雅知识的实用论文》、亨利·纽曼的《大学的理念》等经典文本。其中《政治学》第八章在西方历史上第一次明确提出"自由人科学"这一概念，塞涅卡的第88封信是西方历史上第一次对 artes liberales 的含义进行详细阐述的文本，维塞斯莫·诺克斯的《博雅教育》是英格兰第一本以"博雅教育"为题的教育学论著，亨利·纽曼的《大学的理念》一书则是英语世界影响最大的一本关于大学教育的著作，也是博雅教育思想史上，对博雅教育的理论论述最为深入详尽的著作。因此，在本研究中，对纽曼博雅教育理论的阐发将是最主要的一个部分。本研究的主体内容则是对上述经典文本的研究。

　　然而，任何的文本，都不可能完全置身于历史的语境之外。每一个理论性的文本，必然都有其特定的*言说对象*和*写作意图*。每一个文本的写作都是在特定的历史时刻、在特定的历史场景中的书写行为。昆廷·斯金纳在研究政治理论时，特别强调，在政治中，语言是用来改变世界的。因此，政治话语是一种典型的语言行为。他指出，在研究政治理论时，要特别关注作者的*写作意图*。与政治理论话语相比，教育学的理论文本也表现出同样的特征[127]，而且更甚。事实上，几乎所有的经典性教育学文本都是"应时之作"，都是回应特定的教育危机或履行特定的教育使命的产物。洪堡、亨利·纽曼、罗伯特·赫钦斯，所有这些教育家的教育学著作无一例外都是这样的产物。而且，与政治理论话语相比，教育学理论话语的"写作意图"或"言语意图"更易付诸实践，因为很多教育学经典文本的作者都是把持行政大权的教育领导人，他们很容易通过行政手段贯彻其教育理念，洪堡创办柏林大学、蔡元培在北京大学的教育改革、赫钦斯在芝加哥大学推动的通识教育运动，就是经典的案例。因此，只有澄清了文本的言说对象和写作意图，我们对文本的理解才是透彻的。为了深入地理解这些经典的文本，我们还必须引入社会学的视角，尤其是知识社会学的视角。美国教育学学者布鲁贝克指出，纽曼的《大学的理念》一书是从"知识体系"的角度来论述其自由教育思想的。[128]美国著名学者谢尔顿·罗斯布拉特也敏锐地指出，"纽曼很多最著名的论述都是关于知识的"[129]。事实上，不光是纽曼，几乎所有的博雅教育论述者都围绕知识的问题来展开其教育论说。因此，从知识学或知识社会学的角度来研究博雅教育问题，是可行的，也是至关重要的。

　　传统的知识社会学研究极少关注教育问题。涂尔干是其中一个鲜明的例外。尤其是他的经典著作《教育思想的演进》可视为知识社会学的一个典范。虽然此书题为"教育思想的演进"，但涂尔干没有因循俗套，仅仅从文本入手去考察教育思想的演变，而是将观念、制度、知识与社会因素综合在一起，从社会学的视角来探析观念的变化、知识的演进。就观念而言，涂尔干重点考察了基督教、经院哲学与文艺复兴时期的教育理论，制度方面则详细描述

---

127　Iain Hampsher-Monk. *History of concepts: comparative perspectives*, Amsterdam: University Press, 1998：42.

128　[美]布鲁柏克.教育问题史. 合肥：安徽教育出版社，1991：452.

129　Sheldon Rothblatt. *The Modern University and its Discontents : The Fate of Newman's Legacies in Britain and America*, Cambridge University Press，1997：38.

了巴黎大学的院系结构、学位颁发体系、就职礼与执教权等，并考察了奖励制度、寄宿制度的形成与发展。知识的演进、课程体系的变化是此书的一大重点，涂尔干从教育史的角度将加洛林王朝至文艺复兴时期的教育分为文法形式主义、逻辑形式主义、文学形式主义等三个阶段，其对应的主导知识为文法、逻辑与修辞。涂尔干认为，课程体系之所以会发生从文法到逻辑，再到文学的转变，其原因并不主要在于知识的进步，或者古典文献的发现等偶然因素。相反，知识转型与社会的组织机制、心智结构、经济转型、社会根源、时代精神之间存在密不可分的关系。比如文学教育之所以取代逻辑成为主要的课程内容，便与礼貌社会的兴起有莫大的关联。[130]

与涂尔干同一时代的马克斯·韦伯对音乐、经济、宗教、政治、法律等方方面面均做过社会学的研究，却惟独没有留下知识社会学方面的著作。不过，他显然进行过这方面的思考，并特别注意到了专业化教育兴起的问题。他在《儒教与道教》一书中指出，就教育的目的而言，历史上有两种极端对立的类型：一种是要唤起神性（亦即唤起英雄品质或神话天赋）；另一种是传授专门化的技术知识。前者可称之为卡里斯玛型的教育，其目的是塑造有教养的人；后者属于专业化教育，其目的是培养训练有素的专家。韦伯指出，近代社会以来，人义主义的、卡里斯玛型的教育逐渐为专业化的教育所取代，其原因在于近代社会愈演愈烈的理性化趋势。比如中世纪大学的法学教育，虽然也属于专门教育，但大体上维持一种文献的性质，而理性化发展起来之后，"则导引出一种见之于近代官僚制的、专业人与'职业'理想的观念"。[131]在其关于官僚政治的研究中，韦伯指出官僚政治是以法律、行政管理、企业管理等专业化、技术化的知识为基础的，官僚制度的运作必须以文书档案以及文书、幕僚等专业人员为基础。因此官僚政治必然与专业取向的教育存在"选择亲和性"。在不同的历史时期，博雅技艺的内涵和外延并不是完全一致的，某些阶段被视为博雅技艺的科目，在另外一个阶段可能会被排斥出博雅技艺的范围。对于这种历史的差异，可以借鉴知识社会学的分析视角来加以解释。

---

130 （法）爱弥尔·涂尔干.《教育思想的演进》.上海：上海人民出版社，2003.
131 马克斯·韦伯.《支配社会学》.康乐、简惠美译.桂林：广西师范大学出版社，2004：
  259.

## 4.2 篇章结构

本研究所关注的思想史线索是古希腊－古罗马－中世纪－十七、十八世纪英国－十九世纪英国，重点关注的是十八、十九世纪英国博雅教育思想史的演变。之所以将焦点锁定英国，主要基于以下考虑：1、在西方国家中，英国最典型地体现了博雅教育的传统（雅俗分野，绅士教育，尚博、尚通的文化精神，古典教育），一直到十九世纪下半叶，牛津和剑桥还坚持大学的任务是提供非专业性的博雅教育，而此时的德国，专业教育已占据上风，法国则由于受启蒙运动的影响，急剧转向"机械技艺"，扬弃了"博雅技艺"的传统；2、从研究策略考虑，二十世纪美国的通识教育或"自由".教育理论，既有研究已经汗牛充栋，很难再有所突破。

法国、意大利、德国、西班牙等国家都在某些方面继承了古希腊罗马的博雅教育传统，例如德国的修养（Bildung）观念即是对古希腊罗马教育理念的一个"创造性转化"，但这些均不在本文的论述范围之内。

基于上述考虑，本研究对章节结构做如下安排：

第一章以亚里士多德《政治学》一书为基础，分析亚里士多德所提出的自由人（eleutheros / eleutherios=free man）和自由人科学（eleutherion epistemon= freeman's sciences）这两个关键概念。第二章则分别研究西塞罗和塞涅卡对"自由人技艺"（artes liberales=freeman's arts=gentlemanly arts）的阐述，研究侧重分析"自由人技艺"概念的内涵、外延，及其与相关家族概念之间的关系。第三章简单论述中世纪"自由技艺"（artes liberales=free arts=freien Künste= freyen kunst=gentlemanly arts）概念的内涵和外延。第四章进入本研究的主体部分，从理想人格（绅士）与知识挑选（绅士学科）的视角出发，研究十八世纪博雅教育（liberal education=generous education=learned education=genteel education）的三位最主要的阐述者乔治·特恩布尔、约瑟夫·普莱斯特里和维塞斯莫·诺克斯所设计的教育方案。第五章则以亨利·纽曼为个案，对其博雅教育理论进行详尽深入的概念史研究，着重剖析博雅知识（liberal knowledge=large knowledge=gentleman's knowledge=general knowledge=opposed to useful knowledge）、绅士、理智的培育、心灵的教育这四个核心概念；

第六章则简单梳理了传统博雅教育（liberal education=learned and genteel education）概念向现代通识教育（general education）、自由教育（liberal education=liberating education=general education）概念的转型。

# 上编　对真正自由人的教育：古典时期的"博雅教育"概念

# 第一章 自由人——奴隶的分野与 liberal education **概念的诞生**[1]

> "只要这个世界继续下去，亚里士多德在这些问题上的理论（笔者注：指关于 liberal knowledge 和 liberal education 的理论）就会继续下去，因为他是自然的圣贤，是真理的圣贤。只要我们还是人，我们就在很大程度上不能不是亚里士多德主义者……"。
>
> ——亨利·纽曼[2]

谁最早提出了"博雅教育/自由人教育"（liberal education）的概念或观念，这是一直困扰西方学界的难题。苏格拉底、伊索克拉底、亚里士多德都曾被冠以西方博雅教育理论之父的头衔。布鲁斯·金博尔认为，古希腊并没有与 liberal arts 或 liberal education 对等的概念，不管从是教育理论的角度，还是从词源学、课程模式的角度，都不能有效地将博雅教育的观念追溯至古希腊[3]。

笔者不同意金博尔教授的这一判断。首先，将教育划分为"自由人教育"和"奴隶教育"，将人类的技艺领域划分为"自由人技艺"和"奴性技艺"，这种观念在公元前五世纪初期就已存在，并为柏拉图、色诺芬、亚里士多德

---

1 本章统一将 eleutherion epistemon 直译为"自由人科学"或"自由"科学，将 eleutherios paideia 直译为自由人教育。

2 John Henry Newman. *The idea of a university defined and illustrated*, London, Thoemmes Press, 1994：110.

3 Bruce Kimball. *Orators & philosophers*, New York: The College Board, 1995：16.

等思想家所共享；其次，即便从词源学的角度来考量，金博尔教授的判断也站不住脚，他注意到亚里士多德已经在文本中将 Eleutherios 和 Paideia 连在一起，但他反而忽略了亚里士多德《政治学》一书中更为关键的"适合于自由人的科学"（eleutherios episteme，ελενθερωυ επιστημωυ）概念。我在下面的论证将表明，"自由人科学"（eleutherios episteme）的概念和拉丁文概念 artes liberales 及英文概念 liberal studies 是"对等的概念"，**因此，笔者认为，亚里士多德的"适合于自由人的科学"（eleutherios episteme）概念标志了古典 liberal education 概念的正式诞生。**

## 第一节　古典"博雅教育"概念的诞生

在《政治学》中，亚里士多德明确提出了"适合于自由人科学"的概念：

> "儿童应该学习种种必需的实用技艺，但还不是全部的实用技艺，因为它们明确分为自由人的（eleutheron）和非自由人的（aneleutheron）两类，儿童们只能学习那些不使其陷于鄙俗的技艺。任何工作、技艺、科学倘若使得自由人的身体和思想不适合德性的运用和实行，都应认为是鄙俗的。所有败坏公民的身体、或领取酬金的技艺都是鄙俗的，因为它们使人的心灵劳瘁、堕落。还有一些*自由人科学*（ελενθερίωυ επιστημωυ, eleutherion epistemon），某些人大致可以不失身份地参与其中，但如果他们过于尽力、刻意求精，就同样会受到上述的危害。……为自己，为朋友，或者出于德性的行为都不会不符合自由人的身份（ouk aneleutheron）。"[4]

此外，亚里士多德还提到过"适合于自由人的理论"（eleutheron theorian）[5]、"主人的科学"（Despotike episteme）和"奴隶的科学"（doulike episteme）、"适合于自由人的科学"、"自由的生活"（eleutheros bios）[6]、"自由的消遣"（Diagogen eleutherion）（《政治学》，1339b5）等说法。

为了更深入地把握亚里士多德的自由人科学（eleutherios episteme）概念，我们还需对 eleutherios 一词进行必要的语义学分析。

---

4　Aristotle. *Politics*, Cambridge, Mass.: Harvard University Press, 1998：637-639

5　Aristotle. *Politics*, Cambridge, Mass.: Harvard University Press, 1998: 50, 1258b10.

6　Aristotle. *Politics*, Cambridge, Mass.: Harvard University Press, 1998：546, 1325a19-20.

在古希腊语中，表示"自由"的形容词有两个，一为 eleutherios，一为 eleutheros。Eleutheros 主要有两个含义：1、并非奴隶的，自由的，意指一个人具有自由人的法律地位。2、主要为社会 – 伦理层面的含义，指一个人的行为举止符合自由人的身份。和 eleutherios 不同，eleutherios 仅具有第二层面的含义，即"符合自由人身份的"[7]。

与自由人相对应的希腊词汇是 Eleutheros（aner eleutheros）[8]，或其复数形式 Eleutheron / Eleutheroi[9]。

作为名词，Eleutherios 和 Eleutheros 也有所区别。在亚里士多德的著作中，Eleutherios 一般指慷慨大方的人，英译作 liberal man，[10] 或 generous man[11]。在《尼各马可伦理学》中，Eleutherion（eleutherios）有时指在金钱花费上慷慨大方的人，有时则指一个有教养的人。例如，在讨论"机智"德性时，亚里士多德说，谈吐得体的人只谈论那些适合于 Eleutherion 身份的东西，这里的 Eleutherion 应当被理解为一个有教养、有品位的人，而不仅仅是慷慨的人，所以有学者将这里的 Eleutherion 或 eleutherios 翻译为"绅士"（gentleman）[12]，或译解为"有教养的人"（civilized person）[13]。

作为形容词，Eleutherios 主要有以下四种含义[14]：

1. **适合于自由人的:** Eleutherios 的第一个含义是指"适合于自由人的"，"言行举止符合自由人的身份"，其反义词 aneleutheroi（aneleutherous）指的是"不适合于自由人的，卑俗的"，如亚里士多德在《政治学》中说，儿童

---

7　C. S Lewis. *Studies in words*, New York: Cambridge University Press, 1990：111.

8　Aristotle. *Politics*，Cambridge, Mass.: Harvard University Press, 1998：28, 1255b20-25；aner 相当于英语 man。

9　Aristotle. *Politics*，Cambridge, Mass.: Harvard University Press, 1998：22, 1254b25；1286a35-40.

10　Aristotle. *The nicomachean ethics*, Cambridge, Mass. : Harvard University Press, 1947：190.

11　Aristotle. *Nicomachean Ethic,* Hackett Publishing,,1999：50.

12　Aristotle. *The nicomachean ethics*，Cambridge, Mass. : Harvard University Press, 1947：247, 1128a10-20；248, 1128a30-35.

13　Aristotle. *Nicomachean Ethics*, Hackett Publishing,1999：331.

14　Kurt A. Raaflaub. Democracy, Oligarchy, and the Concept of the "Free Citizen" in Late Fifth-Century Athens. Political Theory, Vol. 11, No. 4. （Nov., 1983），pp. 517-544；罗念生、水建馥编. 《古希腊语汉语词典》. 2004：260.

的游戏不能"不符合自由人的身份"（ανελευθερους, aneleutherous）[15]。和 aneleutherous 一词相反，eleutherios 则用于描述那些适合于自由人的正面品格，如正直、优美、善良、高贵，等等。在这种情况下，Eleutherios 的含义是"适合于自由人的"，但我们很难找到一个对应的词（不管是中文还是英文）来翻译它，特伦斯·欧文认为这个词可以翻译或理解为"文明的、有教养的"（civilized）[16]。

2. **慷慨的**（generous）：eleutherios 后来又获得了一种更加专门化的含义，即慷慨的。慷慨主要指在处理财富方面适度的德性，介于挥霍和吝啬之间。与慷慨（eleutheriaotes）相反的是吝啬（Aneleutheria）。在希腊文中，慷慨的概念是和好的、高贵的血统（eugenes, gennaios, ingenuus, genrousus）联系在一起的。在柏拉图的《理想国》、《法律篇》等文献中，aneleutheria 总是与对金钱的态度有关[17]。在亚里士多德的《政治学》中，eleutherios 有时指"适合于自由人的"，有时又专门指"慷慨的"，如第二卷中所说的"慷慨的行为"（eleutherion oudemian）[18]。在《尼各马克伦理学》中，eleutherios 主要指"慷慨的"。

3. **自由的**（Free）：在有些时候，Eleutherios 也可以翻译成英文 free，即"自由的"。例如韦恩·安姆伯勒指出在色诺芬的《居鲁士的教育》5.2.16 中的 Eleutherios 应该译为 free[19]，而且他一般将 Eleutheros 翻译为 free[20]。迈克尔·戴维斯也将《政治学》一书中的 Eleutherios 译为 Free[21]。

4. **高贵的**（noble）：Eleutherios 的反义词 aneleutheros 常常表示"卑贱"之义。库尔特·拉弗罗布指出，在"eleutherios"这个词汇中，高贵的意涵比"自由"的意涵更为强烈。在施行民主的雅典社会中，很多具有自由人身份的人都来自下层阶级，因此，仅仅是普通自由人和奴隶之间的对比已经不足

---

15 Aristotle. *Politics*, Cambridge, Mass.: Harvard University Press, 1998: 626, 1336a30.

16 Aristotle. *Nicomachean Ethics*, Hackett Publishing,1999：331.

17 Ivo Volt.Aspects of Ancient Greek Moral Vocabulary:Illiberality and Servility in Moral Philosophy and Popular Morality. *Themes*, 2003,7（57/52），2,67-82.

18 Aristotle. *Politics*, Cambridge, Mass.: Harvard University Press, 1998：88, 1263b10-15.

19 Xenophon. *The education of Cyrus*. . Cornell University Press, 2001：294.

20 Xenophon. *The education of Cyrus*, Cornell University Press, 2001：282.

21 Michael Davis. *The Politics of Philosophy: A Commentary on Aristotle's Politics*, Lanham, MD: Rowman & Littlefield, 1996：134.

以传达哲学家所赋予 eleutherios 一词的意涵。而使"真正的自由人"和普通自由人、奴隶区分开来的是前者的高贵出身。

根据上面的语义学分析，"eleutherion　epistemon"中的 eleutherion 应当理解为"适合于自由人的"或"高贵的"，在某种意义上可理解为"自由的"。关于"eleutherion　epistemon"这个概念的翻译，西方学界并没有达成一致。本杰明·乔伊特（1817-1893）将其译为"liberal arts"[22]，拉克姆（1868-1944）将其译为 liberal sciences[23]，里夫（C.D.C.Reeve）将其意译为"文化科学"（civilized sciences）[24]，迈克尔·戴维斯则将其译为"自由科学"（free sciences）[25]。尽管译法不一，但我们可以断定，eleutherion　epistemon 这个概念是与英文中的 liberal sciences 或 liberal arts 相对应的。

与自由人科学相对的是那些"鄙俗的"（Banausos）工作、技艺和学识。Banausos 英译一般作 vulgar，厄奈斯特·巴克译之为"Mechanical"[26]。汉娜·阿伦特则认为，banausic 的最佳译法是"市侩的"（philistine），意指思想和行为的"鄙俗"（vulgarity），即将一切事物都视为手段，用实用性来衡量所有事物[27]。除了"鄙俗的"一词外，亚里士多德还采用了"卑贱的"（θητικον，thetikon，英译作 menial）、"奴性的"（δούλικον，doulikon，英译作 servile）、"粗俗的"（aneleutheron，英译作 illiberal）这三个词语来形容那些与自由人身份不相符的技艺或职业[28]。值得特别留意的是，"鄙俗的"（Banausos）、"卑贱的"（thetikon）、"奴性的"（doulikon）这些带有浓重贬义色彩的词语是和特定的阶层联系在一起的。比如，Banausos 的名词形式是工匠（banausoi），thetikon 的名词形式是佣工[29]，doulikon 的名词形式是奴隶。当然，这并不意味着"鄙

---

22　Aristotle. *Aristotle's Politics*, New York: The Modern library, 1943：321.

23　Aristotle. *Politics*, Cambridge, Mass.: Harvard University Press, 1998：637-639.1337b15.

24　Amélie Oksenberg Rorty. *Essays on Aristotle's Rhetoric*, Berkeley : University of California Press，1996：192.

25　Michael.Davis *The Politics of Philosophy: A Commentary on Aristotle's Politics*, Lanham, MD: Rowman & Littlefield, 1996：134.

26　Aristotle. *The politics of Aristotle*, New York : Oxford University Press, 1962：334.

27　Hannah Arendt,. *The human condition*, Chicago: University of Chicago Press, 1958：157.

28　Aristotle. *Politics*，Cambridge, Mass.: Harvard University Press，1998：638，1337b10-20.

29　佣工是雅典平民中收入最低的阶层。

俗"仅仅与下层阶级相联系，事实上，富人也常常会做出种种有悖德性和高贵原则的"鄙俗"之事，例如守财奴对待金钱的态度就是鄙俗的。[30]

这些技艺、职业（奴隶的技艺、佣工的技艺、工匠的技艺）之所以是"鄙俗"的，原因主要有两个。第一，它们妨碍人过上令人尊敬的、自由而高尚的生活，使人将自己的心智能力或体力和某种具体的技能联系起来，因而使人无法获得真正的幸福；其次，这种行为是在别人的要求之下做的，其目的是为了金钱的利益，因此这种行为使人在物质上、精神上依赖于别人。[31]

将职业、技艺和知识划分为自由／高尚的和鄙俗的，这种思想并非亚里士多德的首创。毋宁说，它是苏格拉底学派的一个共识。如柏拉图在《理想国》中称手工技艺为"下贱的技艺和职业"[32]。色诺芬也在《经济论》中指出"粗俗技艺"迫使工匠静坐在屋子里，使得他们的身体像女人一般柔弱，并损害他们的灵魂。粗俗技艺的从业者没有闲暇参与政治、结交朋友，也不能保家卫国。[33]

以上主要论述了"自由人科学"与"粗俗技艺"之间的对立关系。接下来，我们将论述自由的／高尚的与实用的、必需的之间的关系。

在《政治学》一书中，亚里士多德说，应该有一种教育，这种教育既不是实用的，也不是必需的，而是自由的和高尚的。与之类似，人类的行为也可以分为两类，一类是实用而必需的，一类是高贵的[34]。必需与高贵之间的对立在《尼各马克伦理学》一书中随处可见[35]。亚里士多德还明确指出，理论（theoria）是一种"非实用"（achreston）的自为目的的活动[36]。显然，在亚里

---

30 Aristotle. *Politics*, Cambridge, Mass.: Harvard University Press, 1998: 88, 1263b1-5.

31 Ivo Volt. *Aspects of Ancient Greek Moral Vocabulary:Illiberaity and Servility in Moral Philosophy and Popular Morality*. Themes, 2003,7（57/52），2,67-82

32 柏拉图.理想国.郭斌和、张竹明译.北京：商务印书馆，2002：246,495e.

33 Xenophon. *The Oeconomicus*, Cambridge：The University Press 1925，6，4-9；（古希腊）色诺芬.经济论、雅典的收入.张伯健、陆大年译.北京：商务印书馆，1961：12.

34 Aristotle. *Politics*, Cambridge, Mass.: Harvard University Press, 1998：606, 1333a30-35.

35 参见 Aristotle. Cambridge, Mass.: Harvard University Press, *Politics*, 1998, 1291a15-20 等处。Lee Ward. Nobility and Necessity: The Problem of Courage in Aristotle's "Nicomachean Ethics". *The American Political Science Review*, Vol. 95, No. 1.（Mar., 2001），pp. 71-83.

36 Andrea Wilson Nightingale. *Spectacles of truth in classical Greek philosophy: theoria in its cultural context*, New York：Cambridge University Press 2004：190.

士多德看来，自由（eleutherion）与高尚（kalen）的含义是相通的，而且必需、实用和自由、高尚之间构成了一种对比的关系。

根据《形而上学》，必然／必需（anagkaion）的含义主要有以下几种：（a）、没有它作为伴随条件，生命便不可能，例如呼吸和营养对于动物是必然的；（b）、没有它，便不可能存在也不能生成，例如，为了不生病，服药是必然的；（c）、某种强制和强迫的东西，在这其中，人的选择能力和渴望受到了干扰和阻止[37]；（d）、必然如此的事物；（e）、经过证明的东西[38]。

必需／必然性植根于肉体对于自我保存、肉体快乐和物质福利的渴望。[39] 必需之物与崇高之物恰成两极，然而，人类又受制于必需品的困扰：

"一个人如果没有生活必需品就无法生存，更不可能生活美好。[40]"

（Aneu gar ton anagkaion adunaton kai zēn kai eu zēn）[41]

即便是智慧者，也需要"依赖必需品而生活"[42]。

而在满足人类生活必需品方面，奴隶必不可少[43]。为了既保障人类必需品的供给，又保障自由人可以投身自由的政治和哲学领域，强迫性的奴隶制度是合法的，而这一点并非亚里士多德的一己之见：

"不管其如何反对城邦生活，希腊所有的哲学家都认为以下几点是理所当然的：自由仅存于政治领域；必需品主要是一种前政治现象，是私有的家庭组织的特征；强制和暴力在这个领域里是正当的，因为这是获取必需品（比如通过压迫奴隶）和自由的唯一手段，由于所有人都受困于必需品，所以他们有权对他人实施暴力；暴力是一种使自己摆脱生活必需品的困扰而进入自由世界的前政治的行

---

37 Aristotle. *The Metaphysics: Volume I,* Cambridge: Harvard University Press ,1933，222-223，1015a20-35.

38 Aristotle. *The Metaphysics: Volume I*, Cambridge: Harvard University Press ,1933，225.

39 Lee Ward. *Nobility and Necessity: The Problem of Courage in Aristotle's "Nicomachean Ethics" The American Political Science Review*, Vol. 95, No. 1.（Mar., 2001），pp. 71-83.

40 亚里士多德.政治学. 颜一、秦典华译.北京：中国人民出版社，2003：6.

41 Aristotle. *Politics*, Cambridge, Mass.: Harvard University Press, 1998：14, 1253b20-30.

42 亚里士多德. 尼各马可伦理学, 廖申白译注. 北京：商务印书馆，2003：306. 1177a25-30.

43 Aristotle. *Politics*, Cambridge, Mass.: Harvard University Press, 1998：65, 1260a,35-40.

为。这种自由是希腊人所谓的幸福的基本条件。"[44]"

在这个意义上，这里所谓的"自由"（eleutherios）是指"摆脱生活必需品的自由"。数学等"并非为了实用"[45]的科学就是在满足了生活必需品的需要之后才出现的。工匠的技艺之所以是奴性的，是因为这些技艺是非政治的、非哲学的，它们仍然停留在满足人类必需品需要的层次之内，因而是鄙俗的，非自由的。

博雅技艺与实用技艺之别，由来已久。甚至可以说，两者的冲突与人类教育的历史一样悠久。古希腊的哲学家与雄辩家之间的争论，德国大学传统中"为学术"与"为职业"之间的冲突[46]，纽曼与培根之间的争论，法国百科全书学派（如狄德罗）贬斥博雅技艺而推崇机械技艺[47]，一直到最近的学者对高等教育市场化、知识商品化的批评，都是教育史上引人瞩目的现象。尤其是十九世纪以来，"自由"教育与实用教育之间的论争一直持续不断。时至今日，这一争论仍未见有平息之势。为了以更严肃、公允的态度对待这些争论，我们需要正本溯源，回到源头上来，看一下两者之间的区别到底是什么。

关于"自由"与"实用"之间的关系，亚里士多德曾有一句名言，"处处寻求实用，不配拥有高尚、自由的心灵。"[48]。实用（chresime）的名词是 chreia，意为用处、好处、益处、买卖、公职等，泛指有用的东西。在希腊语中，名词 chrema（钱）和财富（chremata）即由 chreia 衍生而来。[49]

在亚里士多德看来，理论是一种"非实用"（achreston）的自为目的的活动。achreston（以及 ouchresimon）一般译为 useless，但安德里亚·南丁格尔指出，useless 一词在英文中有很强的贬义色彩，无法准确传递亚里士多德所赋予这个词语的含义。在亚里士多德那里，"非实用"的活动是那些非生产性

44　（美）汉娜·阿伦特. 人的条件，上海：上海人民出版社，1999：24；Arendt, Hannah. *The human condition*, Chicago: University of Chicago Press, 1958：31.

45　Aristotle. *The Metaphysics: Volume I,* Cambridge: Harvard University Press ,1933：9.

46　陈洪捷，为学术还是为职业？——德国大学学习传统及其变迁.北京大学教育评论，2005（2）：75-78。

47　William Hamilton Sewell. *Work and revolution in France: the language of labor from the Old Regime to 1848*, New York: Cambridge University Press, 1980

48　（To de zetein pantachou to, chresimon ekista armottei tois megalophuchois kai tois *eleutherois*）Aristotle. *Politics*，Cambridge, Mass.: Harvard University Press, 1998：644，1338b.

49　亚里士多德. 尼各马可伦理学，廖申白译注. 北京：商务印书馆，2003：96.

的活动，但"非实用"不等同于"无价值"或"价值很小"[50]，相反，从事哲学、音乐等"非实用"的自由活动是通往幸福和至善的最佳途径，从这个角度看，这些自由活动无疑价值非凡。

那么，难道真如杜威所云，博雅技艺和实用技艺之间的对立是虚幻的吗？有人也许会辩解说，那些自由追求（如音乐、数学）对于幸福生活的获取是"实用的"。因此"自由"和"实用"的二元划分没有意义。但在这里，我们已经不是在亚里士多德的意义上使用"实用"（chresimen）一词。在亚氏的用法中，所谓"实用"的活动，几乎毫不例外地是指那些生产性的活动，因此就不是自为目的的或仅仅为了幸福而追求的活动[51]。

根据以上论述，在亚里士多德看来，所谓"自由人科学"（eleutherion epistemo），eleutherion（liberal）主要具有以下几层含义：

首先，就其最基本的含义而言，eleutherion 指"符合自由人身份的"。在这个意义上，"自由人科学"指的是公民的科学或公民的技艺，与奴隶或工匠等非公民阶层的技艺相对。"自由人科学"与其对立面之间的区分主要是一种"政治"的区分。在亚里士多德看来，适合于自由人身份的活动是政治与哲学，自由人学习这些科学的目的是为了参与政治或从事哲学活动，而非为了谋生或生产必需品。工匠的技艺是鄙俗的技艺／职业，因为它们使人的灵魂不适合于从事政治和追求高尚的生活。换言之，在亚里士多德这里，区分自由人技艺与奴性技艺之间的标准主要是"政治性的"。亚里士多德对知识的分类是基于"社会秩序"的基础之上的。亚里士多德将知识分为理论知识、实践性知识和生产性知识三大类，恰恰对应了古希腊关于三种生活的划分，即哲学家生活（理论生活）、政治家生活（实践生活）与享乐的生活。亚里士多德的知识分类典型地反映了"知识秩序"与"社会秩序"之间的符应关系。

其次，所谓"自由的"（eleutherion），是与必需（anagkaian）、实用（chresimen）相对的，因此是高尚的、自足的。自由人科学不同于奴隶性或技术性技艺的地方在于它们是自足的，不是实现某种目的的手段，它们并不为一个外在的目标服务，"自由"的标准是"适合德性的运用和实行"。依据

---

50 Andrea Wilson Nightingale. *Spectacles of truth in classical Greek philosophy: theoria in its cultural context*, New York : Cambridge University Press ,2004；190.

51 Andrea Wilson Nightingale. *Liberal Education in Plato's Republic and Aristotle's Politics*. In Yun Lee Too. *Education in Greek and Roman antiquity*, Leiden; Boston: Brill, 2001:158.

德性的原则，那些劳瘁身体、贬抑灵魂的技艺或科学都是"鄙俗的"、"不自由的"。

所行或所学如果是"为自己，为朋友，或出于德性"，就是"符合自由人身份的"。如果目的出于"为自己"，那么所行所学就是自足的，自足的行为符合自由人的身份；出于德性的行为是高尚的，自然也符合自由人的身份；"为朋友"的行为或知识也是符合自由人身份的，因为朋友是自身力量的延伸："朋友是另一个自身"[52]。为朋友，也就是为自己，其中没有*奴性*的成分。

第三，"自由人科学"是非专业性的、带有业余性质的科学。因为，即便是那些"自由人科学"，如果学习时"过于尽力、刻意求精"，也会有危害。即便是绘画、音乐、文学等"自由的技艺"，也不能过于求精，而应该以业余者的态度对待之。[53]

亚里士多德曾承诺说要讨论"自由而高尚的教育"的内容和形式（《政治学》，1338a30-37），不过，由于《政治学》一书第八章的残缺，这一承诺没有兑现，因此我们无法得知"自由人科学"到底包括哪些学科。亚里士多德提到的明确属于"自由人科学"的科目包括音乐，另外他还说过哲学是最"自由"的知识[54]。绘画在某种意义上也可视为"自由人科学"[55]。卡恩斯·洛德猜测说，《政治学》一书第八卷佚失部分可能包括通过诗歌（广义的音乐）来培养"实践理性"，通过科学或哲学培养"理论理性"[56]。如果这一猜测属实，"自由人科学"还应该涵盖各种科学或哲学学科。因此，亚里士多德所说的"自由人科学"大致包括音乐（诗歌、悲剧和狭义的音乐）、绘画、哲学，等等。

---

52 亚里士多德. 尼各马可伦理学. 廖申白译注. 北京：商务印书馆，2003：268，1166a30.

53 反讽的是，亚里士多德在气象学、天文学、生物学、哲学等领域的知识造诣在当时的雅典无论如何都是无与伦比的，这样说来，亚里士多德自己本人首先就犯了"刻意求精"之弊。而且，有哲学史家猜测，亚里士多德对哲学的不懈追求也许受到了友人的批评，认为他过分追求学问。而亚里士多德追求又不得不服从习俗，以"业余哲学家"自居。（英）K.R.波普尔. 开放社会及其敌人. 北京：中国社会科学出版社，1999：10-11.

54 "eleutheros o autou eneka kai mē allou on, outo kai auten os monen eleutheran ousan ton epistemon"，参见 Aristotle. *The Metaphysics: Volume I*，Cambridge: Harvard University Press，1933：14.

55 Carnes Lord. *Education and culture in the political thought of Aristotle*，Cornell university press, 1982：63

56 Carnes Lord. *Education and culture in the political thought of Aristotle*. Cornell university press, 1982：150

## 第二节　真正的自由人（绅士）与奴隶的分野

上面已经指出，所谓"eleutherion epistemon"，指的是"适合于自由人的知识与科学"，因此，为了更加深入地理解这个概念，我们还必须回到古希腊社会对自由人的界定，以及自由人与奴隶之间的分野。

### 2.1 奴隶、自由人与真正的自由人（绅士）

对于人，亚里士多德曾经下过两个著名的定义。第一、人自然是政治动物（anthrôpos phusei politikon zôon）[57]；第二、人是能说会道的动物（zoon logon ekhon）。这里的"人"不是一般意义上的人，而是"自由人"。在这两个定义中，亚里士多德界定了自由人的特定生活方式。在城邦之外的每一个人——野蛮人和奴隶——被剥夺的不是说话的本能，而是一种建立在交谈、言辞基础之上的政治生活方式。[58]

人是一个特指的概念，所谓的人，指的就是自由人（eleutheroi），奴隶根本不被视为人，因为奴隶的活动仅仅局限于为人类提供生活必需品，背离了人的真正本质：政治动物。自由人和奴隶的区别主要表现在身体和灵魂两个方面。就身体而言，奴隶体格强壮，自由人的身形俊美："自然赋予自由人和奴隶不同的身体，它使得　部分人身体粗壮以适于劳役，使另一部分人身体挺拔，这虽然无益于劳作，但却有益于无论是战时还是在和平时期的政治生活。"[59]

就灵魂或心灵而言，自由人具有理性，而奴隶则不具备理性[60]。理性是人之为人最重要标志，是人区别于动物的根本特征，它也是高尚者与粗鄙者的分界线：

> "我们把运用理性，并总是在理性指导下选择一切行为的人赞誉为高尚和善良的人，而把不靠理性处理的人憎称为粗鄙和野蛮的人"[61]。

---

57 Aristotle. Cambridge, Mass.: Harvard University Press，*Politics*，1998：8，1253a.

58 （美）汉娜·阿伦特. 人的条件. 上海：上海人民出版社，1999：21.

59 亚里士多德. 政治学. 颜一、秦典华译. 2003:9，1254b25-30.

60 但亚里士多德有时候也暗示，奴隶也是具备最基本的理性的，他指出，有人会提出这样的问题，即"既然他们（奴隶）是人，而且同样具有理性，说他们没有德性似乎是荒谬的"。《政治学》1259b25-30. 这似乎与那些天生的奴隶能够领会理性却不具备理性的说法（《政治学》1254b20-25）相矛盾。

61 《亚历山大修辞学》，1420b5-10，（古希腊）亚里士多德. 修辞术－亚历山大修辞学－论诗. 2003：222.

自由人和奴隶之间的区别是天然的，"一些人天生是自由人，另一些人则天生是奴隶"，但"并非所有奴隶或所有自由人都是自然奴隶或自然自由人"[62]。甚至有些奴隶"具有自由人的灵魂"[63]。对于表现良好的奴隶，主人可以释放他们，给他们以自由（eleutherian）[64]。吉尔·弗兰克指出，在亚里士多德那里，自然（phusis）不是必然，而是处于"必然与偶然"之间。作为自然的存在者，人之自然就在于他的选择能力（proairesis）。[65]因此，那些仅仅由于出身或者强力而成为奴隶的人并不是自然奴隶。[66]在这两种情况下，人或是因为偶然性或是因为强力（一种必然性的形式）而成为奴隶，两者均非"自然"。自然的存在者在生长、变化和运动中实现或揭示其"自然"。例如，人自然是政治动物，但这种"自然"需要在政治活动中得到实现和展示。自然不是不变的、前政治的、必然的，相反，自然在很大程度上是实践的结果。自然一方面是潜能（dunamis），一方面又是实现（energeia）。在城邦中，有一些奴隶可能具备理性的潜能，但由于他们长期从事纯粹体力性的劳作，不参与需要考虑和选择的活动，其理性能力也会逐渐衰退。[67]汉娜·阿伦特指出，作为奴隶制忠实拥护者的亚里士多德在临终前释放了所有的家奴，这表明他并不否认奴隶具有成为人的能力，而是认为，那些完全服从于生活必需品之需要的奴隶不配拥有"人"的称号[68]。

亚里士多德认为，自然自由人对自然奴隶的统治是"公正而有益"的。但是，那些仅仅由于出身或强力的原因而成为奴隶的人并不是自然的奴隶。区分自然自由人和自然奴隶的真正原则不是出身或强力，也不是地域[69]，而是

62 亚里士多德.政治学.北京：中国人民出版社，2003:11.

63 亚里士多德.政治学.北京：中国人民出版社，2003:9，1254b30-35.

64 Aristotle. *Politics*, Cambridge, Mass.: Harvard University Press，1998：584，1330a30-35

65 特别参见 Jill Frank （2004）. Citizens, Slaves, and Foreigners: Aristotle on Human Nature.The American Political Science Review, *98*（1），91-104

66 亚里士多德.政治学.北京：中国人民出版社，2003:11-12.

67 Jill Frank （2004）. Citizens, Slaves, and Foreigners: Aristotle on Human Nature.The American Political Science Review,*98*（1）,91-104.

68 Arendt, Hannah. *The human condition*, Chicago: University of Chicago Press, 1958：84..

69 亚里士多德指出西细亚民族惰性较大，大多受人统治和奴役，他们经常生活在僭主制下，亚细亚蛮族在本性（phusis）上比希腊民族更具奴性（doulikoteroi）（《政治学》1285a25-29）。但亚里士多德同时又指出，事实上古希腊也曾经受到选举出

品性／德性[70]。但德性原则本身并不能一劳永逸地解决奴隶制度的合法性问题，因为德性卓越的自然自由人的后代并不必然是自然自由人："他们认为，人生人，兽生兽，所以善人的后裔也应当是善人。自然打算常常这样做，但却不可能。[71]"

自然奴隶不具备理性表现在他完全不具有思考、决定[72]和预见、选择[73]的能力。这两种能力都是公民所不可或缺的。由于奴隶没有参与政治的权利，他们自然也无法在"行动"中展现、培植这两种理性的能力。奴隶不具备理性，但却能领会理性[74]。因为，奴隶分担主人的生活。主人在和奴隶打交道时，不能仅仅凭借发号施令，必要时甚至可以和奴隶交谈，因为奴隶比儿童更需要"训诫"[75]。倘若奴隶不具备领会理性的能力，这种交流便完全不可能。

自由人又可以分为两种，一种是一般的、缺乏闲暇的自由人，另一种是真正的自由人，即拥有闲暇的自由人。在《政治学》一书中，亚里士多德一共列举了八个阶层，即农民（georgoi）、工匠（Banausos）、佣工（Theteia）、商人（agoraion）、卫士、审议人员（司法阶层和议事阶层）、出资为城邦服务的富人（leitourgiai）、担任官职的行政人员。[76]

在亚里士多德看来，佣工、工匠、农民、技师等从事的是奴性的工作，过的是与自由人身份不相符合的生活："一般人显然是奴性的，他们宁愿过动物式的生活"[77]。农民是雅典公民人口最重要的组成部分，但很多农民都没有奴隶，完全靠自己来干农活。工匠阶层尤其受到亚里士多德的抨击，奴隶和工匠的区别仅仅在于，工匠用手工作，而奴隶则像牲畜一样，"用身体提供生

---

来的僭主的统治。因此，仅仅是地域因素无法解释自然自由人和自然奴隶之间的区别。参见 Jill Frank （2004）. Citizens, Slaves, and Foreigners: Aristotle on Human Nature. The American Political Science Review, 98（1），91-104。

70 Aristotle. *Politics*, Cambridge, Mass.: Harvard University Press，1998：26-27，1255b1-5.

71 Aristotle. *Politics*, Cambridge, Mass.: Harvard University Press，1998：27.

72 Aristotle. *Politics*, Cambridge, Mass.: Harvard University Press，1998：62，1260a10.

73 Proairesis 开启了中世纪关于自由意志（free will）的讨论。

74 Aristotle. *Politics*, Cambridge, Mass.: Harvard University Press, 1998: 23, 1254b20-25.

75 Aristotle. *Politics*, Cambridge, Mass.: Harvard University Press，1998：67，1260b5.

76 Aristotle. *Politics*, Cambridge, Mass.: Harvard University Press，1998，295－297，1290b35-1291a35

77 亚里士多德. 尼各马可伦理学. 廖申白译注. 北京：商务印书馆，2003：11，1095b19.

活必需品"[78]。

因此，并非所有具有自由身份的人都是真正的自由人。和亚里士多德同一时代的雄辩家德摩斯梯尼（公元前 384-322）在演说中感慨说，"贫穷迫使许多自由人做很多奴性的、卑贱的事情"[79]。真正的自由人是拥有闲暇的自由人，是"为自己，并不为他人而存在的人"。在最好的情况下，自由人是一个"独立自主"的人，他不屈从于任何权威，不受暴君或主人的奴役，"自由的"（eleutherios）在这里意指一种独立、自主的地位和状态。[80]真正的自由人应该拥有闲暇，以便参与政治、从事哲学研究；真正的自由人应该拥有一定的财富，不必为生活必需品（anagkaion）而奔波操劳[81]，不为生计所困，不事卑贱之业，"不从事任何工匠的贱技是高尚的，因为不仰人鼻息的生活才是自由人的生活。[82]"总而言之，真正的自由人是"自己的主人"。而工匠、佣工都是为生计所困、依赖于别人的人。[83]

亚里士多德关心的教育是对公民的教育。而不同的政体对公民的定义和资格要求是不同的。在平民政体中，"只要其母亲是公民，一个人就可以成为公民"，因此，工匠和佣工都可能成为公民。亚里士多德显然不满于由一般的自由人（eleutheroi）当权的平民政体[84]，因为不是所有的自由人都拥有参与政治的闲暇。由大多数自由人掌权的平民政体信守权力属于大多数人和自由原则这两大信条，并认为所谓自由就是每个人都能随心所欲地生活，在亚里士多德看来，这是"曲解了自由原则"[85]。在贵族政体中，工匠或佣工都不可能成为公民；在寡头政体中，工匠可以成为公民，但佣工不能成为公民。

78 Aristotle. *Politics*，Cambridge, Mass.: Harvard University Press，1998：23.

79 （polla doulike kai tapeina pragmata tous eleutherous he penia biazetai poitein）Arendt, Hannah. *The human condition*.Chicago: University of Chicago Press, 1958：64.

80 Leo Strauss. "The Liberalism of Classical Political Philosophy". In *Liberalism ancient and modern*，Chicago: University of Chicago Press, 1995：26-64.

81 Aristotle. *Politics*，Cambridge, Mass.: Harvard University Press, 1998：196, 1278a10-15.

82 （古希腊）亚里士多德. 修辞术－亚历山大修辞学－论诗. 北京:中国人民大学出版社，2003：44.

83 柏拉图在《第七封信》中也指出穷人不是"自己的主人"（penes on kai heautou me kraton. Seventh Letter, 351A）参见 Arendt, Hannah. *The human condition*, Chicago: University of Chicago Press, 1958：110.

84 Aristotle. *Politics*，Cambridge, Mass.: Harvard University Press，1998：290，1290b.

85 Aristotle. *Politics*，Cambridge, Mass.: Harvard University Press，1998：437.

在亚里士多德的"最佳政体"中，工匠和佣工、农民、商人、手艺人都是为他人工作的人，他们形同奴隶，因此不能成为合格的完全公民：

"在得到完美治理的城邦中，……公民们不会过工匠或商人的生活。因为这种生活方式低贱而且不利于获取德性。那些要成为公民的人也不应该是农民，因为德性的生成和政治实践都需要闲暇。"[86]。

理想的公民应该有闲暇参与政治事务，而且具备与政治行为相适应的"德性"。这两者都离不开闲暇，"德性的生成和政治行为或活动都需要有闲暇。"[87]闲暇是参与城邦管理的前提条件，而农民、手工业者、技工、佣工、商人缺乏足够的闲暇。在理想的最佳城邦中，只有武装人员和议事人员才是城邦的合格公民[88]。用列奥·斯特劳斯的话来说，"亚里士多德所设计的最佳政体的城邦是一个没有平民（demos）的城邦，一个以绅士为一方，异邦人和奴隶为另一方的城邦，而且城邦只由这两者构成"[89]。

亚里士多德暗示说，将农民、手工业者、商人排除出公民的范畴并不是没有先例可循的。他提到了忒拜城的一个法律，即放弃经商不足十年者不得从政为官。（《政治学》1278a25）事实上，忒拜自前 379-378 年建立民主政制后，就已经废除了这条法律[90]。

在公元前四世纪的雅典，很多自由民都从事商业活动，不少雅典人都是自主经营的手艺人或商人（鱼贩、鞋匠、花匠，等等）。甚至有些行业的从业者中既有自由民也有奴隶。[91]盖里·尼德曼也指出，亚里士多德完全意识到，在雅典民主制中，在雅典民主城邦中，每一个生来自由的成年男子，不论其财产和出身，都拥有公民身份，农民、手工业者、技工、商人事实上构成了雅典民主制的中坚[92]。而亚里士多德在《政治学》一书中所要做的事情恰恰是

---

86　《政治学》1328b35-1329a5。关于亚里士多德的这一观点，还可参见 1329a25-40，1278a，等等。

87　亚里士多德.政治学.北京：中国人民出版社，2003：244，1329a.

88　Aristotle. Politics, Cambridge, Mass.: Harvard University Press, 1998：579, 1329a35-40

89　Leo Strauss. *The city and man*. Chicago : University of Chicago Press, 1978：37.

90　P. A. Brunt. *Studies in Greek History and Thought*., Oxford : Clarendon Press, 1997：277.

91　Paul Cartledge, Edward E. Cohen and Lin Foxhall. *Money, labour and land: approaches to the economies of ancient Greece*, Routledge ,2002：102.

92　Nederman, Cary J. Mechanics and Citizens: The Reception of the Aristotelian Idea of Citizenship in Late Medieval Europe. *Vivarium*; 2002, Vol. 40 Issue 1：75-102.

要将这些从事"鄙俗技艺"的阶层从他的"最佳政体"的"公民"团体中排除出去。

对于亚里士多德将工匠排除出"自由人"范围的做法，威廉·韦斯特曼解释说，

> "亚里士多德认为，……手工业者的生存条件是一种有限的奴隶制，这意味着当工匠签订一项工作契约时，他就自愿地、阶段性地放弃了其自由地位的四项元素中的两个（即经济活动的自由和不受限制的行动权利）。"

当时的理解认为，自由是由"地位、个人的不可侵犯、经济活动的自由以及不受限制的行动权利"组成的，而奴隶制"就是这四项属性的缺失。[93]"

对于亚里士多德所提出的"真正的自由人"的概念，美国古典学学者库尔特·拉弗罗布则从当时的社会政治背景出发来加以解读，他指出，在公元前五世纪的最后三分之一世纪中，民主的价值观和寡头政治的价值观发生了激烈的冲突。为了对抗民主式的自由概念，推崇寡头政治的哲学家们发展出了"真正的自由人"这一概念。依据寡头政治的标准，在民主制中的普通自由民是"依赖性的，不自由的"，他们和奴隶、外邦人一样不适合参与政治。由此，出现了两种不同的对个人自由的解释，一种是寡头政治的解释，一种是民主政治的解释。民主的自由民概念建立在公民认同的基础之上，而寡头政治式的自由民概念则建立在社会认同的基础之上。寡头政治式的自由概念在以下三个独立又互相联系的概念中得到了体现：1、适合于自由人的、高贵的、慷慨的（eleutherios）；2、适合于自由人的教育（eleutherios paideia）；3、适合于自由人的技艺（eleutherioi technai）[94]。

要特别注意的是，在亚里士多德这里，eleutherios 和 eleutheros 存在微妙的差别。如多萝西娅·弗雷德所论，eleutheros 指的是一般的自由人，而 eleutherios 指的则是在自由人学科中受过教育的自由人[95]。仔细阅读《政治学》

---

93　（美）汉娜·阿伦特. 人的条件，上海：上海人民出版社，1999：13-14.

94　Kurt A. Raaflaub. Democracy, Oligarchy, and the Concept of the "Free Citizen" in Late Fifth-Century Athens, *Political Theory*, Vol. 11, No. 4. （Nov., 1983），pp. 517-544.

95　Dorothea Frede. " Constitution and Citizenship: Peripatetic Influence on Cicero's Political Conceptions in the De Republica" William W. Fortenbaugh, Peter Steinmetz. *Cicero's Knowledge of the Peripatos*, New Brunswick, N.J., U.S.A.: Transaction Publishers, c1989：77-100.

一书可发现，在前几章中，亚里士多德在谈论自由人时倾向于使用 eleutheros 一词，而越到后来，eleutherios 出现的频率越多，尤其在第八章中，eleutherios 一词多次出现（1337b15，1338a33，1338b1-5）。

当然，这种区分并非绝对的。亚里士多德有时用 eleutheros 来表示具有自由身份的自由人（因此包括工匠等为他人工作的自由人），有时则用来指我们现在所谓的"绅士"。例如，《修辞术》中有这样一段话：

> "无利可图的财物；因为它们更符合自由人的身份（eleutheriotera）。又，每一民族独有的东西；以及每一民族所赞誉的事物的标记；例如斯巴达人以长发为高尚的东西，它是自由人（eleutherou）的标记，因为有了长发再去干佣工的活就很不方便。又，不从事任何工匠的贱技（a banausos techne）是高尚的，因为不仰人鼻息的生活才是自由人（eleutheron）的生活。"[96]

美国当代学者加百利·李尔及著名古典学家芬利都将这里的 eleutheron 译为"自由人"[97]。和加百利·李尔及汉译本不同，约翰·普列瑟斯将 eleutheron 翻译为"绅士"，将 eleutheriotera 翻译为"绅士般的"[98]。德·圣·克鲁瓦指出，芬利在这里将 eleutheron 译为自由人是错误的，因为此处并没有提到奴隶制和奴隶，所对比的是粗俗的工匠和绅士的生活方式。Eleutheron（eleutheros）在这里指拥有闲暇的、不必为他人工作的自由人，当译为绅士[99]。

以上论述表明，在亚里士多德的"词汇表"中，eleutherios 的含义接近于近代英国的"绅士"，而且 eleutheros 有时也指"绅士"，而非普通的自由人。纽曼在解读西方教育史时曾指出，雅典教育的理想人格是 kalokagathos，即"绅士"[100]。纽曼对雅典教育的判断放到亚里士多德身上是恰如其分的。亚里士多德所谓的"真正的自由人"（eleutherios 或 eleutheros），事实上相当于他所说

---

96　《修辞术》1419h，（古希腊）　亚里士多德. 修辞术－亚历山大修辞学－论诗. 北京:中国人民大学出版社，2003：43-44.

97　Richard Kraut. *The Blackwell Guide to Aristotle's Nicomachean Ethics.*. Malden, MA；Oxford: Blackwell Pub ,2006：125.

98　Aristotle. *The art of rhetoric*, Cambridge, Mass.: Harvard University Press ,1926：467，1419b.

99　De Ste. Croix，Geoffrey Ernest Maurice. *The class struggle in the ancient Greek world from the Archaic Age to the Arab conquests* , London: Gerald Duckworth & Co. Ltd.,1983：117.

100　Newman, John Henry. *Historical sketches*( v.3 )London: Longmans, 1906-1909: 80-81.

的 kalokagathos[101]。kalokagathos 一方面指高贵和美的，另一方面则指善的，在英语中一般译为"绅士"或"文雅的绅士"[102]。"文雅绅士"集各种德性于一身，出身高贵、家境富有，而且品德高尚。代表绅士品格之极致的是亚里士多德所说的"大度的人"（ho megalopsychos）。在亚里士多德的最佳政制中，作为统治阶层的卫士应当不仅是绅士，而且应当是"大度的人"（《政治学》1328a9-10；1338b2-4）。"大度"是绅士品格的极致，是对道德品性与政治品性的超越："和最佳政制本身一样，大度的人是哲学生活在实践或政治层面的反映"[103]。

总而言之，亚里士多德所说的"自由高贵的教育"，其对象不是一般的自由人，而是"真正的自由人"，即绅士。在这个意义上，所谓博雅教育（liberal education）就是绅士教育："一个人通过博雅教育成为一个绅士"[104]。

## 2.2 "真正的自由人"与绅士品格

在亚里士多德看来，使真正的自由人区别于奴隶以及一般自由人的不仅仅是他们的出身和身份，而是他们所接受的教育，以及他们所拥有的德性，如智慧、慷慨、大方、正义、节制、审慎、勇敢，等等。拥有上述德性的自由人不是一般的自由人，而是真正的自由人，即绅士。

真正的自由人应该是一个"受过教育的人"（pepaideumenos）。在《政治学》中，亚里士多德将"自由的人"和"受过教育的人"归为一类，而将"工匠、佣工和其他鄙俗的人"归为另一类，在音乐竞赛中，听众有两类，"一类是自由而受过教育的人们，另一类是工匠、佣工以及其他诸如此类的人"[105]。同理，摹仿艺术也可以划分为"高雅的"和"庸俗的"两种。在模仿艺术中，悲剧最适合于有教养的自由人（《诗学》1461b25-30）。

---

101 亚里士多德还提到过"高贵的人"（eugeneis, gennaioi）、"好人"（ho spoudaios）等人的理想类型。

102 Aristotle. *Politics*，Cambridge, Mass.: Harvard University Press，1998：60.

103 Carnes Lord. *Education and culture in the political thought of Aristotle*，Cornell university press, 1982：201

104 Leo Strauss. *Liberalism ancient and modern*, Chicago：University of Chicago Press，11. 波普尔也指出，亚里士多德所谓的自由教育（liberal education）是一种不同于奴隶、仆人和专业人员的"绅士教育"，参见（英）K.R.波普尔. 开放社会及其敌人. 北京：中国社会科学出版社，1999：9

105 Aristotle. *Politics*，Cambridge, Mass.: Harvard University Press，1998：670-671，1342a15-25.

在古希腊，勇敢被认为是符合自由人身份的一种高贵德性，而懦弱（如过分爱惜生命）则被视为奴性的标志。大部分的奴隶是战败的战俘，以致柏拉图认为这些人宁愿选择奴役也不选择死亡这一事实证明了这些人天生具有奴性。[106]

"真正的自由人"是高尚、善良的人：

> "教育和高贵的出身更经常地伴随着那些更加富有之人。并且，富人们差不多已经拥有了诱使人们为之犯罪的诸般事物，由此博得了高尚、善良和通情达理的美誉。"[107]

"真正的自由人"应该随时注意自己的言行举止，污言秽语与自由人的身份不相称，还没有取得共餐资格的自由人如果被发现言行失当，将会受到斥责、处罚；年长的自由人如果言行与奴隶无异，将被剥夺其共餐资格[108]。

慷慨大方尤其被认为是符合自由民身份的德性，其原因在于，在和平时期，最能表现一个人拥有自由人而非奴隶之品格的，就是他对待自己所拥有之财富的态度。慷慨大方是一种与财富的使用（尤其是给予）有关的德性。一个慷慨的人，会在合适的场合，慷慨大方地赠予财富，酬答友朋，全然不计所费几何。雅典城邦对其公民既不征收固定的财产税，也不课以固定的人头税，公共服务的费用主要由富人以捐助的形式来承担。真正的贵族应该以慷慨大度的方式处理自己的财产，为城邦的公共善做出贡献。

## 2.3 哲学家教育与绅士教育

自由人是"为自己而存在的人"，但与此同时，自由人又必须参与统治，同时"被统治"，在各种政体之中，自由人的联合与统治比独裁专制"更加高尚且富有德性"。这是否自相矛盾呢？亚里士多德指出，存在着两种不同的统治形式。在第一种统治形式中，真正的自由人对奴隶、佣工、工匠进行统治。在第二种统治形式中，自由人对同自己出身一样的人进行统治，亦即共和政治的统治。在这种情况下，自由人并没有失去其"自由"的地位，因为他是被和自己具有同等身份的人所统治，并且自己也会反过来统治那些和自己具有同等身份的人。[109]

---

106　（美）汉娜·阿伦特.人的条件，上海：上海人民出版社，1999：67.

107　亚里士多德.政治学，北京：中国人民出版社，2003：132，1293b，35-40.

108　亚里士多德.政治学，北京：中国人民出版社，2003：265.

109　亚里士多德.政治学，北京：中国人民出版社，2003：79.

然而，即便在所谓"真正的自由人"内部，也存在政治家和哲学家的区别。政治家积极投身政治事务，哲学家则逍遥物外、离群索居："究竟哪一种生活真正可取，这是一个不小的问题"[110]。那些倾心于思辨生活的人无心从政，因为他们认为，"自由人的生活（eleutherou bion）和政治家的生活不同，而且是所有生活中最值得追求的一种生活"[111]。

在两千多年的西方教育史中，哲学的生活与政治的生活，或者说，沉思的生活与行动的生活一直处于紧张的状态，两者孰优孰劣，两者能否兼得，一直是西方人所面临的最重要的问题之一。亚里士多德认为，政治家生活的拥护者和哲学家生活的拥护者各有道理。政治家的生活有其高尚和自由的一面，对自由人的统治尤其高尚。不过，总的来说，亚里士多德更倾向于认为哲学家的生活更为优越。思辨生活是最为幸福的生活，这种生活体现了人类最卓越的品性，因而"超越"了城邦。

很显然，哲学家与施行统治的绅士是有区别的。首先，绅士不加考虑地接受某些关于最重要问题的意见，而对于这些意见，哲学家会加以质疑；其次，绅士为了拥有统治所需要的闲暇，必须富有，而哲学家则可能贫穷（如苏格拉底）。[112]因此，根据哲学家与绅士的不同，存在两种不同的"自由"教育。安德里亚·南丁格尔指出，对政治家（统治者）的教育和对哲学家的教育是两种不同的"自由"教育观念，这两种不同的"自由"教育观反映了亚里士多德对"自由"的两种不同理解。第一种自由是政治家和统治者的自由，这种自由使人可以统治与自己身份平等的自由人，并且使自己免于从事鄙俗、卑贱的工作；第二种自由是哲学家的自由，这种自由建立在完全"非实用的"、"自为目的"的活动之上，与前者相比，它是一种"更为完满、更为彻底的自由"，但两者均属于自由的真正类型。[113]

因此，在亚里士多德这里，存在着两种"自由"教育模式，一种是绅士的"自由"教育，一种是哲学家的"自由"教育。绅士不加批判地接受某些

---

110 亚里士多德.政治学，北京：中国人民出版社，2003：231.

111 Aristotle. *Politics*，Cambridge, Mass.: Harvard University Press，1998：547.

112 Leo Strauss. *Liberalism ancient and modern*，Chicago: University of Chicago Press, 1995：13.

113 Andrea Wilson Nightingale. Liberal Education in Plato's Republic and Aristotle's Politics , in Yun Lee Too. *Education in Greek and Roman antiquity*, Leiden; Boston: Brill, 2001:133-173.

智慧，而哲学"更明显地是追求智慧，而不是拥有智慧，只要哲学家活着，哲学家的教育就不会停息，因为它首先是成人教育。[114]"相比之下，绅士教育首先是一种青少年教育。

## 2.4. 自由人——奴隶的分野与教育的区隔

尽管博雅教育的思想传统内部存在布鲁斯·金博尔所说的"哲学家"与"雄辩家"两种不同的教育范式，但哲学家和雄辩家一致认为，所谓博雅教育，指的是对自由人的教育。几乎所有论及博雅教育的学者都指出，在古典传统中，所谓博雅教育，是指"对自由人的教育"，或"适合于自由人的教育"[115]。

希腊社会分为三个等级：自由民、平民和奴隶。自由民即为希腊城邦之公民，享有支配奴隶、平民之权利，并且垄断了接受教育、参与政治等权利。体育馆（gymnasia）和摔跤馆（palaistrai）都是向所有自由民开放的，老式的贵族教育也部分地整合进了学校课程，一般的自由民可以获得这些教育。

奴隶几乎没有接受教育的权利。不管是体育馆还是摔跤馆，都不向奴隶开放。一般来说，奴隶只能接受一些有关家政方面的教育，比如烹饪，等等；奴隶也可以跟随主人学习一门技术或手艺。在古希腊，卖淫是合法的，因此奴隶还可以学习如何卖淫。奴隶一般不能接受读写教育，除非他所学习的手艺需要读写能力，或者他担任教仆，陪伴主人的儿子上学[116]。除了奴隶，妇女也很少有受教育的机会。享有自由民地位的妇女一般都深居简出，在家中学习纺织、烹饪，照看子女，料理家务[117]。

在古希腊雅典，很多普通的自由民都是独立自主的商人或手艺人，他们依靠家庭内部的劳动力来经营，一般只有一到两个奴隶可供支配。一些幸运的公民能够在受领征服得到土地的过程中获得较高的社会地位，从而能够完全将家庭的经济经营交给奴隶去做，获得和贵族一样的闲暇。

---

114 Leo Strauss. *Liberalism ancient and modern*，Chicago: University of Chicago Press, 1995：14.

115 Richard Livingstone. *The future in education*. Cambridge university press, 1945：68.

116 Curren, Randall R. *A companion to the philosophy of education*. Malden, MA : Blackwell, 2003：7.

117 但也有一些例外，比如伯里克利的情妇阿斯帕齐娅即以智慧过人、学识渊博而著称。

按照教育的层次来划分，古希腊的教育可分为基础性的教育和高等教育。前者主要指音乐教育、体育和文法教育，或者主要指哲学教育、修辞学教育和军事训练。并非所有的自由人都能接受高等教育，出身贫寒的自由人一般只能接受比较初级的教育，即音乐教育和体育教育。他们在接受了这些初等的教育之后，随即到父亲的作坊中充当学徒，学习一门手艺。在柏拉图和亚里士多德看来，这种手艺的学习根本称不上是"教育"。[118]

修辞学学校和哲学学校均为富裕阶层、有闲阶级开设。[119]智者派教师索取的学费非常高昂，只有那些上流阶层、并且有野心成为政治领袖的人才能负担这种教育。因此，修辞学教育并非针对一般自由人的教育。[120]

## 第三节 "真正自由人"的教育方案

由于《政治学》一书第八章的残缺，亚里士多德关于自由人教育的很多观点都没有展开，他在前面承诺要详加论述的问题（如既不立足于必需、也不立足于实用的自由民学科是一科还是多科，14-21 岁的自由人教育课程等等），也就没有兑现。尽管如此，但我们依然可以根据相关文本，结合当时雅典的教育制度，部分地还原他的中等教育与高等教育方案。在这方面，里夫（C.D.C.Reeve）、卡恩斯·洛德等学者做出了杰出的贡献。

在亚里士多德看来，教育应该分为三个部分，即体育；情感与趣味的形成；最后是"通过理性的教育"。7 岁前，儿童应该在家中抚养，"观看他将来要学习的东西"[121]。由于儿童时期的习性能够影响终身，所以儿童应该避免与奴隶在一起，以免染上奴隶的"奴性习气"（aneleutheria）[122]。青少年的正式教育划分为两个阶段，其中 7-14 岁为第一阶段，主要以体育为主，辅之以读写；14-21 岁为第二阶段，其中 14-17 岁以乐教为主，同时可能辅之以一些理论科学；17-21 岁则以严格的军事训练为主[123]。

---

118 Curren, Randall R. *A companion to the philosophy of education* , Malden, MA : Blackwell, 2003：7.

119 Freeman, Kenneth John. *Schools of Hellas*, London: Macmillan, 1907：204.

120 Kurt A. Raaflaub. Democracy, Oligarchy, and the Concept of the "Free Citizen" in Late Fifth-Century Athens, *Political Theory*, Vol. 11, No. 4. （Nov., 1983），pp. 517-544.

121 Aristotle. *Politics*, Cambridge, Mass.: Harvard University Press, 1998: 633, 1336b35.

122 Aristotle. *Politics*，Cambridge, Mass.: Harvard University Press，1998：628，1336b.

123 在古希腊，男子二十一岁成年，成年意味着他有资格"参加共餐和饮酒"

自由民的初等教育课程（7-14 岁）一般包括读写、体育、绘画。读写和绘画、体育在某种程度上都属于实用技艺，它们在生活中用途甚广，并不像形而上学、自然哲学、数学那样是"自为目的"的自由的科学。读写在理财、家政、求知和政治活动方面有广泛的用途，绘画则有助于鉴别各种艺术作品，体育有助于促进身体健康。从这个角度讲，它们都属于实用技艺。

教育可以分为两种，一种是立足于实用和必需的教育，一种是立足于自由而高尚之目的的教育[124]。尽管高尚的事物远远高于实用和必需的事物，但后者并非完全没有一席之地。儿童也应该学习一些适合于自由人身份的实用技艺：

> "有一点很清楚，儿童必须学习那些绝对必须的实用技艺。但显然，儿童不应该学习所有的实用技艺，因为它们明确分为自由人的和非自由人的两种，他们只能学习那些不会使自己变得鄙俗的实用技艺"。[125]

不过，即便是此类实用性的课程，也不能以狭隘、功利的态度去学习。学习读写不仅仅是为了理财等实用目的，而是为了通过读写技能来"进入其他的知识领域"——这里主要指的是"音乐"，因为亚里士多德所说的音乐包括诗歌以及现代意义的音乐；同理，学习绘画也不是为了在私下交易中不受欺骗，而是增强对形体的审美能力。

由此可见，亚里士多德并不截然排斥实用技艺的学习。因为实用技艺本身可以分为自由人和非自由人的两种。一门技艺是否符合自由人的身份，其主要标准不在于其内容，而在于其目的，自由人青年也可以十分体面地完成一些"明显是低贱的工作"，因为"区分体面和不体面的标准不在于行为自身，而在于最终结果或行为所为的目的。"[126]

总而言之，自由民的 7-14 岁的教育主要以体育为主，并辅之以读写等文化教育。这一阶段的体育锻炼应该是"轻微的锻炼"，要避免严格的饮食限制和强制性的劳累，以免妨碍青少年的身体发育（《政治学》1338b40-42）。

在青春期到来之后的三年中（即 14-17 岁），自由公民应该"学习一些其他课程"，随后四年（17-21）从事剧烈的运动并接受严格的饮食限制（《政治

---

124 Aristotle. *Politics*，Cambridge, Mass.: Harvard University Press，1998：642-643，1338a30-35.

125 Aristotle. *Politics*，Cambridge, Mass.: Harvard University Press，1998：637-638.

126 亚里士多德.政治学.北京：中国人民大学出版社，2003：256（1333a,5-10）

学》1339a5-10）。卡恩斯·洛德认为，这里所说的 14-17 岁所需要学习的一些"其他课程"，主要指的就是音乐，同时也可能包括其他一些理论科学[127]。亚里士多德所说的"音乐"不是我们现在所理解的音乐，它不仅包括器乐，也包括广义的诗歌和文学，尤其是悲剧。[128] 卡恩斯·洛德指出，尽管音乐教育与体育相比具有理智教育的特点，但总体而言，音乐教育主要是一种对灵魂——更精确地说，灵魂中的非理性部分——的教育，而非对理智的教育[129]。根据亚里士多德，教育的三种主要手段是本性、习惯和理性。理性和理智是自然本性的目的，通过习惯的教育必须以理智为目的（《政治学》1334b15-16，27；1336b37-40）。卡恩斯·洛德认为从 14-21 岁的教育主要是通过习惯的教育，这种教育旨在培养公民的道德德性，亦即灵魂中的非理性部分。14-17 岁的教育可能包括一些理论科学，但这一阶段的教育仍以音乐教育为主。音乐教育着力培养的是公民的实践理性，而非理论理性。对理智或理性（与实践理性相区别的）的教育始于 21 岁。在最佳政制中，对严格意义上的哲学的探究主要是成人公民的"私人追求"，不属于公共教育的一部分[130]。里夫的观点稍有不同，他认为 7-14 岁的课程包括读写、体育、绘画和音乐，而 14-17 岁的"其他课程"主要包括政治学（如理财术）以及一些通识性的课程[131]。

在闲暇时期，公民们要实现真正的快乐，必须通过哲学（Philosophias，《政治学》1263b29-40，1267a10-12，1334a23），哲学的优越性在于在满足快乐的欲望时，哲学完全是自足的，一个人可以独自进行哲学思索，不必依赖任何人[132]。在理想的城邦中，公民们的目标是过上一种有德性的优良生活，哲学既为美好生活所不可或缺的部分，教育当然要包括各种哲学性的学科。[133]不

---

127 Carnes Lord. *Education and culture in the political thought of Aristotle*, Cornell university press, 1982：64.

128 Carnes Lord. *Aristotle and the Idea of Liberal Education*, in Ober, Josiah. Demokratia: a conversation on democracies, ancient and modern, Princeton, N.J.: Princeton University Press,1996：271-288.

129 Carnes Lord. *Education and culture in the political thought of Aristotle*, Cornell university press, 1982：65.

130 Carnes Lord. *Education and culture in the political thought of Aristotle*, Cornell university press, 1982：66，103.

131 C.D.C.Reeve. *Aristotle: Politics*, Indianapolis: Hackett, 1998：248.

132 Aristotle. *Politics*, Cambridge, Mass.: Harvard University Press, 1998：114, 1267a10-12.

133 Curren, Randall R. *A companion to the philosophy of education*, Malden, MA: Blackwell, 2003：22.

过，卡恩斯·洛德提醒我们，这里所谓的"哲学"应做灵活的理解，并非指纯粹思辨的形而上学，而是指广义的文化，包括诗歌和悲剧，其核心是融诗歌、悲剧、音乐为一体的"音乐"[134]。

在所有适合自由人的课程中，音乐是典型的仅为闲暇而存在的课程(《政治学》1338a10-20)。闲暇是全部人生的惟一本原。闲暇比劳作更为可取，而且乃后者之鹄的。闲暇是人生的本原，享有闲暇者拥有最高的幸福(《政治学》1337b25-35)。在亚里士多德所列举的四门教育课程中，音乐(mousikē)是惟独一门严格的既非必需也非实用的课程，即"适合于自由人的科学"。在理想的城邦中，音乐是全体公民享受闲暇最重要的形式。闲暇不仅为人生的目的，也是公民有效参与政治的前提条件。在公正、理想的城邦中："公民们不会过工匠和商人的生活，因为这样的生活低贱而且不利于获致德性。而且他们也不应是农民，因为德性的生成和政治行为或活动都需要有闲暇。"[135]

音乐、诗歌与悲剧等文化活动以闲暇为前提，以公民德性之生成为旨归。音乐(包括狭义的音乐、诗与悲剧)并不仅仅是一种消遣(diagogen)，它还具有教化的功能，音乐净化(Katharsis)人的灵魂，陶冶人的品格，从而培养良善的公民。换言之，音乐教育的目的是培养公民的德性(《政治学》1340b40-1341a5)。但与此同时，诗与悲剧又是超越城邦、与人的灵魂相联系的活动。

教育的三大原则是中庸、可能与适当。因此，音乐教育应执守中庸之道，选取在各种乐调之中居中的多利亚调(《政治学》1342b15-20)，这种曲调沉凝庄严，最有利于培养公民的德性。欣赏音乐的主要目的不是现代意义上的审美，而是公民德性之养成。因此，乐调或乐器之挑选，依据的是伦理而非审美的标准。

也正因为如此，音乐教育的目的不是培养专业的乐师，而是培养具有音乐素养的公民。亚里士多德提醒说：

"有一些自由的科学，某些人大致可以不失身份地参与其中，但如果他们过于尽力、刻意求精，就同样会受到上述的危害"。

---

134 Carnes Lord. *Education and culture in the political thought of Aristotle*, Cornell university press, 1982：200

135 亚里士多德.政治学.北京：中国人民大学出版社，2003：244，1329a.

这里的"自由的科学"特别指的是音乐（当然，也包括一般意义上的其他科学）。自由人学习音乐的目的不是为获取一技之长以谋生，而是为了能够欣赏音乐，养成公民之德性，因此不能"过于尽力，刻意求精"，应以达到欣赏高雅的旋律和节奏的水平为限，不必追求高超的表演技术。当然，青少年亲自参加演奏还是有益的，因为这可以培养他们"良好的判别能力和地道的欣赏能力"（《政治学》1340b40）。

与诗歌、悲剧相结合的音乐是自由人或绅士享受闲暇的最主要形式。但音乐教育并非自由人教育之终结。在谈及音乐教育的限度时，亚里士多德说：

> "不能让音乐的学习妨碍青少年日后的事业，也不能损害他们的身体，使他们不适于战争和政治方面的训练（polemikas kai politikas askeseis），无论是对当前的应用，还是对日后的学习而言"（《政治学》1341a5-10）。

根据卡恩斯·洛德的看法，这里所说的"战争和政治方面的训练"指的是最佳政制中的体育训练，其中"日后的学习"指的是17-21岁的严格军事训练[136]，和以强身健体为宗旨的体育训练不同，军事训练的目的是为了使自由公民具备参加战争的素质和能力（《政治学》1339a5-10）。

在古希腊，男子21岁成年，成年意味着他有资格"参加共餐和会饮"。但21岁并非教育的终结。共餐和会饮本身就是一种重要的教育形式。在共餐会中，自由人彼此了解，并向年长者学习。作为自由公民享受闲暇的最重要形式，音乐教育也没有终结，经过以"习惯"为主的青少年时期（14-17岁）的音乐教育之后，成年公民的音乐教育形式将由习惯转为"倾听"（《政治学》，1332b10-11，1340a12，22，42a3-4）。

在亚里士多德看来，21岁是男性公民一生中至关重要的转捩点，他们不仅在生理上走向成熟，而且心智也逐渐成型，因此21岁之后的教育以发展理性灵魂为主。在最佳政制中，并非每个公民都具备追求科学或哲学的能力（《政治学》1333a24-30），一些具有良好禀赋的公民可以在21岁之后学习哲学和各种理论科学。卡恩斯·洛德猜测说，《政治学》一书第八卷佚失的部分可能包括通过诗歌（广义的音乐）来培养"实践理性"，通过科学或哲学培养"理论理性"。[137]

---

136 Carnes Lord. *Education and culture in the political thought of Aristotle*, Cornell university press, 1982：101

137 Carnes Lord. *Education and culture in the political thought of Aristotle*, Cornell university press, 1982：150.

　　《政治学》第八章明确提到的教学科目有绘画、读写、体育、音乐（包括诗歌、悲剧）。除此之外，亚里士多德提到自由公民应该在 14-17 岁"学习一些其他课程"，然而，这些"其他课程"到底包括什么内容，我们却不得而知。另外，根据卡恩斯·洛德的看法，21 岁之后的教育以发展"理论理性"为主，那么，21 岁之后的教育显然应当包括一些哲学学科，这些学科应当包括哪些，亚里士多德也没有明确的说法。我们只能根据《政治学》以及《形而上学》、《伦理学》等书中留下的一些线索，做一些猜测性的探讨。

　　显然，对自由公民的教育应当包括伦理学与政治学的教育，其目的是培养公民的实践智慧。政治学是一门"主导科学"，战术、理财术、修辞术、伦理学、立法学、考虑的能力和裁决的能力均隶属于政治科学。[138]亚里士多德曾明确指出理财学的理论部分属于一门"自由人的理论学科"（theorian eleutheron），公民有必要了解这一部分的知识，但理财术的实用部分只有在必需时才学习。[139]

　　亚里士多德还指出，理想的自由公民应该是是一个"受过全面教育的人"（pepaideumenos）。受过全面教育的人是"在事物总体上判断得好的人"，与之相对比的是"在某个题材上受过特殊教育的人"。[140]

　　对公民来说，全面的教育要优于特殊的教育，全面的教育使得公民对城邦中的各种事务拥有良好的判断力。亚里士多德反对专家统治的做法，即"只能任命医生来审查医生，其他行业的人也应由他们的同行来审查"（《政治学》：1282a3），因为"全部聚在一起时，群众整体的判断就会优于或者至少不逊于行家的判断。"（《政治学》，1282a15-20）行家并非任何产品的最佳判断者。比如，在宴席上食客比厨师更有资格评判菜肴的味道。因此，为了成为良好的公民，公民应该广泛涉猎各方面的知识。在建筑、医学等方面，公民只要具备外行的知识即可，但在哲学、伦理学、立法学方面，他必须是一个行家[141]。

　　受过全面教育的人应该学习各种不同的学科，其目的不是在所有学科上都拥有专业性的造诣，而是获得对不同学科的良好判断力[142]（《动物的部分》，

---

138　亚里士多德. 尼各马可伦理学. 北京：商务印书馆，2003：6，1094b.

139　Aristotle. *Politics*, Cambridge, Mass.: Harvard University Press, 1998: 51, 1258b10-11.

140　亚里士多德. 尼各马可伦理学，北京：商务印书馆，2003：7.1095a

141　Amélie Oksenberg Rorty. *Essays on Aristotle's Rhetoric*, Berkeley : University of California Press，1996：194.

142　Aristotle. *Politics*，Cambridge, Mass.: Harvard University Press，1998：226.

639a1-6；《尼各马可伦理学》，1094b28-1095a2）。这种判断力首先表现在他应该了解不同的学科需要有不同的"确切性"要求：

> "一个有教养的人的特点，就是在每种事物中只寻求那种题材的本性所容有的确切性。只要求一个数学家提出一个大致的说法，与要求一位修辞学家做出严格的证明同样地不合理。"[143]

根据掌握程度的不同，几乎每一门学科都可以区分为专门性的掌握和一般性的了解：

> 每一门学问和研究，不管是卑微的还是更有价值的，都似乎有两种掌握程度。一种可以恰当地称之为某一门学科的科学知识，另一种则是某种教养。能够成功地判断别人的阐述是否恰当，这是一个有教养者的标志。[144]

里夫指出，这种使一个有教养的人能够对各种学科拥有鉴别能力的才能主要指一种哲学知识和才能，或者说，是一种辩证法的敏锐。[145]在亚里士多德所列举的例子当中，缺乏教养的标志往往与"哲学"有关，例如不了解逻辑学先于形而上学（《形而上学》1005b2-15）；不知道哪些应该寻求证明，哪些不应该寻求证明（《形而上学》1006a5-11）；不能判别适合于主题的论证和与主题无关的论证（《优台谟伦理学》1217a7-10）[146]，等等。当然，要指出的是，和柏拉图的《理想国》不同，亚里士多德并不要求最佳政制中的每一位公民都拥有学习理论科学的禀赋，因此，认为亚里士多德设计了严格的哲学或科学训练课程"是一个错误"[147]，在最佳政制的公共教育或官方教育中，"不大可能包括严格意义上的哲学"[148]。相应地，最佳政制的统治者不是哲学家，而是"大度的而自由的人"（tois megalopsuchois kai tois eleutherois，《政治学》1338b3），即绅士。

---

143 亚里士多德. 尼各马可伦理学. 北京：商务印书馆，2003：7.

144 Parts of Animals，639a1-6..

145 Amélie Oksenberg Rorty. *Essays on Aristotle's Rhetoric*，Berkeley：University of California Press，1996：193.

146 苗力田编. 亚里士多德选集：伦理学卷.北京：中国人民大学出版社，1999：367.

147 Carnes Lord. *Education and culture in the political thought of Aristotle*，Cornell university press，1982：64.

148 Carnes Lord.. *Education and culture in the political thought of Aristotle*，Cornell university press，1982：64.

"自由"的教育是通过音乐、政治学和各种理论科学（哲学）的教育，"实用的教育"则是通过绘画、读写、体育等学科的教育。这两种教育形式并不截然排斥，而是相互补充、前后相继。青少年第一阶段的教育（7-14 岁）以实用而必需的事物为主，第二阶段的教育（14-21 岁）则以自由而高贵的事物为主。[149]

布鲁斯·金博尔指出，修辞学教育是雄辩家传统与哲学家传统的分野所在。依他之见，柏拉图和亚里士多德代表了哲学家的教育传统，伊索克拉底和西塞罗则代表了雄辩家的教育传统。这一概括对于我们理解西方教育史的演进是富有启发性的。然而，这一概括也有简单化之嫌。事实上，亚里士多德同样高度关注修辞学教育，在年轻时写过一本关于修辞学的对话，据传还在柏拉图的学园中讲授过修辞学。对于修辞学的政治功能，他并非熟视无睹。正如卡恩斯·洛德所指出的那样，布鲁斯·金博尔在批评哲学家的"自由"教育传统时，没有看到亚里士多德的"实践哲学"和伊索克拉底的修辞学教育之间的亲缘关系，受伊索克拉底的影响，亚里士多德的修辞学教育也走向了实践。[150]当然，亚里士多德的修辞学教育与智者派大不相同。在亚里士多德看来，修辞学只有满足了辩证法的原则时，才是可取的。亚里士多德认为，政治必须受理性引导，伊索克拉底则认为，政治必须受"雄辩"所引导[151]。这是两者的基本分歧所在。而且，如里夫所论，在亚里士多德的理想政体中，修辞学的作用事实上是"非常有限"的，它的很多作用都被政治学所取代了。亚里士多德始终对修辞学持谨慎的态度，在败坏的政体中，修辞学会取代政治科学的地位：在平民政体中，修辞学很容易沦为"煽动"群氓的工具，在僭主政体中，修辞学很容易变成"阿谀奉承"的伎俩。[152]亚里士多德的理想公民是审议人员（司法阶层和议事阶层），他们采用互相磋商而非演说的形式来决定政治问题，这一点决定了雄辩术的作用是有限的。

---

149 Carnes Lord. *Education and culture in the political thought of Aristotle*, Cornell university press, 1982：62.

150 Carnes Lord. Aristotle and the Idea of Liberal Education, in Ober, Josiah. *Demokratia*：a conversation on democracies, ancient and modern, Princeton, N.J.: Princeton University Press, 1996：271-288.

151 Thomas M. Conley. *Rhetoric in the European Tradition.* New York: Longman, 1990：21.

152 C.D.C.Reeve . Philosophy, politics, and Rhetoric in Aristotle. In Amélie Oksenberg Rorty. *Essays on Aristotle's Rhetoric*, Berkeley : University of California Press, 1996：191-205

## 本章小结：亚里士多德与哲学家的"自由"教育传统

在古希腊，柏拉图、色诺芬、修昔底德等对平民政体感到不满的思想家根据贵族的标准，首先将人及其品格区分为"符合真正自由人身份的"（eleutherios）和"鄙俗的"（aneleutheros），进而将教育、技术、职业、知识划分为"符合真正自由人身份的"和"鄙俗的"，正是在这种思想史背景下，亚里士多德系统阐述了自己的自由人教育学说。我们可以从三个方面来概括亚里士多德在博雅教育概念史上的意义。

首先，亚里士多德的自由人教育观是哲学家的自由人教育观（思辨的生活高于行动的生活，知识的非功利性）[153]。在亚里士多德看来，城邦是"由自由人组成的共同体"（koinonia ton eleutheron，《政治学》1279a21），但同时又是一个"多面体"，使这一多面体转变为共同体的手段是教育，尤其是习俗、哲学（philosophia）[154]和律法（nomois）的教育[155]。使真正自由人区别于奴隶的是自由人的理性（逻各斯）和德性，作为自由人之共同体的城邦，也必须以善好生活为目的并追求高贵的德性。因此，自由人教育不仅是一种在理性和逻各斯中的教育，也是一种在德性之中的教育。真正的自由人不仅区别于奴隶，而且区别于工匠、佣工等普通平民，他们是理想城邦中的理想公民，拥有充分的闲暇从事政治、研究哲学。在这个意义上，亚里士多德的自由人教育是一种政治教育和公民教育，而且是对"理想公民"，即政治家的教育。由于公民是一项特权而非权利，所以这种教育不是对所有人的教育，而是对那些具有闲暇的自由人的教育。

自由人教育的目的不仅仅是使公民得以更好地参与政治，而且也是为了让公民们过上美好生活，教育和德性本身是美好生活的组成部分："作为实现美好生活的手段，教育和德性是最不可或缺的"。[156]理论的生活是最幸福的生活，因此"自由"的教育必然要求"超越"城邦，用哲学（广义的哲学）来教养公民。

---

153 要指出的是，柏拉图、亚里士多德等人关于闲暇、自由教育的看法与古希腊雅典的一般自由民阶层并不一致，并不代表绝大多数雅典公民的看法。比如亚里士多德认为以谋生为目的的体力劳动和手工技艺是鄙俗的，雅典曾经通过一项法令，禁止嘲笑公民的职业。

154 这里的哲学指的是广义的哲学，可以理解为"文化"。

155 Aristotle. *Politics*, Cambridge, Mass.: Harvard University Press, 1998: 90, 1263b35-40.

156 Aristotle. *Politics*, Cambridge, Mass.: Harvard University Press, 1998: 235, 1283a25.

其次，他在《政治学》和《形而上学》等著作中提出了"自由人科学"的概念，对后世影响至深，托马斯·阿奎那[157]以及文艺复兴时期的教育家皮尔·弗杰里奥都将 liberal arts 的概念追溯至亚里士多德，弗杰里奥指出，"亚里士多德在关注积极的公民生活时指出，一个人不能过分沉迷于自由的科学，也不能过于追求熟练。"( Verum Aristoteles quidem voluit *liberalibus scientiis* non nimis indulgendum nec immorandum esse ad perfectionem, civilem hominum vitam negotiosamque respectans )[158]这显然指的是亚里士多德在《政治学》1137b 中的论述，"liberalibus scientiis"对应的是该段落中所提到的 eleutherios episteme[159]。

最后，在《尼各马克伦理学》等著作中，亚里士多德对"真正自由人"的绅士品性做了极其出色的描绘和分析，他所描绘的"慷慨的人""大度的人"等"理想人格"在十六至十九世纪的绅士教育理论中得到了延续，开绅士教育理论风气之先的卡蒂寥内的名著《论廷臣》中的理想品格，"其构架是从亚里士多德的《伦理学》借鉴来的。"[160]

在十九世纪，英国有关博雅教育/绅士教育（liberal education）[161]的论述开始如潮水般涌现，博雅教育成为一种自觉化的理论话语。人们在论述博雅教育的同时，也开始寻找其古典根源，作为十九世纪博雅教育学说最卓越的阐述者，亨利·纽曼将博雅教育理论追溯至亚里士多德。亚里士多德的自由人／绅士教育理论的影响在二十世纪依然持续不衰。尽管这一学说受到了杜威、波普等自由主义者的质疑[162]，但在罗伯特·赫钦斯、雅克·马里坦和理查德·麦基等人的教育学说中，亚里士多德的影响仍然清晰可辨。

---

157 St. Thomas Aquinas. 亚里斯多德形上学注. 孙振青译. 台北：明文书局股份有限公司，1991：37.

158 Kallendorf, Craig. *Humanist educational treatises*, Cambridge, Mass.: Harvard University Press, 2002：59.

159 西方学者在考察 liberal arts 概念的古希腊渊源时，似乎均没有注意到 Pier Paolo Vergerio 的这一段文字。

160 列奥·斯特劳斯. 霍布斯的政治哲学. 南京：译林出版社，2001：55.

161 本研究将十七-十九世纪英国的 liberal education 概念统一译为博雅教育或绅士教育，关于 liberal education 概念在英国的演变及其翻译问题，详见第四、第五章。

162 （英）K.R.波普尔. 开放社会及其敌人. 北京：中国社会科学出版社，1999：9.

# 第二章　西塞罗、塞涅卡与古罗马的博雅教育概念

> "古罗马的教育史很大程度上就是西塞罗的智性出生、成熟并产生影响的历史"
>
> ——奥布里·格文[1]

> 当代意义上的"自由"教育观念来自斯多葛学派，尤其是来自于塞涅卡。
>
> ——玛莎·纳斯鲍姆[2]

"liberal arts"的说法来自拉丁词"自由人技艺"（artes liberales）[3]。古希腊文献中并没有与"自由人技艺"直接对应的词汇。法国学者亨利·马鲁认为，与拉丁词"自由人技艺"最为接近的希腊词 tekhnai eleutherioi 是在公元 1 千年左右才出现的，它的出现是为了将拉丁词 artes liberales 翻译成希腊文[4]。不过，笔者认为，亚里士多德在《政治学》一书中所使用的概念"自由人

---

1　Gwynn, Aubrey. *Roman education from Cicero to Quintilian*, Oxford : Clarendon Press, 1926，59.

2　Martha Nussbaum. *Cultivating humanity: a classical defense of reform in liberal education.* Cambridge, Mass.: Harvard University Press, 1997：28.

3　artes liberales 和 Liberaliter educatione 是西塞罗教育理论的两个核心概念，本章统一将前者译为自由人技艺，将后者直译为自由人教育，西方也有学者将这两个概念分别译为绅士技艺和绅士教育。

4　Kimball, Bruce. *Orators & philosophers,* New York: College Entrance Examination Board，1986：20

科学"事实上是与 artes liberales 相通的，关于"自由人科学"这个概念，我们已经在第一章中做了比较详细的分析，现在我们转而探讨"自由人技艺"或"自由人教育"（Liberaliter educatione）的概念或话语在拉丁文献中的出现和传播，以及这个概念的内涵和外延。

根据现存文献，最早使用"自由人技艺"一词的是古罗马著名的政治家、雄辩家和哲学家西塞罗（前 106-前 43）。有鉴于此，我们将从西塞罗开始，追溯这个概念的历史[5]。

## 第一节　西塞罗与古罗马博雅教育概念的出现

在西塞罗之前，古罗马在文化上还是古希腊的附庸，尽管不少人相当排斥古希腊的文化，但古罗马人又不得不最终妥协，用古希腊文化作为教育手段，来使罗马人变成一个文明人，西塞罗的出现改变了这一点。一方面，他是向希腊学习的典范，并对此直言不讳："我们罗马人去希腊的学校求学，我们阅读并背诵他们的诗歌，然后我们自认是学者，是有文化的人"[6]；另一方面，他又勤于著述，最终写成了一系列拉丁经典著述，为古罗马的教育提供了丰富的素材。因此，奥布里·格文高度评价西塞罗在罗马教育史上的地位："古罗马的教育史很大程度上就是西塞罗的智性出生、成熟并产生影响的历史。"[7]

在本节中，我们将围绕西塞罗的著作，首先追溯"artes liberales"概念的历史起源及其原初含义，其次结合这一概念的家族概念和相反概念进行一些理论分析，深化对这一概念的认识，在此基础上阐述西塞罗的具体教育方案，最后，我们将回到"雄辩家与哲学家之争"这一经典的命题，辨析西塞罗在此问题上的立场。

---

5　根据塞涅卡的记载，古希腊哲学家伯西多纽斯（Posidonius，135 B.C. -51 B.C）曾经将 artes 分成以下四类，从低到高依次是 artes vulgares、artes ludicrae、artes pueriles、artes liberales。塞涅卡曾经就学于伯西多纽斯，因此，西塞罗对 artes liberales 的论述有可能受到伯西多纽斯的影响。

6　Gwynn, Aubrey. *Roman education from Cicero to Quintilian*, Oxford：Clarendon Press, 1926：95.

7　Gwynn, Aubrey. *Roman education from Cicero to Quintilian*, Oxford：Clarendon Press, 1926：，59.

## 1.1 "自由人技艺"与"自由人教育"

自由人技艺（artes liberales）这个术语零星地出现在西塞罗的《为阿其亚辩护》、《论开题》、《学园派哲学》、《论雄辩家》等著作中。在其 26 岁所著的《论取材》（De inventione）一书中，西塞罗首次使用了这个概念：

> "在生活方式中，需要考虑的是，他由谁抚养成长，在什么传统中，在谁的指导下，哪些教师教授他自由人技艺/绅士技艺（*artium liberalium*），在生活技艺中他得到了什么指导，与谁结交朋友，从事什么样的职业、行业或工作，如何安排革命命运，家庭生活的特点，等等。"[8]

在《论雄辩家》一书中，西塞罗使用了 liberales artes 的最高级形式"最符合自由人身份的技艺"（Artium liberalissimis）。[9]

拉丁文 Liberales（liberalis）源自希腊词"Eleutherios"。Liberalis 的名词形式是 libertas。[10]据 1809 年伦敦出版的权威拉丁辞典，Liberalis 和 Ingenuus 是同义词，其含义是"适合于自由人的"[11]。1841 年美国波士顿出版的、译自德文的拉丁同义词词典也做了同样的解释。[12]1850 年爱丁堡出版的拉丁语词典以西塞罗的著作为例解释了拉丁词 liberalis 的含义：

---

8　Cicero, Marcus Tullius. *De inventione ; De optimo genere oratorum ; Topica*, Cambridge, Mass. : Harvard University Press ,1949：72，I35.

9　Cicero, Marcus Tullius. *De Oratore*, Cambridge, Mass. : Harvard University Press, 1942.:8-10）11-12. Artium liberalissimis 一般被译为 noble arts，参见 James M. May, Jakob Wisse. *Cicero on the ideal orator*, New York: Oxford University Press, 2001：60.

10　罗马的自由（libertas）并不等同于古希腊的自由（eleutheria）。和古希腊城邦的极端民主不同，古罗马公民的影响力还取决于他的 dignitas。亚里士多德说，在古希腊，民主派将自由理解为"随心所欲地生活的自由"，这种对自由的理解在古罗马是不可想象的。这种"随心所欲地生活的自由"，罗马人称之为 licentia，即古希腊的 akolasia。古罗马的自由更多地是一种法律的秩序，在这种法律秩序中，个人通过参与政治或者在私人领域中展现其德性（virtus）。而且，在古罗马，自由人和奴隶之间的界限更为分明。自由人是拥有财产、家族和子女的人，自由人的子女被称为 liberi。Max Pohilenz. *Freedom in Greek Life and Thought: The History of an Ideal*, D.Reidel Publishing Co., Dordrecht,1966：108.

11　Jean Baptiste Gardin Dumesnil. *Latin Synonyms with Their Different Significations and Examples Taken from The Best Latin Authors*. J.M.Gosset 翻译并修订，1804，p.365.

12　Lewis Ramshorn. *Dictionary of Latin Synonymes*, Boston, Charles C. Little And James Brown,1841：256.

自由人的，适合于自由的；适合于自由人的，高贵的，彬彬有礼的，高雅的（genteel）；亲切的，友善的；慷慨的，大方的，宽宏大量的，宽宏的；丰富的，大量的，博大的（Copious, plentiful, large）[13]。

要注意的是，在拉丁文中，liberalis 和 liber 是两个不同的词，前者对应的是英文 liberal，意指"生来自由的，适合于自由人的，慷慨的，适合于绅士的，有教养的，绅士般的"，后者对应的是四个不同的词，其义项分别为"酒神"、"自由的（free）"、"生来自由的儿子"、"树皮"[14]。如汉娜·比德金所论，作为一个形容词，Liberal 指一种适用于精英的道德化意涵，包括慷慨、闲暇、开明等等[15]。liberalis 是和"生来自由的身份"、"高贵"、"善"等属性联系在一起的。西方学者一般将西塞罗著作中的 liberalis 一词译为"适合于绅士的"[16]，或"适合于生来自由人的"。笔者将 artes liberales 译为"绅士技艺"或"自由人技艺"。

在西塞罗的著作中，最接近现代 liberal education 一词的术语是"Liberaliter educatione"、liberaliter eruditi[17]。Liberaliter educatione 这个术语出现在《论雄辩家》等著作中，西塞罗说：

"但愿希望从事演说或写作的人能够从小接受 Liberaliter educatione，充满求知的热情，具备先天的禀赋，在对一般性问题的抽象讨论中获得锻炼，选择最杰出的作家和演说家作为学习、模仿的典范。"[18]

Liberaliter 是 liberalis 的副词形式。Liberaliter educatione 的字面含义是"自由人的教育"（education of free man），或许是考虑到西塞罗教育思想中的贵族倾向，詹姆斯·梅指出 liberaliter educatione 的字面意思是"自由人的教育"（free

---

13　Jakob Heinrich Kaltschmidt. *A school dictionary of the Latin language*，Edinburgh，1850：248.

14　Francis Edward Jackson Valpy. *An Etymological Dictionary of the Latin Language*，london,1828：227-228.

15　Hanna Fenichel Pitkin. "Are Freedom and Liberty Twins?". *Political Theory*, Vol. 16, No. 4. （Nov., 1988），pp. 523-552.

16　Cicero, Marcus Tullius. *De officiis*, London: Heinemann ,1913：153.

17　Marcus Tullius Cicero. *Tusculan disputations*，Cambridge, Mass. : Harvard University Press，1945，Book II, 6-7.

18　（古罗马）西塞罗. 论演说家. 北京：中国政法大学出版社，王焕生译. 2003：592.

man' education），但将其译为"绅士教育"（gentleman's education）[19]。1850年版的拉丁语词典也将 Liberaliter 理解为"绅士般的"（gentlemanlike）[20]。

## 1.2 "自由人技艺"的家族概念

概念从来都不是孤立存在的。概念的涵义、外延总是在与家族概念、对立概念的关系中得到界定。因此，必须在更宽广的*语义场*中去观照"自由人技艺"这个概念，将其与相关概念、对立概念、衍生概念联系起来，予以考察。

自由人技艺（artes liberales）并非西塞罗使用最为频繁的词汇。在其晚期教育著作中，ingenuae artes 等术语的地位更加显著。因此，欲系统把握西塞罗的教育思想，必须考察"自由人技艺"的家族概念。

除"自由人技艺"之外，西塞罗同时使用过 liberales doctrinae、artes quae libero dignae sunt[21]、bonae artes、studia humanitatis、artes elegantes、humanitatis artibus、artes honestae（doctrina honestarum, honestarum artium）、ingenuae artes、studia liberalissima、Optimae artes、Rectissimis studiis 等类似的概念。其中 bonae artes、studia humanitatis、humanitatis artibus、artes honestae、ingenuae artes 这几个概念尤为重要，下面对这几个概念稍做分析。

可敬的技艺（artes honestae, honorable arts）这一术语见于《布鲁图斯》等书。拉丁词 honestum 相当于希腊词 to kalon，兼有"道德上美的，或善的"两层含义，英语中没有严格与之对应的词，一般译作 honourable[22]。在《布鲁图斯》（213-214）中，西塞罗批评库里奥对文化缺乏兴趣，使用了"可敬的技艺"（honestarum artium, artes honestae）这一术语，他说："我不知道还有谁像他一样，完全没有在任何一门'可敬的技艺'中受过教育，完全不精通这些学问，不知道有哪些*诗人*，没有读过*演说家*的演说词，不了解*历史*，也不

---

19 James M. May, Jakob Wisse. *Cicero on the ideal orator*, New York: Oxford University Press, 2001：261.

20 Jakob Heinrich Kaltschmidt. *A school dictionary of the Latin language*，1850，卷二，p.187

21 "artes quae libero dignae sunt"的字面含义是"适合于自由人的技艺"，也有学者译为适合于绅士的技艺（arts that befit a gentleman），如 Stephen Harrison. *A companion to Latin literature*, Malden, MA：Blackwell Pub., 2005：28.

22 Cicero. *De finibus bonorum et malorum*, Cambridge, Mass.: Harvard University Press ,1931：136.

熟悉公共*法律，不论是公法还是民法。*"[23]根据该文段，"可敬的技艺"包括诗歌、修辞学、法律、历史等学科。

高尚技艺、高尚学科（artes ingenuae，ingenuas disciplinas）这个术语较多地出现在《论雄辩家》《论至善和至恶》等著作中。关于 artes liberales 和 artes ingenuae 这两个概念的关系，18 世纪的意大利思想家维柯曾指出，liberi 这个词也作高贵讲。Liberalis 仍然保留有出身好的意思。在最早的城市中，只有贵族是自由的，因此自由人技艺（artes liberales）就是高贵的技艺（Artes ingenuae）[24]。Ingenuus 的含义是生来自由的、符合生来自由人身份的、高贵的。[25]西方学者一般将 artes ingenuae 译为 liberal arts[26]或 noble arts[27]。ingenuus 是 in-genuus，意指一个 "在封闭性的罗马贵族阶级阶层之内出生" 的人，而不是指生来自由的人。一开始，平民（plebeians）和被释自由人都没有参与政治公职的权利。后来，平民不断抨击贵族垄断公职，政府公职也逐渐向平民开放，由此，自由出身的身份而非贵族出生的身份成了判定能否担任政治公职的标准。渐渐地，贵族出生者和生来自由者在某种意义上可以等同了，因为他们开始拥有了一个共同的对立面，即那些被释放的自由人。由此，Ingenuae（ingenuus）的涵义变成了 "生来自由的"。到罗马帝国时期，ingennus 一词几乎等同于 "生来自由的"，在公元二世纪罗马法学家盖尤斯的《法学阶梯》中，ingenui 指的就是生来自由人。在古罗马，如果一个生来自由人被错看作为一个被释自由人，他会在法庭面前捍卫自己的生来自由的身份，即 ingenuitas[28]。奴隶在被解放后，他们与生来自由人之间的界限并没有完全消失。乌尔比安指出，庇护人不能通过收养被释自由人使其获得生来自由人的身份。根据罗马法律的规定，被释自由人可以获得生来自由人在私人领域的权利，但无法

---

23 Cicero, Marcus Tullius. *Brutus*, Cambridge, Mass: Harvard University Press, 1962：182-183.第 213-214 节.

24 （意）维柯. 新科学，合肥：安徽教育出版社，2006：326.

25 Lewis Ramshorn. *Dictionary of Latin Synonymes* , Boston, Charles C. Little And James Brown, 1841：256.

26 Cicero, Marcus Tullius. *De Oratore*（v.1）, Cambridge, Mass. : Harvard University Press, 1942：55.

27 James M. May, Jakob Wisse. *Cicero on the ideal orato*r, New York: Oxford University Press, 2001：74.

28 Adolf Berger. Encyclopedic Dictionary of Roman Law. *Transactions of the American Philosophical Society*, New Ser., Vol. 43, No. 2.（1953）：563.

分享其公共权利。而且，一般来说，被释自由人不允许与元老院议员阶层通婚。作为政治上的保守派，西塞罗认为应该保持并增强元老院的权力，不应该把过多的权力赋予平民。因此，他自然也希望维持一般自由人和贵族之间的等级区别，他经常用 ingenuus 这个词来表示品格的高贵，这一用法间接地保留了 ingenuus 一词原初的以等级身份为基础的含义，即贵族出生的。[29]因此，保罗· 麦克金德里克指出，在西塞罗这里，高尚技艺（artes ingenuae）不能仅仅理解为"适合于自由人"的技艺，而应该理解为"适合于那些属于某一个宗族（gens）的贵族"的技艺。[30]

善的技艺（bonae artes）这个术语在西塞罗的著作中出现的次数比"自由人技艺"更为频繁[31]。在《布鲁图斯》第151节中，西塞罗列举了文法、修辞、法律、逻辑学这四门善的学科（bonae disciplinae）。[32]

文艺复兴时期非常流行的拉丁词汇"人文学"（studia humanitatis）、"适合于人性的技艺"（humanitatis artibus）[33]、人文（humanitas）也大量见于西塞罗的著作。Humanitas 一词相当于英语中的 humanity[34]，故大略译为"人文"。据统计，"人文"这个词在西塞罗的著作中共出现了340次[35]。"人文"一词最为集中地体现了西塞罗的教育理念，美国古典学家爱德华·兰德这样评价西塞罗的"人文"概念的思想史意义：

> "就我们所能看到的文献纪录而言，西塞罗是第一个有意识地
> 讨论并描绘 humanitas 这一理念的人。而且，对于公元四世纪的拉克
> 唐修和圣杰罗姆，十二世纪的沙特尔的贝纳德和索尔兹伯里的约翰，

---

29 Jane F. Gardner. "The Adoption of Roman Freedmen". *Phoenix*, Vol. 43, No. 3. （Autumn, 1989），pp. 236-257；（古罗马）盖尤斯. 法学阶梯，北京：中国政法大学出版社，1996：4.

30 Paul MacKendrick. "Cicero's Ideal Orator. Truth and Propaganda". *The Classical Journal*, Vol. 43, No. 6. （Mar., 1948），pp. 339-347.

31 参见Cicero, Marcus Tullius. *De Oratore*, Cambridge, Mass. : Harvard University Press, 1942： 1.158, p.108；（古罗马）西塞罗. 论演说家. 王焕生译. 北京：中国政法大学出版社， 2003：iii136, p602.

32 Marcus Tullius Cicero. *Brutus,* Cambridge, Mass: Harvard University Press, 1962：130.

33 Cicero, Marcus Tullius. *De re publica; De legibus*, London; W. Heineman ,1928: p50. I, xvii, 28.

34 Elisha Coles. *A Dictionary, English-Latin, and Latin-English*，London,1755

35 S. Usher. Review of "Bildung und Redekunst in der Antike". *The Classical Review*, New Ser., Vol. 46, No. 1. （1996），pp. 61-62.

> 文艺复兴时期新人文主义的彼特拉克……伊拉斯谟来说，西塞罗恰
> 恰是这一理念的典范"[36]。

　　一般认为，"人文"是对希腊词"教养"（paideia）的翻译，但它事实上是
罗马人的创造，古希腊语中并没有与之直接对应的词汇。"人文"这个词大约
在公元前一世纪中期出现，其出现与古罗马将军、伽太基的征服者小西庇亚
（前185-129）有密切的关系。小西庇亚不仅骁勇善战，而且雅好文学，对古
希腊的斯多葛派哲学尤为倾心，在他的周围，逐渐形成了一个热爱文学、哲
学和诗歌的小圈子，"人文"的观念就是在这个圈子中诞生的[37]。"人文"一词
具有人性、慷慨、礼貌/文雅、文明、文化等义[38]。如爱德华·兰德所论，"人
文"是人在扩展其人性之中最美好的部分时所获取的一些品质，诸如温和、
文雅、仁慈、正直、自制、善于言辞、举止优雅，等等。一言以蔽之，一个
"人性化"的人，是一个与"动物""兽性"相对的人，是一个与野蛮人相对
的文明人。

　　西塞罗直接谈到"人文学"一词的地方主要有两处，分别见之于两篇辩
护词《为阿其塔辩护》（Pro Archia）和《为穆列那辩护》（Pro Murena）。在前
一演讲辞中，西塞罗为自己以前的老师、希腊诗人阿其塔的罗马公民身份辩
护。西塞罗在演讲辞中指出，诗歌对罗马社会意义非凡，因为诗歌可以用于
称颂罗马的荣耀，使其令名遍及天下。西塞罗在演讲词中使用了"人文学与
知识"的说法，他说：

> 　　"作为一位一流诗人和学问渊博者的辩护人，请允许我在你们
> 这些文人雅士面前，在宽仁大度的诸位面前，最后，在主持法庭的
> 司法官面前，开诚布公地谈论人文学与学问（de studiis humanitatis ac
> litterarum paullo loqui liberius），并且使用一种与众不同的方式来为
> 他辩护，他离群索居、笃学不倦，从没惹过危险的官司"[39]。

---

36 George P. Hayes. "Cicero's Humanism Today".*The Classical Journal*, Vol. 34, No. 5.
　（Feb., 1939）, pp. 283-290.

37 Gabriel R. Ricci, Paul Edward Gottfried. *Humanities & Civic Life*, Transaction
　Books, 2001: 4.

38 B. L. Ullman. What Are the Humanities? *The Journal of Higher Education*, Vol. 17,
　No. 6.（Jun., 1946）, pp. 301-307+337.

39 Cicero, Pro Archia 2,3. 转引自 Robert E Proctor .*Defining the Humanities*,
　Bloomington：Indiana University Press, 1998：14-15.

西塞罗并没有明确定义"人文学"的内涵。依克兰茨之见，在西塞罗那里，人文（humanitas）是古罗马的最高文化理念，而人文学（studia humanitatis）则是使人实现这一理念的学说和知识[40]。和现代的人文学科（humanities）概念不同，西塞罗的"人文学"包括了所有的"自由人学科"，因此在文法、修辞、辩证法之外，还包括了数学、几何等数学科目。[41]而且，"人文学"也不是一个和哲学相对的概念。在《为穆列那辩护》这篇演讲词中，"人文学"几乎完全是"哲学化的"，道德哲学在其中占据了非常重要的位置。[42]西塞罗拥有丰富的天文学知识，他还将柏拉图关于宇宙生成论的著作《蒂迈欧篇》译成了拉丁文。对宇宙的沉思本身成为西塞罗哲学思考的一个重要灵感来源，因此，西塞罗并不像后世的人文主义者（如彼特拉克）那样不信任自然知识。在西塞罗这里，并不存在所谓的自然科学与人文科学的对立关系，在他看来，所有的知识（包括关于人类世界的知识和关于自然世界的知识）都通过人性——也就是说，语言和理性——联结在一起："所有属于人性／人文（humanitas）[43]的技艺都拥有一个共同的纽带，它们通过一种共同的亲缘关系联系在一起"。（Etenim omnes artes quae ad humanitatem pertinent haben quodam commune vinculum et quasi cognatione quadam inter se continentur.）[44]这种联系的原因在于，一切存在物都是自然、和谐地联系在一起的：

> "一切存在，无论是在我们之上的或者在我们之下的，都是统一的，由惟一的力量与自然和谐地联系在一起。要知道，不存在任何这样的事物，它或者可以脱离其他的事物而独立存在，或者其他事物即使没有它也可以保持自身的力量和永恒性"[45]。

---

40　F. Edward Cranz; edited by Nancy Streuver. *Reorientations of Western Thought from Antiquity to the Renaissance*, Ashgate，2006：9.

41　Charles G. Nauert. *Humanism and the culture of Renaissance Europe*, New York: Cambridge University Press, 2006：12.

42　"The Studia Humanitatis and Litterae in Cicero and Leonardo Bruni". in F. Edward Cranz. *Reorientations of Western thought from antiquity to the Renaissance*, ,Ashgate，2006：9.

43　Humanitas 在这里不好翻译，各种译法包括 humanity、human culture、culture，等等。

44　"The Studia Humanitatis and Litterae in Cicero and Leonardo Bruni". in F. Edward Cranz. *Reorientations of Western thought from antiquity to the Renaissance*, ,Ashgate，2006：25.

45　（古罗马）西塞罗. 论演说家. 北京：中国政法大学出版社，2003：515-516.

那么，自由人技艺（artes liberales，artes honestae、ingenuae artes）和"人文学"到底是何关系呢？布鲁斯·金博尔认为，西塞罗基本将"自由人技艺"等同于"人文学"[46]。但除了这一简单的判断之外，并无更多的论述。笔者同意加百利·里西的观点，即"人文学"和"自由人技艺"都包含文法、修辞、逻辑、数学和自然哲学等各种互为补充的学科，在这个意义上，它们是同义的，但两者的内涵并不完全相同，自由人技艺强调的是自由人的法律身份和社会经济地位。人文学则强调人可以通过"人性的技艺"获取德性、完善品格。[47]

在观念的层面，自由人技艺、高尚技艺是与"人文"、"人文学"互相契合的。一个最直接的证据是，西塞罗曾经将 liberal（ingenuarum）和 humane（humanarum）连起来使用："所有人性的和高贵的知识由一种联结纽带联系在一起"（omnem doctrinam harum ingenuarum et humanarum artium uno quodam societatis uinculo continer）[48]。高贵的技艺同时也是人性的技艺（artes ingenuae et humanae），人通过学习各种"自由人技艺"而"成为一个人"、"获得他的人性"[49]。"人文学"的概念建立在一种形而上学之上，这种形而上学反映了对存在者整体的一种固定解释，一种对世界、历史、自然的固定看法。在西塞罗这里，这种形而上学的表现是将人视为理性动物，并将视之由人的最高的本质性规定。[50]而且，正如希腊人把希腊以外的人称为野蛮人一样。在西塞罗看来，事实上只有生活在罗马帝国并享受文化教育的人才能算得上是"真正的人"，那些生活在罗马帝国之外的人只能被视为野蛮人。

西塞罗并没有使用过人文主义这个词[51]，但他无疑是西方人文主义的主要源头之一，他继承了古希腊关于人性的定义，将人的心灵分成理性和欲望两大部分，并认为理性高于欲望，代表了最真实的人性：

---

46 Kimball, Bruce. *Orators & philosophers,* New York: College Entrance Examination Board ,1986：38.在与笔者的一次通信中，Kimball 教授曾误以为 studia humanitatis 这个词是文艺复兴时期新造的。

47 Gabriel R. Ricci, Paul Edward Gottfried. *Humanities & Civic Life*，Transaction Books，2001：3.

48 （古罗马）西塞罗. 论演说家.北京：中国政法大学出版社， 2003： 516

49 E. K. Rand. *The Humanism of Cicero. Proceedings of the American Philosophical Society*, Vol. 71, No. 4. （Apr., 1932），pp. 207-216.

50 海德格尔.关于人道主义的书信. 海德格尔.路标. 北京：商务印书馆,2000:376-377.

51 第一次使用人文主义一词的是十九世纪的德国学者 Friedrich Immanuel Niethammer （1766-1848）。

　　"我们称之为人的那种动物，……在如此众多不同种类的生物中，他是唯一分享理性和思想的。而又有什么——我并不是说只是人心中的，而是天空和大地中的——比理性更神圣呢？"[52]

　　"理性对所有人都是共同的，它是唯一能够使我们超越兽类并且能够推断、证明、反证、讨论和解决问题、得出结论的东西。[53]"

　　在西塞罗看来，"人文"不是与生俱来的权利，人必须通过自我教育、自我规训来发展自身的理性，获取自身的"人性"。这与十八世纪感伤主义以及十九世纪浪漫主义对"情感"、"感觉"的推崇大异其趣。现代人道主义的最大特点是对不幸者的同情，尽管同情在西塞罗的思想中具有一定的地位，但首要的原则却是自我规训和自我控制。对西塞罗而言，成为"人"意味着不断的学习和自我规训。

　　综上所述，"自由人技艺"一词是与善的技艺（bonae artes）、人文学（studia humanitatis）、高贵技艺（ingenuae artes）、尊贵的技艺（artes honestac）等家族概念联系在一起的，而且，一般认为，这几个概念是同义词，可以通用。例如，西塞罗的老师帕奈提乌（Panaetius）就将 bonum 和 honestum 相等同[54]。Loeb 丛书将 bonae artes、artes honestae、ingenuae artes 这几个概念直接翻译成 liberal arts[55]，或高贵技艺（noble arts）[56]。这种联系决定了"自由人技艺"观念的复杂性与多义性。文艺复兴时期，人文主义者重新发现了西塞罗的人文学（studia humanitatis）概念，并用这个概念来表达他们的教育理念，但也正如 Robert E. Proctor 所指出的那样，在文艺复兴时期的人文主义者手中，人文学（studia humanitatis）一词的意义"窄化"了，"从所有古代学问的分支变成文艺复兴的文法、修辞、历史、诗歌和道德哲学，并特别排除了几何学。

---

52 （古罗马）西塞罗. 国家篇-法律篇. 北京：商务印书馆，1999：160.

53 Cicero, Marcus Tullius. *De re publica; De legibus* , London; W. Heineman, 1928：329.Laws I.X.30

54 P. A. Brunt. *Studies in Greek History and Thought*, Oxford：Clarendon Press ，1997：228.

55 参见 Marcus Tullius Cicero. *Brutus*, Cambridge, Mass: Harvard University Press, 1962：130-131，183；Marcus Tullius Cicero. *De finibus bonorum et malorum* , Cambridge, Mass.: Harvard University Press，1931：477。

56 James M. May, Jakob Wisse. *Cicero on the ideal orato*r, New York: Oxford University Press, 2001：93.

在本质上，这是由于对何谓人的理解发生了根本变化所导致的，尤其是，人的自我概念以及他和宇宙的关系发生了根本变化。"[57]

## 1.3 "自由人技艺"与"卑贱的技艺"

在分析了"自由人技艺"的同义概念之后，我们接着考察"自由人技艺"及其相反概念——卑贱的技艺（artes illiberales）、肮脏的技艺（artes sordidae）——的关系。

在古罗马，ars 不仅仅可以指知识、技能，也可以指一种职业，因此，artes liberales 不仅可以指符合自由人身份的知识，也可以指符合自由人身份的职业。在这个意义上，教学、医学、建筑[58]就是自由人技艺[59]。卑贱的技艺（artes illiberales）则指不符合自由人身份的技艺和职业[60]。关于自由人技艺和卑贱技艺的区别，关键性的文本是《论义务》一书卷一第四十二小节中的一段文字：

> 至于经商以及其他谋生手段，有些应当被认为是适合于自由人的（liberales），有些则应当被认为是卑贱的。一般来说，我们听过以下几种教诲。首先，那些惹人厌恶的谋生手段是要不得的，比如收税和放高利贷。一切受雇于人、并且只出卖体力劳动而不是技艺的谋生手段也是不适合于自由人的（illiberales）。因为他们所领的工资是以受人奴役为代价的。那些从批发商那里买来又直接卖给零售商而从中牟利的人也是卑贱的，因为他们如果不漫天撒谎，就不可能赚到钱，而世界上没有什么比说谎更可耻的了。一切手工业者所从事的职业也是卑贱的，因为在任何工场里绝无任何自由可言（nec quicquam ingenuum habere potest officina）。最可鄙的是那些满足人们感官享乐的行业，正如特伦斯所云：
>
> "鱼贩子、屠夫、厨子、家禽贩子，
>
> 和渔民"。

---

57 Proctor, Robert E. Defining the Humanities: How Rediscovering a Tradition Can Improve our Schools. Bloomington: Indiana University Press, 1998.p.16.

58 当然，关于教学、医学、建筑是否是"符合自由人身份的职业"（artes liberales），在罗马人中间是存在争议的。

59 P. A. Brunt. *Studies in Greek History and Thought*, Oxford：Clarendon Press，1997：239.

60 这个概念见于他的《论义务》等著作中，参见 Cicero, Marcus Tullius. *De officiis*, London: Heinemann，1913：152.

　　如果你愿意，还可以加上香料商、舞蹈演员，和整个杂耍班子。

　　至于那些需要较高实践智慧（*prudentia*）的职业，或大大有益于社会的职业——例如，建筑，医术以及自由民学科教师（doctrina rerum honestarum）——对于身份地位相称的人是合适的。（Quibus autem artibus aut *prudentia* maior inest aut non mediocris *utilitas* quaeritur, ut medicina, ut architectura, ut doctrina rerum honestarum, eaesunt iis, quorum ordini convenient, honestae.）至于经商，如果是做小生意，则应当被认为是卑贱的。但如果是大规模的批发，或从世界各地进口大量货物，并诚实无欺地转卖给许多人，那就另当别论了。……但在所有营生中，没有比农业更好、更有利可图、更快乐、更适合于自由人的了（nihil *homine libero* dignius）。[61]

　　根据这段文字，区分一门职业、技艺与知识是否符合自由人身份的标准主要有三个：

　　**道德标准：** 商人的收入之所以可鄙，是因为商业营利必须要求撒谎，"没有什么比撒谎更可耻"。那些为享乐服务的行业——如鱼贩、屠户、厨师、家禽商、渔夫则是"最不该受称赞的"。放高利贷和倒卖商品都是卑贱的，放高利贷是为了获利，而非帮助他人，因此这种行为既不慷慨，也得不到别人的感恩。[62]"大规模的批发，或从世界各地进口大量货物"之所以"符合自由人的身份"的，是因为这种营生不必撒谎，而且有利于整个国家。

　　T.P.怀斯曼在《罗马元老院中的新人：139BC-AD14》一书中的研究印证了西塞罗时代上流社会对放高利贷、倒卖商品等行为的负面看法。怀斯曼指出，为了维持元老院议员的地位，议员们需要获取金钱，但在获取金钱的技艺中，存在可敬技艺（artes honestae）与肮脏技艺（artes sordidae）的区别，其中放高利贷、倒买商品都被认为是不适宜的。[63]当然，仍然有很多罗马贵族放高利贷，其中包括西塞罗特别尊敬的朋友布鲁图斯[64]。

---

61　Cicero, Marcus Tullius. *De officiis*, London: Heinemann，1913：152-155.译文主要参考了（古罗马）.论老年-论友谊-论责任.北京：商务印书馆，2003：159-160.

62　Marcus Tullius Cicero. *De finibus bonorum et malorum*，Cambridge, Mass.: Harvard University Press,1931：209，II117.

63　A. W. Lintott. Review of "New Men in the Roman Senate, 139 B. C.-A. D. 14". *The Classical Review*, New Ser., Vol. 24, No. 2.（Nov., 1974），pp. 261-263

64　P. A. Brunt. *Studies in Greek History and Thought*, Oxford：Clarendon Press，1997：238.

　　**知识标准**：在这一段话中，某种意义的知识标准是存在的。根据这一标准，那些仅仅需要体力劳动的职业是不符合自由人身份的，如手工业。但知识标准仅仅是相对的，比如很少需要知识技能的农业也被认为是"适合于自由人的"的。

　　**政治标准**：汉娜·阿伦特特别指出，在古罗马，自由人技艺和奴性技艺之间的区分主要不是知识性的，而"主要是政治性的"[65]。这一论断非常深刻。在古罗马时期，自由人技艺和奴性技艺之间的划分不等同于智力劳动与体力劳动之间的划分。有些职业包含的智力成分很低，但地位很高，如农业；相反，有些职业包含很高的智力成分，但地位卑微，如书记员。只是到了罗马帝国晚期，随着官僚体制的膨胀，类似于书记员之类的"知识分子"地位才得到提高。因此阿伦特不无嘲讽地指出，知识分子地位的提高是与官僚制度的建立同步的。只有到了中世纪，opera liberalia 才等同于"智力或精神的工作"[66]。和亚里士多德一样，西塞罗认为所有的雇工和手工业者都是卑贱的，因为他们所提供的服务是奴隶性的，他们在工作中出卖自己的自由，并使得自己无法参与政治事务，因此这两种人所从事的职业都"不符合自由人身份"。在所有的职业当中，农业最为高尚，最符合生来自由人的身份。如前所述，自由人技艺和奴性技艺之间的区分"主要是政治性的"[67]。这也正好解释了为什么西塞罗将农业归入自由人技艺的范畴。西塞罗曾将色诺芬的《经济论》译成拉丁文，他对农业的推崇显然受到后者的影响，对此，他在《论老年》一书中也直言不讳，色诺芬"在那本论田产经营的书中用多么丰富的词语来称赞农业啊！……色诺芬认为耕地是最适合于公子王孙的嗜好。"[68]古罗马人认为，一切正当的收入都应该来自土地。这种观念也是农业地位超然的原因所在。另外，西塞罗在这里说的农业，主要指的不是播种、耕种等体力劳动（这些工作由农奴承担），而是指大规模的农业经营和管理，甚至连管理的工作也可以交给管家去做，作为土地拥有者，地主不必拥有很专门的知识，

---

65　Arendt, Hannah. *The human condition* . Chicago: University of Chicago Press, 1958：91.

66　Arendt, Hannah. *The human condition.* Chicago: University of Chicago Press, 1958：92.

67　Arendt, Hannah. *The human condition* . Chicago: University of Chicago Press, 1958：91.

68　（古罗马）. 论老年-论友谊-论责任. 北京：商务印书馆，2003：29.

具备"一般性的常识"即可，这些常识包括什么是播种，什么是收割，什么是修削树枝和葡萄枝，等等[69]。

色诺芬之所以将农业视为"适合于自由人"的，也正是基于政治和军事层面的考虑，他认为，从事农业不仅可以获取生活的必需品，而且不妨碍公民参与政治，"它能给心力留出最多的空闲时间去照管朋友和城市的事情"，战争在古希腊城邦中地位无比崇高，农业恰好可以使自由人拥有适合于战争的德性，"农业在某种程度上可以使从事这种工作的人勇敢刚毅。所以这种谋生方法似乎应该受到我们国家的最大重视，因为它可以锻炼出最好的公民和最忠实于社会的人。[70]"

我们始终需要铭记在心的是，西塞罗为未来的治国者而写作。因此，他也以政治的标准来看待自由人技艺。在西塞罗看来，所有善的技艺是一个不可分割的整体。法律、雄辩术、军事技艺，这些知识相互联系、不可分割，统治者应该熟悉所有这些高贵的、善的技艺。西塞罗将博学的追求视为古罗马政治的一个光荣传统，在前几代人中，"那些以智慧（sapientiae）著称的国人通常总是希望掌握当时在我们国家里可能学到的全部知识"[71]。在他看来，当时的罗马人恰恰遗忘了这一传统：

> "现在恰恰相反，大部分人担任官职和管理国家时一无所有，没有武装自己——不熟悉事务，没有任何知识。即便在许多人中间有某个人出类拔萃，如果他真有什么突出，那也只是在某个方面：或是作战勇敢，或是具有某方面的军事经验……他们不知道所有高尚科学和德性本身之间的关系和联系。[72]"

这种政治性的区分也解释了为何建筑、医术以及教师职业享有较高的地位。西塞罗指出，建筑和医术以及"自由人学科教师"（doctrina rerum honestarum）虽然也属于收取酬劳的职业性行业，但由于"包含较高实践智慧（prudentia）"，因而"对于身份地位相称的人是适宜的"。[73]

---

69　（古罗马）西塞罗. 论演说家.北京：中国政法大学出版社，2003：186.

70　（古希腊）色诺芬. 经济论、雅典的收入.北京：商务印书馆，1961：20.

71　（古罗马）西塞罗. 论演说家.王焕生译.北京：中国政法大学出版社，2003：600-601.

72　（古罗马）西塞罗. 论演说家.王焕生译.北京：中国政法大学出版社，2003，603.

73　西塞罗.论义务. 北京：中国政法大学出版社，1999：144-145; Cicero, Marcus Tullius. *De officiis*, London: Heinemann ，1913：154

　　阿伦特据此认为，建筑学和医学是"liberal"的，因为建筑学、医学、自由民教师需要一些"实践智慧"（prudentia），而实践智慧在政治领域中至关重要。[74]阿伦特将着眼点放在"实践智慧"之上，从而解释建筑学和医学这两种职业高于其他职业的原因，这是非常敏锐的。但问题的关键是如何解释"eae sunt iis, quorum ordini convenient, honestae"这句话，即如何理解"身份地位相称的人"的具体所指[75]。据现代历史学家对古罗马碑文的研究，在古罗马的民间建筑师中，有超过一半的人是被解放的奴隶或者奴隶。[76]在西塞罗的时代，甚至在罗马帝国之前，自由人学科教师（包括修辞学教师和文法教师）尽管收入颇丰，但还不属于自由人职业（operae liberales），事实上，当时的文法教师和修辞学教师绝大部分是奴隶或者被释自由人，其中大多数是希腊人。在有据可查的三十九位罗马共和时期的文法教师和修辞学教师中，大约有三十位是贵族的家奴或被释自由人。[77]教授这些最尊贵、最"符合生来自由人身份"的学科的教师居然绝大部分都不是"生来自由人"，难怪老塞涅卡说："教授那些令人尊敬的学科是一件让人丢脸的事"。

　　正如雅罗所指出的，罗马的贵族阶层认为自由人技艺比工匠技艺要高级，但他们同时认为教授自由人技艺的教师、建筑师和医生等等职业不符合属于元老院议员阶层和骑士阶层的自由人的身份，不属于这两个阶层的自由人才可以体面地从事这些职业[78]。19世纪的英国学者乔治·刘易斯将这句话翻译为"医学、建筑以及尊贵学科的教学，对于那些属于下层阶级的自由人来说是合适的。"[79]乔治·刘易斯和雅罗的理解似乎更贴近西塞罗当时的社会语境。

---

74 Arendt, Hannah. *The human condition*. Chicago: University of Chicago Press, 1958

75 不少学者在解读这一段话时，认为"身份相称的人"指的是社会地位比较高的人。徐奕春的译文就出现了这种失误，他将"对于身份地位相称的人"译为"有社会地位的人"。参见（古罗马）. 论老年-论友谊-论责任. 徐奕春译. 北京：商务印书馆，2003：159.

76 P. A. Brunt. "Free Labour and Public Works at Rome". *The Journal of Roman Studies*, Vol. 70. （1980）, pp. 81-100.

77 Anthony Corbeil. Education in the Roman Republic：Creating Traditions. In Yun Lee Too 主编. *Education in Greek and Roman antiquity*, Leiden; Boston: Brill, 2001:261-289.

78 LM Yarrow. *Historiography at the End of the Republic*，New York：Oxford University Press，2006：24.

79 Medicine, architecture, and instruction in honourable pursuits, are fitted for freemen of inferior rank. George Cornewall Lewis. *A Treatise on the Methods of Observation and Reasoning in Politics* Vol2，1852：143.

因此，我们大体可以推断，这里"身份地位相称的人"指的是"属于下层阶级的自由人"，在这个意义上，它们属于"符合自由人身份的职业"。

从上述关于自由人技艺与卑贱技艺的对比以及对 liberalis 一词的词源学考察可知，所谓 artes liberales 是指符合生来自由人之身份的、高贵的技艺，与之相反，artes illiberales 是与生来自由人之身份不相符的、卑贱的技艺。和亚里士多德一样，在西塞罗这里，所谓 artes liberales 的"自由"，主要指的是相对于生活必需品的自由，这种自由使得生来自由民等贵族阶层可以拥有参与政治、进行哲学思考的闲暇，而政治和哲学则被视为真正自由和善的领域。在西塞罗看来，只有行动的生活和沉思的生活才是善的[80]。

我们今天似乎很难理解为什么古罗马人将文法、算术、几何、诗歌这些在今天看起来稀松平常的知识视为"高贵的"、"符合生来自由人身份"的知识。在今天的民主社会中，由于教育的普及，几乎所有人都能够接触并学习这些知识。但在古罗马社会中，文法、算术、诗歌、天文学这些知识是特别地与"闲暇"联系在一起的[81]，贵族们也只是在闲暇时（如青少年时期、戎马生涯或政务生涯的空闲时间）才会学习这些知识，而奴隶们和一般的自由人根本没有"闲暇"，所以一般而言与这些知识无缘。娴熟希腊语往往被视为有教养的标志，这一般需要聘请私人教习，费用非常高昂。

## 1.4　自由人技艺与雄辩家之养成

在《国家篇》中，西塞罗在明确表示他关心的是"那些生来自由的青少年"（puerilem ingenuis）的教育，而非奴隶的教育，或者被释自由人的教育[82]。在《论学园派》中，西塞罗指出"自由人技艺"符合"出身高贵者"的身份。

---

80 Marcus Tullius Cicero. *De finibus bonorum et malorum*, Cambridge, Mass.: Harvard University Press,1931：129，II41.

81 "当我们的思想处于闲暇状态时，我们就热切地渴望知识，甚至是关于天体运动的知识"。Marcus Tullius Cicero. *De finibus bonorum et malorum*, Cambridge, Mass.: Harvard University Press,1931：134，II46.

82 "Quod est homine ingenuo liberaliterque educato dignum"，E.W.Sutton 译作"what befits a freeborn man of liberal education"，王焕生先生译作"作为自由人出生和受过自由人教育的人相称的科目"（古罗马）西塞罗. 论演说家. 王焕生译. 北京：中国政法大学出版社，2003：95. James M. May 和 Jakob Wisse 则译作"适合于出身名门者和受过良好教育者的科目"（what befits a well-born and well-educated man）参见 James M. May, Jakob Wisse. *Cicero on the ideal orator*, New York: Oxford University Press, 2001：88.

由此可见，西塞罗的教育对象是生来自由的人（homine ingenuo），西塞罗所谓的"自由人教育"（liberaliterque educato）指的是"适合于生来自由人的自由教育"[83]。西塞罗之所以将教育的对象限定于生来自由人，其最主要的原因在于：在他的时代，只有生来自由人有权竞逐政治公职。

西塞罗所宣扬的针对生来自由人或出身名门者的教育，其最主要的目的是培养从事政治活动的雄辩家。依西塞罗之见，雄辩术诞生于古希腊的雅典，第一位"完美的雄辩家"是政治家伯里克利。[84]自亚里士多德开始，雄辩术就被划分为三种类型：即司法的雄辩、议事的雄辩、论证性的雄辩。议事性雄辩术的目的在于劝说听众采取某种政治行动，如发动战争。司法性雄辩的运用场合是法庭，其目的在于向陪审团证明某个人无罪或有罪。论证性的雄辩目的在于谴责或褒扬某个人，其应用场合一般为正式的典礼、仪式，比如在葬礼上。西塞罗所讨论的主要是议事性雄辩术。

古罗马建立了一个庞大的帝国，军力强盛、商业发达，道路四通八达，建筑美仑美奂，文采风流极一时之盛，然而，它所取得的所有这些成就，并不依赖于制度化的教育机构。同样，学校亦非社会流动的工具，接受正规中等教育和高等教育的人口寥寥可数，其核心的功能是培养雄辩家。雄辩术（或演讲修辞学）在古罗马的地位非常之高。一般而言，只有自由人中的贵族阶层才可以负担得起这种教育。而且，一般来说，只有自由人才有资格担任修辞学教师。根据苏维托尼乌斯的记载，罗马帝国的修辞学教师中只有一人为奴隶出身。[85]

从某种意义上说，对西塞罗而言，所谓的自由人教育就是雄辩术教育。雄辩术在古罗马社会中的地位体现在以下几个方面：

首先，雄辩术教育是古罗马贵族培养政治精英的最重要的手段之一。西塞罗、古罗马将军马克·安东尼、古罗马帝国第一任皇帝奥古斯都、著名诗人维吉尔[86]等人都接受过全面的雄辩术教育。雄辩术不仅在政治舞台上发挥

---

83　"homine ingenuo liberaliterque educato"。引文见 Cicero, Marcus Tullius. *De Oratore*, Cambridge, Mass.：Harvard University Press, 1942：96-97.I137

84　Marcus Tullius Cicero. *Brutus*, Cambridge, Mass: Harvard University Press,1962：49.

85　Clarence A. Forbes. " Supplementary Paper: The Education and Training of Slaves in Antiquity". *Transactions and Proceedings of the American Philological Association*, Vol. 86.（1955），pp. 321-360.

86　奥古斯都和维吉尔两人是学习修辞学时的同学。参见 Enid Rifner Parker. "The Education of Heirs in the Julio-Claudian Family". *The American Journal of Philology*, Vol. 67, No. 1.（1946），pp. 29-50.

着重要的作用，在宴饮、葬礼等仪式当中，雄辩术的地位也非常崇高。古罗马皇帝台比留（公元前 42-37）在其父亲的葬礼上发表演说时，年仅九岁[87]。

其次，雄辩术在古罗马政治中发挥着不可替代的重要作用。古罗马共和国时期的决策机构包括元老院、公民大会，在做出决策之前，照例都会举行辩论，然后投票。雄辩术可以有效地影响听众的意见，因此在政治领域的影响力非同一般。

最后，在古罗马的刑事诉讼和民事诉讼中，由于抗辩人、法官和陪审团成员都不一定是法律专家，因此在这里，雄辩术的作用举足轻重[88]。

在西塞罗的时代，得益于民主共和体制所提供的民主自由空间，司法性雄辩和议事性雄辩均甚为发达。起初，古罗马并没有正规的雄辩术学校。贵族子弟先在家中接受希腊教师的修辞学教育，然后在法庭中跟随一位经验丰富的罗马雄辩家做学徒，通过观看法庭辩论来学习雄辩术。在公元前 93 年之前，古罗马既不存在希腊语的修辞学学校，也不存在拉丁语的修辞学学校。[89]在罗马共和末期的时候，西塞罗将他的儿子送到东方去学习，当时的罗马人依然认为，最好的雄辩术教育在希腊。

西塞罗死后，罗马共和政治走向衰落，独裁政治取而代之，议事性雄辩术和司法性雄辩术也随之没落。在崇尚独裁政治的安东尼、屋大维等人看来，议事性的雄辩术是对秩序的威胁。西塞罗屡屡利用雄辩术，在元老院发表演讲，对独裁派进行攻击。安东尼等人因此对西塞罗怀恨在心，最后用卑劣的手段杀害了西塞罗。据迪奥《罗马史》所载，安东尼在暗杀西塞罗之后，还不解恨，于是拿西塞罗的人头去公开展览，地点就是西塞罗平时以三寸不烂之舌雄辩滔滔的古罗马广场，正是在这个地方，西塞罗发动了对他的无情攻击。屋大维的妻子富尔维亚在拿到西塞罗人头后的举动更加戏剧性地说明了独裁派对于雄辩术的憎恨。富尔维亚将西塞罗的人头放在自己的膝上，把西塞罗的舌头拔出来，用发夹刺穿，然后一顿辱骂。[90]这个故事未必属实，但却

---

87 Enid Rifner Parker. "The Education of Heirs in the Julio-Claudian Family". *The American Journal of Philology*, Vol. 67, No. 1.（1946），pp. 29-50.

88 James M. May, Jakob Wisse. *Cicero on the ideal orato*r, New York: Oxford University Press, 2001：5.

89 Anthony Corbeil. Education in the Roman Republic：Creating Traditions, in Yun Lee Too. *Education in Greek and Roman antiquity* , Leiden; Boston: Brill, 2001:261-289.

90 Thomas M. Conley. *Rhetoric in the European Tradition*, New York: Longman,1990：37.

真实地反映了西塞罗的敌人对于雄辩术的态度，并预示了雄辩术在西塞罗之后的历史命运和发展轨迹。

在西塞罗看来，所谓雄辩家，是指"对任何需要用语言说明的问题都能充满智慧地、富有条理地、词语优美地、令人难忘地、以一定的尊严举止讲演的人。"[91]西塞罗讨论的不是一般意义上的雄辩家，也不是具体可见的雄辩家，而是"完美的雄辩家"，类似于柏拉图所说的"理型"，我们只能用"心灵的眼睛"看到他。换言之，当西塞罗在谈论完美的雄辩家时，"它不是我要寻找的雄辩的'人'，也不是任何会腐朽和死亡的东西，而是绝对的本质，拥有这种本质使人成为雄辩者。"[92]

完美的雄辩家是理想的公民和完美人性的典范，雄辩家不仅要博学多才，还需要具备高尚的品格，嗓音洪亮，精力充沛，难怪西塞罗称完美的雄辩家为"人中之神"[93]。和古希腊的哲学家不同，雄辩家是政治生活的积极参与者，是国家安全的捍卫者，雄辩家的政治生活并不劣于哲学家的思辨生活：

> "品德的存在完全取决于对它的使用；而对它最高贵的使用便是治理国家，是把那些哲学家在其各自角落喋喋不休地向我们耳朵灌输的那些东西变为现实，而不是变为词语。……我相信统治这类城市的聪明的执政官及权威，即使在智慧上，都应当被认为是远远高于那些从来不参与政府事务的人。[94]"

在《论雄辩家》的开篇，西塞罗比较了将军、政治家、哲学家、数学家、文法学家（或文学评论家）、诗人、雄辩家等各种不同的行业，最后得出结论，历史上杰出的将军、政治家、哲学家、数学家等数不胜数，但优秀的诗人和雄辩家却犹如凤毛麟角，杰出的雄辩家更是少之又少。[95]很多人批评西塞罗的"完美雄辩家"陈义过高、不切实际。事实上，西塞罗也意识到他所提出的

---

91 （古罗马）西塞罗. 论演说家. 王焕生.北京：中国政法大学出版社，2003：49.

92 Marcus Tullius Cicero. *Brutus，Orator*, Cambridge, Mass：Harvard University Press, 1962：379.

93 Cicero, Marcus Tullius. *De Oratore*, Cambridge, Mass. ：Harvard University Press,1942：3.53.

94 （古罗马）西塞罗. 国家篇-法律篇，北京：商务印书馆，1999：12-13.

95 Cicero, Marcus Tullius. *De Oratore*, Cambridge, Mass：Harvard University Press, 1942：8-11.

完美雄辩家是一个难以企及的目标，但他指出，只有让事物以最完美的本性呈现在人们面前时，人们才可能理解它的本性。[96]

古罗马文化是建立在"口语"的基础之上的。有些人可能仅仅凭借天赋就可以成为杰出的雄辩家，无须掌握太多文化知识，甚至不必学习自由人学科。但西塞罗指出，仅有天赋是不够的："即便没有技艺训练，人在天赋的帮助下也能出色地演讲，但这是出于幸运和偶然，人不能随时随地地支配天赋。[97]"因此，西塞罗强调书面文字和写作的重要性，"没有任何事物比写作更有助于优秀的演讲。"[98]

和传统的古罗马修辞学教师不同，西塞罗认为雄辩家不能仅仅掌握一些抽象的、教条化的规则，而应该对他所讨论的话题具有真正的知识。完美的雄辩家应该博学多识，一个人除非掌握"所有适合于自由人的技艺"，否则便无法成为一个优秀的雄辩家[99]。又说："一个人除非掌握所有重要的知识和技艺，否则无法成为十全十美的雄辩家。"[100]。据亨利·马鲁的统计，西塞罗分别罗列了以下自由人技艺（artes liberales，bonae artes、ingenuae artes）[101]：

| 著作及相应段落 | 所列举的"自由人技艺"（artes liberales，bonae artes、ingenuae artes） | | | | |
|---|---|---|---|---|---|
| 论演说家 I 9-11 | 哲学 | 数学 | 文法 | | |
| 论演说家 I 56-63 | 哲学 | 法律 | 政治、军事、地理 | 数学 | |

96　（古罗马）西塞罗. 论演说家. 王焕生译. 北京：中国政法大学出版社，2003：567.

97　Marcus Tullius Cicero. *Brutus*, Cambridge, Mass：Harvard University Press, 1962：101.

98　Marcus Tullius Cicero. *Brutus*, Cambridge, Mass：Harvard University Press, 1962：85.

99　Loeb 本英译作"no one should be numbered with the orators who is not accomplished in all those arts that befit the well-bred."

100 Cicero, Marcus Tullius. *De Oratore*（v.1），Cambridge, Mass：Harvard University Press, 1942：16.

101 Henri I. Marrou, "The Liberal Arts in Classical Antiquity," pp. 5-27, in Liberal Arts and Philosophy in the Middle Ages, Proceedings of the Fourth International Congress of Medieval Philosophy （Montreal: Institute of Medieval Studies, University of Montreal, 1969），Tables 1-5, pp. 9, 20, 21, 22, adapted from a new, unpublished translation of the French by Mark Motley.感谢布鲁斯·金博尔教授为我提供了这则材料。

| 论演说家 I-158-159[102] | 文法 | 所有善的技艺 | 法律 | | |
|---|---|---|---|---|---|
| 论演说家 I 187 | 音乐 | 地理 | 天文 | 文法 | 修辞学 | 哲学 |
| 论演说家 III 57-8 | 修辞性的法律 | 哲学 | 文法 | 几何 | 音乐 | 逻辑学 |
| 演说家 113 | 逻辑学 | 修辞学 | | | |
| 演说家 115-120 | 逻辑学 | 哲学[103] | 法律 | 历史 | |
| 布鲁图斯 151-4[104] | 修辞 | 法律 | 逻辑 | 文法 | |
| 雄辩术的区分 80 | 文法 | 算术 | 音乐 | 几何 | 天文 |
| 论至善与至恶 I 72 | 文法 | 音乐 | 几何 | 算术 | 天文 | 军事 |
| 论至善与至恶 III 4[105] | 逻辑 | 哲学[106] | 几何 | 音乐 | 文法 | 修辞 |

结合上述表格及西塞罗的相关论述，可以得出以下几个结论：

第一、西塞罗并没有明确区分自由人技艺和哲学以及其它专业性的学科，他所谓的自由人技艺（artes liberales，bonae artes、ingenuae artes）包括几何、文法、算术这些基础性的学科，也包括哲学、军事和法律等专业性的学科。

第二、在西塞罗这里，自由人技艺的数目并不固定，更不存在"七艺"的概念[107]。

第三、在谈论文法、修辞、哲学、逻辑学、数学等学科时，西塞罗同时使用了自由人技艺（artes liberales）、善的技艺（bonae artes）、高贵的技艺（ingenuae artes）等概念，表明这些家族概念在某种意义上是可以通用的。

---

102 "阅读诗人的作品，熟稔历史，学习、细读每一门有关善好技艺（bonarum artium）的作者的著作，……除此之外，我们必须精通习惯法、熟悉成文法……考察元老院、政治哲学、盟邦的权利、条约和契约、帝国的政策，等等。"参见 Cicero, Marcus Tullius. *De Oratore*, Cambridge, Mass：Harvard University Press, 1942：108-109.

103 指道德哲学和自然哲学。

104 此处西塞罗用的术语是 bonae disciplinae。参见 Marcus Tullius Cicero. *Brutus，Orator*, Cambridge, Mass：Harvard University Press, 1962：130.

105 此处西塞罗使用的概念是 artes ingenuaes，参见 Marcus Tullius Cicero. *De finibus bonorum et malorum*, Cambridge, Mass：Harvard University Press, 1931：218.

106 严格来说，原文提及的是"自然哲学"（physici）。参见 Marcus Tullius Cicero. *De finibus bonorum et malorum*，Cambridge, Mass：Harvard University Press, 1931：218.

107 石敏敏在翻译西塞罗著作时将 artes liberales 译为"文科七艺"，显然是受到了中世纪七艺概念的误导。参见（古罗马）西塞罗. 论至善和至恶. 2005：204.

第四、西塞罗的自由人技艺概念所依据的分类原则和现在依据研究对象将知识划分为自然科学、社会科学、人文科学大不相同。自由人技艺是适合于自由人或绅士的技艺，不仅包括文法、修辞，也包括数学、天文、自然哲学、伦理学、政治学、历史学，等等。[108]

显然，这是一个百科全书式的课程方案[109]，它反对的是当时狭隘的、过早专业化的修辞学教育。雄辩家之所以要掌握各种自由人学科，一方面是因为雄辩家要处理各种不同的题材和事务，另一方面则是因为自由人诸学科互相联系、不可分割。

## 1.5 哲学家-雄辩家：智慧与雄辩的结合

如果说，在西方教育文化史上，苏格拉底、柏拉图和亚里士多德更多地以哲学家的面貌出现的话，那么，西塞罗则更多地以雄辩家的身份出现。或者，用布鲁斯·金博尔的话来说，伊索克拉底、西塞罗开创了西方教育史中的雄辩家教育传统。

然而，西塞罗心目中的雄辩家并不是普通的罗马雄辩术教师所培养出来的狭隘化的、专业化的雄辩家，而是受到全面的文化训练并将哲学与修辞学结合起来的"哲学家-雄辩家"。西塞罗在博雅教育思想史上的意义，一方面在于他强调雄辩家应该具有全面的知识，另一方面则在于他强调雄辩家应该将智慧与雄辩结合起来。[110]哲学与修辞的结合，或者说，智慧（sapientia）与雄辩（eloquentia）的结合是西塞罗的修辞学教育理论的最重要标志。[111]

---

108 E. K. Rand. "The Humanism of Cicero".*Proceedings of the American Philosophical Society*, Vol. 71, No. 4. （Apr., 1932），pp. 207-216.

109 当然，西塞罗的教育方案并非纯粹知识指向。在专门为儿子学习雄辩术而写的《论演讲术的分类》一书中，西塞罗劝诫儿子通过学习和科学训练"为心灵做准备"，除了学习文学、音律、音乐、天文、测量之外，还应学习骑马、击剑、打猎。

110 关于西塞罗思想中哲学与修辞学的关系，可参见 Alain Michel.*Rhétorique et philosophie chez Cicéro*.Paris: Presses Universitaires de France, 1960.关于修辞学与哲学的结合在西塞罗思想中的位置, 还可参见 Mark Morford. T*he Roman philosophers: from the time of Cato the Censor to the death of Marcus Aurelius*, New York : Routledge,2002.

111 Alvin Vos. Good Matter and Good Utterance": The Character of English Ciceronianism[J]*Studies in English Literature, 1500-1900*, Vol. 19, No. 1, The English Renaissance. （Winter, 1979），pp. 3-18.

我们知道，苏格拉底和柏拉图对智者派所传授的雄辩术极为反感，认为它是一种诡辩的伎俩，颠倒黑白、蛊惑心智。在《高尔吉亚》篇中，柏拉图甚至认为雄辩术不是一门技艺，因而不是系统性的知识，无法传授。对柏拉图的这种责难，西塞罗并不陌生，《雄辩家》一书中的主要对话者克拉苏说，他在雅典求学时，曾在卡尔玛达斯的指导下仔细阅读《高尔吉亚篇》，读完之后，他最敬佩的反而是柏拉图，"当他在嘲讽所有的雄辩家时，他本身就是完美的雄辩家"[112]。

西塞罗认为苏格拉底对雄辩术的责难有失公正。为了给雄辩术正名，为了弥补哲学与修辞之间越来越大的裂缝[113]，应当将智慧与雄辩结合起来，使雄辩术传授的真理建立在牢固的基础之上。西塞罗认为，哲学与修辞之间的分裂源自文化科学的分化，其始作俑者正是苏格拉底。西塞罗指出，苏格拉底之前的大师们把修辞学理论与德性、行为、政治、伦理等一切问题的研究结合在一起。而苏格拉底以及苏格拉底学派的哲学家"轻视演讲术和演说家的智慧"，从而造成了两者的分离[114]。西塞罗批评苏格拉底剥夺了"哲学"这个囊括一切学问的称号，将聪明的思考和优雅的口才区分开来，从而产生了"极为荒谬、十分无益、应受严责的舌头与大脑的分离"，导致了一个不幸的教育学实践，"有一部分教师教我们思考，有一部分教师教我们讲话"[115]。当然，要注意的是，这里的矛头所向并不是柏拉图。西塞罗区分了苏格拉底和柏拉图，这和现代学者的看法很不相同[116]。

从青少年时期起，西塞罗就抱有这样一个信念，即人们之所以没有达到雄辩的境界，并非缺乏精巧的方法，而是缺乏对各种形态之哲学思想的整体

---

112 Cicero, Marcus Tullius. *De Oratore*, Cambridge, Mass：Harvard University Press, 1942：35-37.

113 西塞罗认为，从公元前 3 世纪到公元前 1 世纪，修辞学与哲学之间的距离越来越远了。

114 西塞罗. 西塞罗全集·修辞学卷·论演说家.北京：人民出版社，2007：521.

115 西塞罗. 西塞罗全集·修辞学卷·论演说家.北京：人民出版社，2007：517.

116 布鲁斯·金博尔在研究中就没有注意到这一点，他认为西塞罗同时批评了苏格拉底和柏拉图。参见 Kimball, *Orators and philosophers：A history of the idea of Liberal education*, New York: College Entrance Examination Board ，1995：36.西塞罗诟病于苏格拉底的地方在于后者述而不作，没有流下自己的著作，从而让自己的学说在身后歧义横生，分裂成各个学派。西塞罗显然不会以这样的理由来指责著作等身的柏拉图。

把握和贯通[117]。在其早年著作《论取材》一书中，西塞罗就已意识到，夸夸其谈的雄辩术曾使罗马饱受其苦，格拉古兄弟以及一些"人民的"演说家都出身贵族且能言善辩，但这给罗马带来了祸害而非福祉。因此，为了使雄辩术能够最大程度地有益于国家，它必须与哲学相结合[118]"在《论演说家》一书中，西塞罗再次阐述了将雄辩与智慧结合起来的主张，指出不善言辞的智慧比巧于言辞的愚蠢更为可取，但同时认为雄辩家高于哲学家。[119]"

很显然，西塞罗认为必须将哲学和雄辩术结合起来，才能培养完美的雄辩家。在《布鲁图斯》中，西塞罗指出，"逍遥学派和学园派的演讲习惯实际上决不可能产生完善的演说家，但另一方面，离了它，完善的演说家也不可能产生。"[120]西塞罗高度推崇柏拉图和亚里士多德等哲学家的雄辩才能：

> "你在哪里能够找到比柏拉图还要丰富多彩的作家？他们说，要是朱庇特会说希腊语，那么朱庇特也会用他的舌头讲话。你在哪里能够找到比亚里士多德更加生动的风格[121]，比塞奥弗拉斯特更加迷人的魅力？"[122]

一般认为，西塞罗关于雄辩术与哲学之关系的看法受到其老师斐洛（Philo of Larissa）的深刻影响。公元前 97 年左右，柏拉图学园第四代传人斐洛为躲避米特拉达梯战争所带来的骚乱，率领学园中人逃难至罗马。斐洛在罗马设帐授徒，讲授哲学与修辞学课程，年轻的西塞罗就在此时拜在他的门下。在斐洛的年代，教授修辞学对于一个哲学家来说无异于欺师灭祖，但斐洛致力于恢复雄辩术的名誉。据西塞罗回忆，斐洛在罗马的教学分为雄辩术讲座与哲学讲座两部分，因为斐洛认为哲学与雄辩术是相辅相成的。而西塞罗在此后的一生中，都遵循了乃师的教诲。西塞罗在其别墅居住期间，上午用于口

---

117　（法）皮埃尔·格里马尔. 西塞罗. 北京：商务印书馆，1998：21.

118　Cicero, Marcus Tullius. *De inventione; De optimo genere oratorum; Topica.* Cambridge, Mass. : Harvard University Press ，1949：3-5.

119　（古罗马）西塞罗.论演说家. 北京：中国政法大学出版社，2003：611.

120　西塞罗. 西塞罗全集·修辞学卷·布鲁图斯.北京：人民出版社，2007：696.

121　亚里士多德的论文文体一直为人所诟病。但事实上亚里士多德和柏拉图一样写过大量的对话录，古希腊晚期和古罗马的作家都认为亚里士多德的对话录非常优雅，很可惜的是，亚里士多德的这些对话录没有流传下来。参见 George Alexander Kennedy. *A new history of classical rhetoric*, Princeton, N.J.: Princeton University Press, 1994：52.

122　西塞罗. 西塞罗全集·修辞学卷·布鲁图斯. 北京：人民出版社，2007：696

才练习，下午则用于在花园中举行辩论。[123]除斐洛之外，西塞罗还从斯多葛派的哲学家狄奥多图那里接受了严格的哲学教育。西塞罗回忆说，在从学于狄奥多图的日子里，他接受了"彻底的辩证法的训练"，并进而指出"没有辩证法，要想恰当地掌握所谓的演讲术是不可能的"[124]。在日后的岁月中，西塞罗依然保持了浓厚的哲学兴趣，每当政治失意时，他就投身于哲学的思索和写作，《论共和国》、《论法律》等哲学著作都是在这种情况下完成的。务实的罗马人认为古希腊的哲学空疏无用、败坏德性，为此，西塞罗还专门写作了《霍滕修斯》一书，为哲学辩护。[125]作为第一个具有真正的哲学天赋的罗马人，"西塞罗最真切地希望哲学成为罗马文化的一部分"[126]。

当然，哲学与雄辩术之间的确存在激烈的冲突。西塞罗同意柏拉图的基本看法，即哲学是为死亡做准备，哲学不受任何世俗考虑的限制，哲学"使灵魂免于快乐的束缚……免于私有财产的束缚，免于公共利益的束缚，免于任何事务的束缚"[127]。倾向于静观之生活的哲学生活天然地与倾向于积极行动的雄辩家生活存在冲突。

就其本性而言，哲学与雄辩术也差异很大。哲学诉诸人的理性，哲学用理性来使人信服真理。雄辩术则诉诸情感，雄辩家往往利用手势、语调等手段来激发人的感情，通过唤起听众心中的怜悯、愤怒等感情性因素来达到说服的目的。从古希腊开始，雄辩术就与"谎言"、"诡辩"等恶名联系在一起。西塞罗所做的努力，就是要为雄辩术恢复名誉，弥合哲学与雄辩术之间的裂缝。那么，如何将雄辩术与哲学结合起来呢？

在《论至善与至恶》一书中，西塞罗将哲学划分为自然哲学、逻辑学以及道德哲学这三个部分。西塞罗所谓的逻辑学的内容包括定义、分类、划分、推论、三段论推理、二律背反，等等。在西塞罗看来，逻辑学是哲学所不可

---

123 （法）皮埃尔·格里马尔. 西塞罗. 北京：商务印书馆，1998：23.

124 西塞罗. 西塞罗全集·修辞学卷·布鲁图斯.北京：人民出版社，2007：761.

125 Cicero. *De finibus bonorum et malorum*，Cambridge, Mass.：Harvard University Press，1931：3.

126 Gisela Striker. Cicero and Greek Philosophy. *Harvard Studies in Classical Philology*, Vol. 97, Greece in Rome: Influence, Integration, Resistance.（1995），pp. 53-61.

127 Tusculan Disputations, i.74-75. 转引自 Jerrold E. Seigel. Civic Humanism" or Ciceronian Rhetoric? The Culture of Petrarch and Bruni[J] *Past and Present*, No. 34. （Jul., 1966），pp. 3-48.

或缺的，伊壁鸠鲁就因为缺乏这方面的训练而受到他的嘲笑。[128]由于对辩证法的无知，伊壁鸠鲁的学说无法具有科学的精确性。[129]

在哲学流派之中，西塞罗倾向于赞同怀疑主义的立场，认为怀疑主义否认永恒真理的立场与雄辩家的做法相一致。雄辩家既可以为某一观点 a 辩护，也可以为与观点 a 截然相反的观点 b 辩护。因此，我们可以看到西塞罗在某些地方赞同斯多葛学派的道德哲学，在另外的地方则赞同逍遥学派的哲学。西塞罗认为斯多葛学派的伦理哲学有着完美的内在一致性，它否认外界因素可以干扰内在的幸福。从哲学的立场出发，西塞罗赞同斯多葛学派的哲学，并称斯多葛学派的哲学家是"唯一真正的哲学家"[130]。而逍遥学派的伦理哲学强调健康与外部条件的重要性，因此与实际的人类生活更为贴近，与雄辩家的生活更为和谐。从雄辩家的立场出发，西塞罗赞同逍遥学派的哲学[131]。

因此，雄辩术与哲学之间的结合并不是单一的结合，而是多种形式的结合。雄辩家应该根据不同的情况、时间、地点，随机应变，选择恰当的结合形式，伊洛德·西格尔曾对西塞罗的基本立场做出如下的总结：

> "在他最理性的时刻，雄辩家应该是一个斯多葛派的哲学家；
> 在他遵守常识的时刻，他应该是一个逍遥派哲学家；但在所有的时
> 候，他基本上都是一个怀疑论者"[132]。

西塞罗并非完全对抽象的哲学问题不感兴趣，他指出，对话就是一种弥合哲学与雄辩术的形式。和司法雄辩、议事雄辩、论证性雄辩不同，对话所处理的是常人所不能理解的、抽象的哲学问题。晚年的西塞罗越来越倾向于认为，完美的雄辩家不仅应当能处理司法性和议事性的问题，而且还应该有能力讨论抽象的普遍性问题。

---

128 Marcus Tullius Cicero. *De finibus bonorum et malorum*, Cambridge, Mass. : Harvard University Press，1931：25.

129 Marcus Tullius Cicero. *De finibus bonorum et malorum* Cambridge, Mass. : Harvard University Press，1931：99，II6.

130 Cicero. *Tusculan disputations*，Cambridge, Mass. : Harvard University Press，1945

131 Jerrold E. Seigel. *"Civic Humanism" or Ciceronian Rhetoric? The Culture of Petrarch and Bruni[J] Past and Present*, No. 34. （Jul., 1966），pp. 3-48.

132 Jerrold E. Seigel. *"Civic Humanism" or Ciceronian Rhetoric? The Culture of Petrarch and Bruni[J] Past and Present*, No. 34. （Jul., 1966），pp. 3-48.

在西塞罗这里，雄辩与智慧、雄辩术与哲学、理性与言辞（ratio et oratio）[133]是相结合的，存在于柏拉图那里的"雄辩术"与"辩证法"之间的紧张关系一定程度上得到了缓解，两者均被视为雄辩家教育不可或缺的一部分，这一点在教育实践中也得到了贯彻。西方学者普遍认为，雄辩术与哲学的结合是西塞罗教育哲学的"基本原则"。按照莱因哈特的说法，西塞罗是在哲学家学派的教诲之下而不是在修辞学家的手中成长为一个雄辩家的。在斐洛的影响下，西塞罗最终形成了自己的理想人格：哲学家－雄辩家。而且，相对于此前古罗马修辞学传统中只关注具体问题（司法问题和议事问题）的倾向，西塞罗的修辞学理论构成了一个"重要的转折"[134]。

当然，西塞罗并没有一劳永逸地解决哲学与修辞学之间的冲突。到公元二世纪，两者之间的矛盾和斗争依然没有停息。支持雄辩术的一方认为，雄辩术是比技艺更高级的事物，它实现了道德的最高目标，并且创造、维持了公民社会。反对的一方则否认修辞学具有"技艺"的地位，认为它不包含任何真理。[135]

然而，就教育的"效果史"而言，西塞罗主张雄辩与智慧的结合，缓和了雄辩术与辩证法之间的矛盾，从而为"七艺"典律的形成做了铺垫。

智慧与雄辩相结合的观点对后世的思想家，尤其是人文主义者如昆体良、莱米吉乌斯（841-908）、沙里斯伯里的约翰、彼特拉克、布鲁尼、彼得·拉谟斯、罗杰·阿斯克姆（1515-1568）、维柯、亨利·纽曼、威廉·休厄尔等也产生了极其深刻的影响。在西塞罗之后，雄辩与智慧的结合，或言辞与理性的结合，成为教育学理论中一个经久不衰的经典母题。几乎所有的经典教育理论家都主张，言辞与理性密不可分，完整的教育必须是两者的结合。

当然，要通过哪些学科来培植理性，则存在一定程度的分歧。如彼得·拉谟斯认为最能培植理性的学科是辩证法，而十九世纪的英国教育家威廉·休厄尔则推崇几何学在培植理性中的作用。

---

133 ratio et oratio 的表述见于西塞罗的《论义务》参见 Cicero, Marcus Tullius. *De officiis*, Cambridge, Mass. : Harvard University Press，1913：50, i50.

134 Tobias Reinhardt. Rhetoric in the Fourth Academy. *The Classical Quarterly* 50.2:531-547（2000）

135 M. B. Trapp. Sextus Vs. Aelius. The Classical Review, New Ser., Vol. 47, No. 2.（1997），pp. 291-292.关于公元2世纪哲学与修辞学之间的争论，参见 D.Karadimas. *Sextus Empiricus against Aelius Aristides: The Conflict between Philosophy and Rhetoric in the Second Century AD*, Lund: Lund University Press，1996.

其次，关于理性和言辞孰轻孰重，也分歧甚多。昆体良认为言辞胜于理性，胡安·维夫斯和蒙田则认为理性和实践智慧比言辞更重要。[136]伪普鲁塔克在《论自由民儿童教育》中也认为理性比语言更重要："有两样东西是人性所特有的，即理性和语言；在两者之中，理性是语言的主人，语言是理性的仆人。"[137]布鲁斯·金博尔认为雄辩家传统尊崇的是言辞，而哲学家传统尊崇的是理性[138]。这种观点容易误导读者，似乎隶属于他所谓的雄辩家传统的作家认为言辞比理性更为重要。事实上，隶属于他所谓的雄辩家传统的维夫斯、奥古斯丁等人都认为理性比言辞更重要。

## 1.6　西塞罗与博雅教育概念

从西塞罗开始，自由人技艺的概念就与西方思想对人性的看法（人文学）、对高贵的追求（高贵技艺）、对于知识与善之联系的看法（善的技艺）、对文雅和文明的渴望（文雅的技艺）紧紧联系在一起，这种复杂性与多义性不仅为文艺复兴的人文主义者所继承，而且直到纽曼的时代还很有影响。自由人技艺或自由人教育的观念不仅仅是一个"观念单元"，而是一根盘根错节、环环相扣的观念链条。在这个观念链条中，善、高贵、自由、人文的理念都汇集到了一起。

从*概念史*的视角来看，西塞罗在西方教育思想史第一次系统地在著作中使用与自由人教育思想史相关的家族词汇（artes liberales、artes honestae、bonae artes、studia humanitatis）。两千年来，这些概念一直为西方世界所沿用，成为后世思想家表达教育理念的有力媒介。就博雅教育的概念史而言，西塞罗的重要性不仅仅在于他较早阐述了博雅教育的核心原则、理念，更在于他为后来者提供了一系列表达思想的核心语汇，从这个角度讲，套用福柯的说法，西塞罗是博雅教育最重要的"话语实践的发起人"[139]之一。

---

136 RS Crane. *The Idea of the Humanities*，Chicago: The University of Chicago Press，1987：40，52.

137 伪普鲁塔克.论儿童教育. 任钟印选译. 昆体良教育论著选. 北京：人民教育出版社，2001：243-261.

138 Bruce Kimball. *Orators & philosopher.* New York: College Entrance Examination Board, 1995，序言，p.xi.

139 Michel Foucault, "What is an Author?" in *Language, Counter-Memory, Practice*, ed.and tr. Donald Bouchard （Ithaca, 1977），p131.

最后，而且也是最重要的是，在柏拉图的教育方案中，核心的科目是辩证法，在亚里士多德的公民教育方案中，核心的科目是音乐和哲学（伦理学、政治哲学，等等），而在西塞罗这里，教育的核心科目是雄辩术。正如布鲁斯·金博尔所论，西塞罗所代表的是雄辩家的自由人教育方案。不过，要注意的是，我们也不可过分夸大哲学家的自由人教育方案（亚里士多德）与雄辩家的自由人教育方案（西塞罗）之间的差异，因为西塞罗恰恰主张哲学和修辞学的结合。而且，西塞罗的修辞学理论未尝不受到哲学家的影响。例如，在写给朋友的书信中，西塞罗说，他所写作的《论雄辩家》一书"反对流俗之见，而赞同所有古人的修辞学理论，包括亚里士多德和伊索克拉底的理论"。[140]

## 第二节　塞涅卡：从"自由人教育"到"使人自由的教育"

塞涅卡（公元前 4-65 年）出身骑士阶层，其出生地在西班牙的柯多巴（Cordoba），其父是一位很有名望的修辞学家。和西塞罗一样，塞涅卡也接受了非常全面的文化教育。他的一位老师是毕达哥拉斯主义者，塞涅卡曾经信守毕达哥拉斯的教义，素食一年，后因其父"憎恨哲学"而作罢。[141]公元 41 年，塞涅卡的父亲去世。同年，因为与皇帝的侄女通奸，塞涅卡被流放到科西嘉岛。在科西嘉岛，塞涅卡远离了罗马纷扰的政治生活，全身心地投入到哲学思考和写作当中。公元 49 年是塞涅卡一生命运中最重要的转折点。这一年，皇帝克劳狄乌斯的妻子阿格里披娜召回了塞涅卡，并任命他为执政官。此后，塞涅卡又获聘为尼禄的教师，教导这位年仅十一岁的储君，一直到尼禄六年之后登基[142]。塞涅卡所授科目为政治学、修辞学以及礼仪[143]。皇后阿格里披娜之所以没有让塞涅卡（当时他已经是罗马最有名望的哲学家）教授

---

140 Jeffrey Walker. *Rhetoric and Poetics in Antiquity*, New York ：Oxford University Press ，2000：79.

141 Mark Morford. *The Roman philosophers: from the time of Cato the Censor to the death of Marcus Aurelius*, New York : Routledge, 2002：162.

142 一般来说，到十七岁左右，正式的 liberal education 已经完成。从这个角度将，古罗马的 liberal education 主要是针对青少年时期的教育。

143 塞涅卡并不是尼禄的哲学教师。参见 Mark Morford. *The Roman philosophers: from the time of Cato the Censor to the death of Marcus Aurelius*, New York ：Routledge, 2002：162.

哲学，是因为她认为塞涅卡所秉持的哲学信条——如自制、容忍——对于未来的皇帝不利。不过，尼禄也很可能从塞涅卡那里间接学习了斯多葛学派的哲学[144]。同时负责尼禄教育的还有阿弗拉尼乌斯·布勒斯（Afranius Burrus），主授军事谋略。

在尼禄执政初期，塞涅卡深受器重，扮演着国师的角色。然而，羽翼丰满之后的尼禄变得越来越荒淫无道，塞涅卡也渐渐地不获信任。公元 65 年，卡尔普尔尼乌斯·披索密谋行刺尼禄未果，塞涅卡虽未参与，但受到牵连，被尼禄赐死，最后自杀身亡。塞涅卡是一位多才多艺的作家，除了大量的哲学作品、书简之外，他还创作了一些悲剧。塞涅卡对自然哲学亦有浓厚兴趣，存世著作有《自然问题》。塞涅卡还是一个很优秀的雄辩家，尼禄的几篇重要的演讲辞都出自他的手笔，遗憾的是，所有的演说词均已佚失[145]。

## 2.1 "自由人技艺"（artes liberales）与"通育"（enkuklios paideia）

塞涅卡在博雅教育思想史上的地位主要源自他所写的一封回答友人关于"自由人普通学科"（Studia liberalia）问题的书信，即著名的第 88 封书信。这封书信是写给一位名叫鲁西里乌斯（Lucilius）的人的。塞涅卡与鲁西里乌斯经常通信，两者的关系可谓亦师亦友，但总的来说，塞涅卡充当老师的角色，在通信中尤其如此。因此，第 88 封书信可以作为一份典型的教育学文献来阅读。在这封书信中，鲁西里乌斯问及塞涅卡对于古罗马"自由人普通学科"（artes liberales）的看法，塞涅卡在回信中非常耐心地阐述了他对"自由人普通学科"的见解，其细致、深入的程度，惟有纽曼《大学的理念》一书可以与之相比。因此，这份文献在思想史上具有无法替代的意义，值得大段摘引：

> "你想知道我对自由人学科的态度。我对任何以赚钱为目的的学问毫无敬意。对我来说，这些知识一文不值。这些学问涉嫌自我推销、待价而沽，其唯一价值仅在于也许有助于开发心智，但前提

---

144 Enid Rifner Parker. "The Education of Heirs in the Julio-Claudian Family". *The American Journal of Philology*, Vol. 67, No. 1. （1946），pp. 29-50.

145 George Alexander Kennedy. *A new history of classical rhetoric*, Princeton, N.J.: Princeton University Press, 1994：177.

是仅作为一时的目标而不会使人全然忘记其他。惟有当我们的心智能力不足以处理更高级的事物时，才应将时间花在这些学科上面。它们只是基本训练，并非学问之堂奥。自由人学科之所以被称为是自由的，道理很明显：因为它们被认为是值得自由人去学习的（quare liberalia studia dicta sint, vides: quia homine libero digna sunt）。不过，事实上，惟有一门自由学科是名副其实的自由学科，因为它使人自由（Ceterum unum studium vere liberale est quod liberum facit）——这门学问就是对智慧的追求。对智慧的追求是高尚的理想，它坚定无畏，精义入神，所有其他的学问和它相比都平庸不堪、微不足道。"146

在这封书信中，塞涅卡一开始给 Studia liberalia 下了一个相当传统的定义，即它们之所以被称为"自由"学科，是因为它们符合自由人的身份，这个定义相当中规中矩。随后，塞涅卡引用了哲学家伯西多纽斯147对知识和技艺的分类，根据他的转述，伯西多纽斯将技艺分成以下四类：

（1）粗鄙和奴性的（Vulgares et sordidae）的技艺，主要包括手艺人的一些体力技艺，其目的是为了满足人类的物质生活需要。这些技艺的局限性在于不具备道德的价值。

（2）娱乐的（ludicrae）技艺，这些技艺的目的是为了耳目之娱，戏剧即属于此类技艺。这些技艺的局限性在于它们并不了解产生愉悦的原因。

（3）儿童的（pueriles）技艺，即希腊人称之为"日常的"（εγκυκλιοι, egkuklios）而罗马人称之为"liberales"的技艺，其局限性是：它们并不能引导人们直接通往德性。

---

146 Lucius Annaeus Seneca. *Letters from a Stoic.* Harmondsworth: Penguin, 1969：151.

147 伯西多纽斯（Posidonius, 135 B.C.-51 B.C）是希腊人，中期斯多葛学派最杰出的代表人物，大约于公元前135年诞生于叙利亚城（syrian city），后在雅典追随帕奈提乌（Panaetius）学习哲学，其后定居罗德岛（Rhodes），在此设帐授徒，教授哲学，西塞罗曾到罗德岛在其门下学习哲学。很多同时代的人都认为他是当时最博学的人，除了哲学之外，伯氏还精通天文学、气象学、数学、地理学、地震学、历史、植物学、生物学等。作为一个哲学家，伯西多纽斯对古罗马的政局也有一定的影响，是庞培的支持者。伯西多纽斯的著作已失传。Mark Morford. *The Roman philosophers: from the time of Cato the Censor to the death of Marcus Aurelius*, New York : Routledge, 2002：28.

（4）liberales（eleutherai，ελενθεραι）的技艺，这些技艺所关涉的是德性。塞涅卡补充说，他更倾向于称这些技艺为"自由的"（liberae）的技艺。[148]

在伯西多纽斯的技艺分类中，四种技艺由低到高依次是鄙俗技艺（artes vulgares）、娱乐技艺（artes ludicrae）、儿童技艺（artes pueriles）、"自由"技艺（artes liberales，technai eleutherai）。显然，在伯西多纽斯这里，"自由"技艺（artes liberales）地位最高，它实质指的是哲学本身。[149]

而根据塞涅卡的说法，在伯西多纽斯的技艺分类中处于第二位的"儿童技艺"事实上相当于罗马人所说的"自由人技艺"（artes liberales）和古希腊人所说的"通艺"（Enkuklios technai，τεχναι εγκυκλιος）：

"希腊人称之为'日常的'（εγκυκλιος）而罗马人称之为'liberales'"（which the Greeks call εγκυκλιος and The Romans *Liberales*）的技艺。[150]（Pueriles sunt et aliquid habentes liberalibus simile hae artes quas εγκυκλιος Graeci, nostril autem liberales vocant.）[151]

自由人技艺（artes liberales）和通育（enkuklios paideia）这两个概念的关系是困扰西方学界长达一个世纪的难题。很多西方学者都认为，拉丁文"自由人技艺"源自希腊文"通育"，但没有哪一位学者为此提供过有力的证据。

布鲁斯·金博尔强烈反对将"自由人技艺"追溯至古希腊词"通育"。他反驳说，如果真如公元三世纪的第欧根尼·拉尔修在《名哲言行录》中所说

148 Seneca, Lucius Annaeus. *Ad Lucilium epistulae morales*, London: W. Heinemann, 1918-1925：362；Posidonius. *Posidonius: v. 2. The commentary. I. Testimonia and fragments 1-149. II. Fragments 150-293*, Cambridge; New York: Cambridge University Press, 2004：360.

149 Posidonius. *Posidonius: v. 2. The commentary. I. Testimonia and fragments 1-149. II. Fragments 150-293*, Cambridge; New York: Cambridge University Press, 2004：360：362.

150 Aubrey Gwynn. *Roman education from Cicero to Quintilian*.Oxford: Clarendon Press, 1926：178;原文如下：Pueriles sunt et aliquid habentes liberalibus simile hae artes quas εγκυκλιος Graeci, nostril autem liberales vocant. 参见 Seneca, Lucius Annaeus. *Ad Lucilium epistulae morales*, 1965：318。

151 Lucius Seneca. *Ad Lucilium epistulae morales*, Oxonii: E. Typographeo Clarendoniano, 1965：318；这里的论述还参考了 Lausberg, Heinrich. *Handbook of literary rhetoric: a foundation for literary study*, Leiden; Boston: Brill, 1998：9.

的那样，"通育"（enkuklios paideia）一词在公元前 5 至 3 世纪就已经在古希腊流行，那么，为何古希腊时代的哲学家、智者派、雄辩家没有将 enkuklios 和 paideia 连在一起使用呢？为什么我们所能找到的最早使用"通育"一词的例子是古罗马时代的维特鲁威和昆体良呢？[152]他认为，西方学者之所以将"自由人技艺"追溯至古希腊的"通育"，是因为他们试图寻找"通识教育"一词在古代的对应物。[153]

笔者同意金博尔的看法，即"自由人技艺"和"通育"这两个概念在语义上并不对等："无论如何，enkuklios paideia 不能从字面上翻译为 artes liberales"[154]，前者强调教育的"通"与"博"，后者强调教育与身份之间的联系。

尽管如此，这并不意味着"自由人技艺"和"通育"不能成为同义词。恰恰相反，塞涅卡的这段话传达了一个非常重要的信息：在他的时代，自由人技艺（artes liberales）和通育（enkuklios paideia）的含义是相通的。换言之，liberales 和 Pueriles 及希腊词 egkuklios 是相通的：Studia liberalia= artes liberales= enkuklios paideia= artes pueriles。这是将"自由人技艺"追溯至"通育"最有力的一个证据，遗憾的是，布鲁斯·金博尔并没有注意到这个证据。

另外的旁证是，昆体良在《雄辩术原理》中同时使用了"自由人技艺"（artes liberales）和"通育"（enkuklios paideia）这两个术语，而且，他用另一个拉丁词"通科"（Orbis doctrinae）来翻译希腊词"通育"，并将哲学和修辞学排除出"通科"的范围，可见"通科"是通识性的常规课程[155]。因此，严格地讲，在塞涅卡这里，Studia liberalia（artes liberales）指的是适合于自由民子弟或贵族子弟的学科或技艺，而不是笼统的"适合于自由民的学科"，因为后者显然应该还包括军事谋略、哲学等专业性的高深学问。无论是学习文法、修辞、几何、天文等基础学科，抑或探索哲学，思考人生，均需要闲暇，古罗马人贵族通常将自己的闲暇时间分为两部分，即青少年时期和公务之余，青少年时期适合学习一些基础性的训练心智的学科，以便日后

---

152  Kimball, Bruce. *Orators & philosophers*，New York: College Entrance Examination Board ,1986：22.

153  见 Bruce Kimball 与笔者的个人邮件。2007 年 4 月。

154  Bruce Kimball，New York: The College Board, 1995：15.

155  Teresa Morgan. *Literate Education in the Hellenistic and Roman Worlds*，New York：Cambridge University Press，1998：35.

研究哲学（道德哲学、自然哲学等）、军事谋略等高深学问。这就解释了塞涅卡为什么将文法、几何、天文、音乐等自由民基础学科视为儿童技艺（artes pueriles）。

在拉丁语中，liber 除了"书本"、"自由人"之外，还有"儿童"的语义。Liberos（自由人）阳性复数形式 liberi 指孩子们、子孙后代。[156]除此之外，在古罗马，一般来说，所谓自由人教育，首先指的是针对自由民儿童的教育。所有这些都指向一个结论，即塞涅卡时代的 Studia liberalia（或 artes liberales）指适合于自由民青少年儿童的学科或技艺。只有这样，才能解释塞涅卡对于古罗马人所说的"artes liberales"的不屑态度："以前学过的这种东西就算了，现在可别再学了"。[157]

## 2.2　"以前学过的这种东西就算了，现在可别再学了"

下面接着分析塞涅卡对"自由人通科"（Studia liberalia）的论述。塞涅卡在信中提到的自由民通科主要有文法（除了对音节、词汇的研究之外，包括对历史和诗歌的研究）、音乐、天文、几何学等。

亚里士多德在《政治学》一书中将绘画列为自由人的基础课程，而塞涅卡在信中指出雕塑和绘画不能列为自由人通科，其理由在于它们为奢侈服务。塞涅卡对雕塑和绘画的态度值得玩味，根据苏埃托尼乌斯的记载，塞涅卡的学生、暴君尼禄天性喜好绘画和雕塑。尼禄对这两者的爱好，甚至超过对修辞学的爱好[158]。塞涅卡在贬斥绘画与雕塑时，是否联想到了尼禄的这两样嗜好，我们不得而知。不过，总的来说，认为绘画不符合生来自由人的身份，这似乎是罗马人的普遍看法。普林尼在《自然史》一书中也说到，绘画艺术"不适宜于绅士的手"[159]。罗马人对绘画的贬斥态度，使得这门学科的地位

---

156　Hanna Fenichel Pitkin. *Are Freedom and Liberty Twins?*[J] *Political Theory*, Vol. 16, No. 4. （Nov., 1988），pp. 523-552.

157　（古罗马）塞涅卡. 面包里的幸福人生. 西安：陕西师范大学出版社，2003：178；Studia liberalia 是指那些适合于自由民儿童的学科或技艺，这种理解在塞涅卡之后一直非常盛行。例如，在《论基督教教义》一书中，奥古斯丁说，基督徒一旦成年之后就不必学习文法、修辞等技艺了。（De doctrina Christiana, book 4, 3）

158　Enid Rifner Parker. "The Education of Heirs in the Julio-Claudian Family". *The American Journal of Philology*, Vol. 67, No. 1. （1946），pp. 29-50.

159　普林尼.自然史.35.20. 转引自 Eva Keuls. "Plato on Painting".*The American Journal of Philology*, Vol. 95, No. 2. （Summer, 1974），pp. 100-127.

一直很低，一直到文艺复兴时期，绘画的地位才逐渐提高，重新回到自由人学科/绅士学科的行列。

对于瓦罗在《学科九书》中提到的医学，塞涅卡在这封书信中只字未提。但在《道德书简》第九十五封书信中，塞涅卡指出医学是"最符合自由人身份"（liberalissimae）的一门技艺。[160]

让人吃惊的倒是，塞涅卡在该信中几乎没有片言只语道及修辞学。在古罗马，修辞学一向被视为最高尚的学科，在一百年前的西塞罗那里，修辞学享有至高无上的地位；塞涅卡的父亲是当时非常有名的修辞学家，兄弟三人，塞涅卡居中，除他之外，另外两人均以修辞学为业；作为尼禄的帝王师，塞涅卡所教授的科目也恰恰是修辞学。考虑到这一点，西塞罗对修辞学的忽略是相当令人寻味的，值得深入考察。

一个合理的解释是，到塞涅卡的年代，由于古罗马从共和转向帝制，修辞学在政治公共领域的地位急剧下降。从前属于国务政治家，在广场和元老院大展雄姿的修辞学现在退隐到了法庭这个狭窄的角落。在罗马帝国早期，法律事务有所增加[161]，修辞学教育事实上是培养律师。刑事法庭（quaestiones perpetuae）、民事法庭和司法法庭都需要辩护律师，而且辩护律师收入颇丰。但在帝国时期，律师极不自由，动辄得咎。尤其是在刑事法庭中，每逢大案，皇帝或大臣通常会予以关注，甚至出庭旁听。即便是很有才华的雄辩家，也不敢轻易充当辩护人。司法法庭是当时最兴旺发达的一个领域，但所处理的大多是遗嘱争议、监护权、奴隶身份等琐屑的法律事务。塔西佗说，在共和时期，没有任何一个著名的雄辩家是靠这个出名的。[162]因此，总体来说，修辞学在塞涅卡时代已经江河日下，人们对修辞学的兴趣大打折扣，不少人纷纷更换门庭，放弃修辞学，投靠正如日中天的斯多葛派哲学。

---

160 （Adice nunc, quod artes quoque plerasque, immo ex omnibus liberalissimae habent decreta sua, non tantum precepta, sicut medicina）Epistulae Morales XCV.9. 转引自 Brian Lawn. *The Rise and Decline of the Scholastic Quaestio Disputata*，Leiden：Brill，1993：18

161 E.P.Parks. The Roman rhetorical schools as a preparation for the courts under the early empire，Baltimore，Johns Hopkins Press，1945：56-60.

162 参见 E.P.Parks. *The Roman rhetorical schools as a preparation for the courts under the early empire*，Baltimore，Johns Hopkins Press，1945.

这样，加上塞涅卡在第 95 封书信中所提到的医学，他所列举的自由人普通学科包括文法、几何、天文、音乐和医学。而对于这几门学科，塞涅卡的态度有所保留，甚至极力贬低。塞涅卡对这些知识门类的攻击主要有两点。第一，这些知识"涉嫌自我推销、待价而沽"，因此也涉嫌"以赚钱为目的"。在古罗马，文法、几何、医学等自由人学科教师的收入非常之高，塞涅卡所批评的可能就是这一点；其次，在他看来，文法、音乐、几何、天文等传统的自由人学科只是通识性的、基础性的，"它们只是基本训练，并非学问之堂奥"，智者应该只在心智尚未成熟的青少年时期学习这些学科。

尽管塞涅卡赋予文法、几何、天文、音乐等自由人通科的地位比较低，但这些学科依然被认为是"符合自由人身份"的，因此高于其他"鄙俗的"技艺。绘画、雕塑因为与奢侈的联系，不符合自由人的身份而被排除在外。香脂商、厨子都是拥有一"技"之长的人，但这些技艺同样与自由人的身份不符。存在于亚里士多德、西塞罗那里的自由人技艺与卑贱技艺之间的两分法依然顽固地存在着。

塞涅卡并没有完全否定自由人通科（文法、音乐、天文、几何）的价值，虽然研习此类学科并不能直接培养美德，但通过学习这些课程，学生的心智得到了锻炼，从而为他们获取美德铺平了道路。尽管如此，文法、几何、算术等所谓的自由人普通学科并非终极目的，他们不能使人获得精神的自由："以前学过的这种东西就算了，现在可别再学了"（Non discere debemus ista, sed didicisse）。

## 2.3 真正"自由"的教育

在否定几何、天文、音乐等学科可以使人自由后，塞涅卡指出了一条通往"真正的自由"的道路，即对美德的追求。唯一的自由学问是对智慧的追求——即哲学，因为惟有对智慧的追求才能"使人自由"。关于美德的知识——或者说，使人能够获得道德上的自制，无所畏惧，无所欲求的知识——恰恰是最为重要的知识。缺乏了这种知识，其他所有的知识将一文不值。关于美德的知识是真正的智慧，是真正自由的技艺。然而，智慧并非与生俱来的，每个人都是"经过学习而变得智慧的"，而且"每一个时代只有最少数的人才能成就智慧"[163]。智慧正是道德哲学所寻求的东西："它是一种正确的理解，

---

163　（古罗马）塞涅卡. 强者的温柔：塞涅卡伦理文选，北京：中国社会科学出版社，
　　2005：35.

是辨别善恶和选择取舍的能力，是一种根据事物的价值而不是共同的意见所作的判断。"[164]依照这种理解，智慧主要是指导人们生活、使人做出善恶判断的知识。智慧不是文法学家、几何学家、天文学家所拥有的那些具体的知识，而是一种高居其上的洞察力和判断力。值得注意的是，塞涅卡对智慧的理解体现了反对书本权威的批判性精神。智慧不能仅仅从书本中获得："智慧并不是躺在书本里的"[165]。

智慧是关于美德的知识，这种知识解放心灵并使心灵获得自由。塞涅卡所理解的美德，主要是斯多葛学派所推崇的美德，如勇敢、忠诚、节制、仁慈、从容超脱、谦虚、节约，等等。塞涅卡指出，所有这些美德都不可能通过自由人通科的学习来获得。从容超脱的人"在所有财产都失去后还能笑容常驻"[166]，这种美德是几何学家所无法传授的。只有对美德的追求才能使人实现自由。

那么，什么是自由（libertas）呢？在塞涅卡看来，一个真正自由的人，不仅要具有自由的出身，而且，更重要的，要善于控制愤怒、嫉妒等破坏性的激情，成为自己的主人：

> "一个人如果是自己的愤怒的俘虏，那他就并不强大……甚至不能被称为自由的。"[167]

成为一个真正自由的人，完全取决于"自我"。自我是一切烦恼、愤怒、嫉妒的来源，屏除自我的诸多欲念，人便能获得彻底的自由。塞涅卡主张缓和自由人和奴隶之间的冲突，强调自由人应具有博爱、仁慈之心，视奴隶为人类，而非动物。相对于亚里士多德的奴隶观，塞涅卡的奴隶观更具有人道主义的色彩，他的"宇宙公民"理论更是前所未有的勇敢突破。不过，正如马修·罗勒所指出的那样，"自由人通科"在塞涅卡这里依然带有贵族色彩。尽管奴隶也可能在精神上是一个自由的人，但只有少数的贵族能够实践德性的要求，遵循哲学的道路，获取精神的自由。这些德性的贵族不仅相对于奴

---

164 Seneca, Lucius Annaeus. *The morals of Seneca: a selection of his prose* 1888：6.转引自张静蓉. 超凡脱俗的个体自觉：塞涅卡伦理思想研究, 杭州：杭州出版社, 2001：63-64.

165 （古罗马）塞涅卡. 面包里的幸福人生. 西安：陕西师范大学出版社，2003：188.

166 （古罗马）塞涅卡. 面包里的幸福人生. 西安：陕西师范大学出版社，2003：182.

167 （古罗马）塞涅卡. 强者的温柔：塞涅卡伦理文选. 北京：中国社会科学出版社，2005：64.

隶和平民是自由的，而且他比专制的暴君更加自由，他们才是自己真正的主人[168]。

与西塞罗相比，塞涅卡的自由人教育学说已经开始偏离正统路线。首先，塞涅卡对奴隶制度的看法和以亚里士多德为代表的传统不同。塞涅卡承认"奴隶是人"[169]，奴隶和自由人"来自同一祖先"[170]，主张缓和自由人与奴隶之间的对立，以友善的态度对待奴隶，并认为奴隶起码可以在精神上成为一个自由的人，奴隶"可以有自由人的精神"[171]，"奴隶制只有一种，但不受奴隶思想影响的人都是自由人。"[172]相反，那些具有自由身份的自由人，事实上也是"奴隶"："请你给我指出一个不是奴隶的人来看，你指出来的人，将不是性欲的奴隶，就是金钱的奴隶，或者是野心的奴隶。他们又都是希望或恐惧的奴隶"[173]。

如果说，西塞罗的教育理想人格是雄辩家的话，塞涅卡的教育理想人格则是一位无忧无喜，淡然面对一切暴风雨，能够掌握命运之舵，能够慨然赴死的"智者"（vir sapiens），对这样一位智者来说，只有哲学才是真正自由的，才是"自由的技艺"，才能使一个人成为真正的"自由人"（homo liber）。

塞涅卡的这封书信没有提到修辞学，这也从一个侧面反映了古罗马哲学教育和修辞学教育之间的冲突。如果说，西塞罗是以雄辩家自命的话，那么，塞涅卡则毫不含糊地宣称自己的使命是哲学，而非修辞学，

> "真正拯救了我的，是我对斯多葛的研究。我能够离开病床，恢复健康，这都归功于哲学。我要把一生都献给哲学——这是我对它的最起码的义务。[174]"

对塞涅卡来说，真正的"自由"教育是哲学教育，尤其是道德哲学的教育："服膺哲学本身就是自由"[175]。

---

168 Matthew B. Roller. *Constructing autocracy: aristocrats and emperors in Julio-Claudian Rome*. Princeton: Princeton University Press, 2001：285.
169 （古罗马）塞涅卡. 面包里的幸福人生. 西安：陕西师范大学出版社，2003：91.
170 （古罗马）塞涅卡. 面包里的幸福人生. 西安：陕西师范大学出版社，2003：94.
171 （古罗马）塞涅卡. 面包里的幸福人生. 西安：陕西师范大学出版社，2003：96.
172 （古罗马）塞涅卡. 面包里的幸福人生. 西安：陕西师范大学出版社，2003：69.
173 （古罗马）塞涅卡. 面包里的幸福人生. 西安：陕西师范大学出版社，2003：96.
174 （古罗马）塞涅卡. 面包里的幸福人生. 西安：陕西师范大学出版社，2003：152.
175 （古罗马）塞涅卡. 面包里的幸福人生. 西安：陕西师范大学出版社，2003：22.

## 2.4 哲学与自由

尽管古罗马的自由人教育以修辞学或雄辩术为主，但这并不意味着古罗马人完全忽略哲学教育。比如奥古斯都在年轻时接受了非常全面的雄辩术教育和军事教育，但他其中的一位老师是斯多葛学派的哲学家。台比留在即帝位前，曾在罗德岛长住达七年之久，期间经常在罗德岛的哲学学校中听课，并积极参加哲学讨论。[176]在罗马帝国中，当时最为优秀的知识分子所接受的教育体现了"哲学与修辞学的结合"，公元2世纪的语法学者格利乌斯[177]在其著作中提到过五位老师的名字，一位是文法学家，两位是修辞学家，还有两位是哲学家，其中罗马哲学家法沃里努斯对他影响尤为深刻[178]，格利乌斯离开修辞学学校后，即跟随法沃里努斯学习，并终身奉之为师[179]。

正如福柯所观察到的那样，在古罗马，哲学家主要不再以类似于古希腊哲学学校的形式，而是以私人顾问的形式发挥作用。古罗马的很多著名人物都有自己的私人哲学顾问。和西塞罗同时代的政治家加图在自杀之前，陪伴他的就是两位哲学家，一个是斯多葛派的，一个是逍遥派的。加图在临死之前重申了斯多葛派的教导："只有好人是自由的"[180]。在两位哲学家离开后，加图在清晨结束了自己的生命。马克·莫福德评论说，"加图之死是建立在斯多葛派哲学信条之上的公共行为"[181]。

因此，在古罗马，哲学是和生活紧密地联系在一起的。一个哲学家关心的不是普遍的问题，而是自认为某一学派的门徒，因此有柏拉图主义者、毕达哥拉斯主义者、伊壁鸠鲁主义者的区分。哲学并不是学校课程的一部分，而是吸引贵族阶层业余爱好者的高级学问。成为一个哲学家意味着按照某一个哲学学派的信条去生活，甚至为哲学而死，哲学完全和生活融为一体。在塞涅卡那里，对哲学教导的信从甚至体现在"不吃蘑菇和牡蛎"、"不使用香

---

176 Enid Rifner Parker. "The Education of Heirs in the Julio-Claudian Family". *The American Journal of Philology*, Vol. 67, No. 1. （1946），pp. 29-50.

177 （Aulus Gellius, 117-180）。

178 Leofranc Holford-Strevens. *Aulus Gellius: An Antonine Scholar and His Achievement*, Oxford University Press，2003：83.

179 Leofranc Holford-Strevens. *Aulus Gellius: An Antonine Scholar and His Achievement*, Oxford University Press，2003：98.

180 Mark Morford. *The Roman philosophers*, New York：Routledge,2002：49

181 Mark Morford. *The Roman philosophers*, New York：Routledge, 2002：49.

脂"[182]这样具体而微的生活细节之中。在古罗马帝国中，哲学的角色有些类似于今天的宗教。和今天一样，古代哲学也有一整套对于自然、世界的看法，有一种形而上学的预设，但从根本上说，哲学是一种生活的艺术，一种智慧[183]。这种智慧并不能通过学校等正式教育机构来获得，而是需要自身的精神修炼，它所追求的并非外在化的知识，而是与个人道德品性有关的"自我知识"。

　　上面已经指出，使人自由的智慧主要指道德哲学所教导的智慧，但塞涅卡同时也指出，对自然哲学的研究也有利于道德的自我提升。塞涅卡对自然哲学怀有浓厚的兴趣，曾写过一本论地震的著作（现已佚失），存世著作有《自然问题》。在第 65 封书信结尾的地方，塞涅卡曾提到鲁西里乌斯批评他过度沉湎于自然哲学的研究。面对鲁西里乌斯的批评，塞涅卡回应说，

　　　　"你不能阻止我学习万物的本性，或者宇宙及其创造者的本源，
　　宇宙论的奥秘、光与火的起源，灵魂在肉体死后的寄存之所等这些
　　问题。这些都是与人类精神相配的高尚的研究，因为这些研究使人
　　从肉体的牢狱中解放出来，去沉思宇宙和神。[184]"

　　在塞涅卡看来，研究自然现象之原因的自然哲学有资格成为哲学的一部分，而专注于计算、测量的数学科学却"并非哲学的一部分"[185]。研究自然现象之原因的是"智者"（sapiens），也就是哲学家，而研究计算、测量的人只能算是数学家。但是，并非所有对于自然的研究都能"使人从肉体的牢狱中解放出来，去沉思宇宙和神"。即便同是对自然的研究，智者和天文学家的处理方式也有不同。智者探讨天体持续存在的规律、灵魂的本质，天文学家研究的是天体运动的轨道，等等。只有智者对自然的研究才能称为自然哲学。

　　哲学的根本目的仍然是道德提升，而非"致知"。知识必须服务于德性，因此，否认知识的可能性或者毫无节制地追求知识，这两种极端都是错误的。"试图超越需要的尺度去知道更多的东西，这是放纵的表现"[186]。毫无节制地追求琐屑的知识使人呆板、自满、罗嗦。塞涅卡以文法学家狄迪莫斯为例

182　（古罗马）塞涅卡. 面包里的幸福人生. 西安：陕西师范大学出版社，2003：253.
183　Paul Veyne. *Seneca: The Life of a Stoic*, New York：Routledge,2003, Pviii.
184　Mark Morford. *The Roman philosophers*, New York：Routledge,2002：176.
185　Seneca, Lucius Annaeus. *Ad Lucilium epistulae morales* London: W. Heinemann, 1918-1925.：365.
186　Seneca, Lucius Annaeus. *Ad Lucilium epistulae morales*. London: W. Heinemann, 1918-1925.：372.

来说明这个问题。这位文法学家一生写了四千本著作，但他研究的都是荷马在什么地方出生、谁是埃涅阿斯的母亲、萨福是不是一个生活放荡的女人等在塞涅卡看来极端琐屑无聊、无关德性的问题。[187]另外一种极端是否认知识的可能性，普罗泰戈拉、巴门尼德、新学园派就犯了这种错误。新学园派的错误还在于，他们的怀疑主义事实上是试图引入一种新的知识领域，即"非知识"[188]。好奇心的过度膨胀和极端的怀疑主义其实是一丘之貉，都是缺乏理论自制的表现。

我们看到，在西塞罗那里，"自由人技艺"尤其是雄辩术或多或少是与作为政治自由的共和体制联系在一起的；在塞涅卡那里，自由人技艺则与精神自由建立了内在的关联（虽然塞涅卡对"自由人技艺"的定义与西塞罗有所不同）。精神自由和政治自由的关联很难从文献中获证。不过，这两种自由的共同点是，它们都是属于少数精英的特权，都是使自由人区别于奴隶的特征：

> "罗马人争取政治自由的努力，和他们通过斯多亚哲学争取精神自由的努力是同一个过程的两个方面。两种努力都是为了获得一种不同于奴隶的、高贵的生活方式，其实就是对柏拉图那里的德性生活的一种发展"[189]。

## 2.5 第88封书信的思想史意义与历史影响

塞涅卡是一个很有争议性的人物。人们对他的一个普遍指责是，他自己的生活完全背离了自身所提倡的哲学信条。他鄙视金钱，但却富可敌国。在《论上帝之城》一书中，奥古斯丁这样讥讽塞涅卡，塞涅卡著作中所倡导的"自由"在他自己的生活中完全付之阙如，并指责他比所有的演员都要"伪善"。

在很长一段时间内，塞涅卡曾被认为是"基督教教义的哲学家和基督教的隐秘支持者"[190]，文艺复兴时期的一些人文主义者甚至认为塞涅卡是圣保

---

187 Seneca, Lucius Annaeus. *Ad Lucilium epistulae morales* . London: W. Heinemann, 1918-1925.：373.

188 Seneca, Lucius Annaeus. *Ad Lucilium epistulae morales*. London: W. Heinemann, 1918-1925.：376.

189 吴飞.自杀与美好生活.上海：上海三联书店， 2007：57.

190 Peter Stacey. *Roman Monarchy and the Renaissance Prince* , Cambridge: Cambridge University Press, 2007，p.175.传统上认为圣徒保罗受塞涅卡影响很大，但 J.N.Sevenster 指出两者的思想具有根本的差异性。参见 J.N.Sevenster. *Paul and Seneca*, Leiden: Brill, 1961.

罗的朋友，"应该被列入圣徒的行列"[191]。第 88 封书信在中世纪以《关于七
种自由艺术的通信》为名流传于世。在中世纪及文艺复兴时期，塞涅卡关于
"自由人普通学科"的论述并没有被遗忘。公元 14 世纪时，还有人伪托塞涅
卡写了一篇题为《自由七艺》的文章[192]。大体而言，塞涅卡的影响可以归结
为以下几个方面：

首先，尽管"自由人技艺"（artes liberales）这个术语在塞涅卡之前已经
广为流行，但瓦罗、西塞罗等人并没有对这个术语本身进行明确的定义和解
释，塞涅卡是古典时期唯一一位对"自由人技艺"这个"概念本身"进行详
细阐述的作家，他的第 88 封书信深刻地影响了后世学者对"自由人技艺"的
理解。美国学者拉非・哈比比即指出，塞涅卡的第 88 封书信是古代"自由人
技艺"思想"最著名的论述"[193]。纽曼在《大学的理念》一书中说到，"健身
学校对莱克格斯是一种自由的训练，对塞涅卡而言却不自由"[194]，这一观点
正是塞涅卡在第 88 封书信中所表达的观点。在 1859 年所写的另一篇文章中，
纽曼再一次谈到了塞涅卡的第 88 封书信："塞涅卡谈到了他那个时代的文法、
音乐、几何和天文学，虽然他并不是那么推崇这些学科。[195]"

其次，塞涅卡影响了后世教育家对教育理想人格——自由人和绅士——
的定义。塞涅卡著作中所倡导的人道主义关怀意识、仁慈、自我节制等思想
深刻影响了十七世纪的理想"绅士"形象。[196]。

第三，塞涅卡的这封书信明确地将自由人教育和精神自由、内在自由联
系起来，这种理解后来又为中世纪、文艺复兴和十八世纪的思想家所继承，
由塞涅卡开始，自由人教育与精神自由之间的关联成为自由人教育思想史的

---

191 Peter Stacey. *Roman Monarchy and the Renaissance Prince*, Cambridge: Cambridge University Press, 2007：175.

192 Linne R. Mooney. "A Middle English Text on the Seven Liberal Arts".*Speculum*, Vol. 68, No. 4.（Oct., 1993），pp. 1027-1052.

193 Rafey Habib. *A history of literary criticism: from Plato to the present*, Wiley-Blackwell, 2005：170.

194 Newman, John Henry. *The idea of a university defined and illustrated*, London, England: Routledge/Thoemmes Press, 1994：109-111.

195 John Henry Newman. *The Benedictine Centuries*. The Atlantis. London, Dublin, 1859, vol.2, January-July: 1-43.

196 W. Lee Ustick. Changing Ideals of Aristocratic Character and Conduct in Seventeenth-Century England. *Modern Philology*, Vol. 30, No. 2.（Nov., 1932），pp. 147-166.

主线索之一。十五世纪著名的人文主义教育家皮尔·韦杰里奥区分了普通的自由人学科和哲学，指出"其他的技艺被称为自由的，是因为他们适合于自由人，哲学之所以是自由的，是因为它使人自由（free）"[197]，这几乎是复述了塞涅卡的原话。英国戏剧的奠基人托马斯·洛奇（1558-1625）在为诗歌辩护时也引用塞涅卡，指出学习诗歌能够为儿童理解智慧打下基础，儿童通过接受知识成为自由人（homines liberi），也即哲人（philosophye）[198]。18世纪博雅教育的主要阐述者维塞斯莫·诺克斯在其著作《博雅教育》中多处引用塞涅卡的话，并特别引用了第88封书信中阐释自由人通科的那一段话，以证明知识和德性不能割离[199]。

第四，正如伯西多纽斯残篇的编撰者所指出的那样，第88封书信的主要目的是将"哲学与善"和"一般的知识及学问"区分开来[200]，即将真正自由的技艺（即哲学，对智慧的追求）和一般的自由人通科（几何、文法、天文、音乐等）区分开来。塞涅卡认为自由人通科（文法、几何、天文、音乐）并非德性本身，它们只能为德性铺平道路，只有哲学才是唯一真正"自由"的技艺。这种理解对后世影响颇为深刻。

第五，作为一位伟大的道德哲学家，塞涅卡的著作在西方教育课程史上留下了浓重的一笔。在文艺复兴时期，塞涅卡的《道德书简》曾被誉为"古典时期最伟大的道德哲学家的著作"[201]，并在当时的大学课堂中广为流行。1614年，托马斯·洛奇将塞涅卡的著作翻译成英文，在十七世纪英国的《品行指南书籍》中，塞涅卡被引用的次数仅次于西塞罗。

最后，而且也是最重要的，塞涅卡提出了一种不同于传统的自由人教育理论。在塞涅卡的时代，存在着两种不同的对于自由人教育的理解，这两种

---

197 （Ceterae quidem enim artium "liberales" dicuntur quia liberos homines deceant; philosophia vero idcirco est liberalis quod eius studium liberos homines efficit）Peter Stacey. *Roman Monarchy and the Renaissance Prince*, Cambridge: Cambridge University Press, 2007：169.

198 Tanya Pollard. *Shakespeare's Theater: A Sourcebook*, Oxford: Blackwell, 2004：42.

199 Vicesimus Knox. *Liberal Education*, London: Charles Dilly, 1785 第二卷，p.89

200 Posidonius（前135年-前51年）. *Posidonius: v. 2. The commentary. I. Testimonia and fragments 1-149. II. Fragments 150-293*, Cambridge; New York: Cambridge University Press,2004：359.

201 Peter Stacey. *Roman Monarchy and the Renaissance Prince*, Cambridge; New York: Cambridge University Press, 2007：175.

理解的关键区分在于对“liberalis”一词的不同解释。传统的自由人教育理念认为，liberalis 指“符合生来自由人身份的”，自由人教育是针对特权阶级（生来自由人，上流社会）的教育，这种教育鼓励被教育者遵从传统、信奉习俗，压制批判性的反思，玛莎·纳斯鲍姆称之为“绅士模式的自由教育”；由塞涅卡所代表的新理念则认为，liberalis 主要是一种“理智的自由”，真正使人“自由”的主要不是一个人的出身，而是心灵的自主。人是思想的主人，应当冲破传统和习俗的束缚，自由地探询生活的真理。[202]。塞涅卡秉承苏格拉底的传统，主张“未经省思的生活”毫无意义。人应该拥有自由思想和道德选择的能力。塞涅卡观察到，公共政治生活经常被愤怒、嫉妒、恐惧等非理性的感情所左右。这些感情并非纯粹的生理冲动，它们与思想息息相关，因为它们都建立在某些“信念”之上。为此，人必须进行批判性的思考，冲破习俗之见，挣脱习惯之束缚，以获得“理智的力量和自由”[203]。从这个角度讲，塞涅卡的思想表现出非常鲜明的“现代性”，也正是在这个意义上，玛莎·纳斯鲍姆认为“当代意义”上的“自由”教育观念来自斯多葛学派，尤其来自于塞涅卡。[204]

## 本章小结：自由人教育理论的两种模式

如前所述，所谓 artes liberales，指的是适合于自由人（或绅士）的知识、技艺或职业。所谓的自由人教育，指的是符合自由人（或绅士）身份的、以文法、修辞为中心的教育。在西塞罗那里，教育的理想人格是“雄辩家”，即“一个善于演说的好人”。对西塞罗而言，所谓的自由人教育，指的是对生来自由的青年的教育，这种教育的唯一目的是培养他们成为参与公共事务的雄辩家。

因此，一切知识的合法性来自它与雄辩家培养的关系。相应地，所有的知识围绕“雄辩术”组成一个“知识圈”，雄辩术位于中央。作为雄辩家（律师或国务活动家），罗马人对纯粹抽象的理论几何学了无兴趣，对音乐、舞蹈、

---

202 Martha Nussbaum. *Cultivating humanity*, Cambridge, Mass.: Harvard University Press, 1997：293，297.

203 Martha Nussbaum. *Cultivating humanity*, Cambridge, Mass.: Harvard University Press, 1997：29.

204 Martha Nussbaum. *Cultivating humanity*, Cambridge, Mass.: Harvard University Press, 1997：28.

绘画也燃不起热情，舞蹈甚至被认为是不体面的。与古希腊雅典的教育相比，古罗马的教育已经呈现出狭隘化的特征，它主要是一种"文学性"的教育，文学经典构筑了一个庞大的记忆系统，这一系统负载着文化的意义和内涵，古罗马的教养阶层通过书写、交流、论辩在传递、共享这种意义和内涵，并由此增加整个上层社会的文化凝聚力，提升贵族统治阶层的"士气"。[205]

在古罗马，自由人技艺及其对立面之间的区分主要是"政治性的"，而非"知识性的"、"精神性的"，因此医学、农业、建筑属于自由人技艺的范畴。

在古罗马教育学说中，西塞罗的自由人教育学说是主导性的观念，它将 liberalis 理解为与财富、出身相联系的政治自由，即"适合于生来自由人的"。但塞涅卡在第 88 封书信中引入了一种对于 liberalis 的新的理解，与传统的强调自由人身份的理解不同，他将自由和实践德性、追求哲学智慧结合起来，从而一定程度上缓和了自由人和奴隶之间的阶级对立，这标志着对自由人教育的理解已经开始从"政治自由"转向"精神自由"。

古罗马的自由人教育显然与现代自由主义、进步主义的教育旨趣不同。但这种教育并非与自由完全没有关系，它与自由的联系在于，自由在这里构成了接受自由人教育的一个前提。一般来说，惟有具有自由民身份的人，才有条件接受这种教育（尤其是修辞学教育）。和古希腊一样，在理论上，这种"自由人教育"或"绅士教育"的教育对象是那些拥有闲暇，掌握一定数量的财富，因此能够积极参与政治事务的自由人。因此，接受这种教育的前提是拥有自由的身份和财产权，而教育的最终目的则是进入公共领域。正如马克斯·韦伯所指出的那样，古代的城市是消费的中心，而非生产的中心；奴隶主是"食利者，而非资本家"，经济活动被认为是从属于私人领域的活动，其目的仅仅是为了生产使公共活动得以进行的生活必需品[206]。也正因为如此，手艺人、奴隶所从事的职业、工作、技艺被认为是"卑贱的"，因为他们的活动没有超越必需品的层次，并上升到"自由"而高贵的领域：政治和文化。

---

205 （英）迈克尔·曼. 社会权力的来源（卷一）. 上海：上海人民出版社，2002:89.
206 Arendt, Hannah. *The human condition* . Chicago: University of Chicago Press, 1958：66..

# 第三章　七艺典律的建立与"自由"技艺的基督教化

有些学者认为，中世纪并不存在博雅教育的传统。在中世纪，全人的观念、身心关系的和谐并没有像在古典时期那样占据核心的地位。与古典时代相比，中世纪的教育并不排斥专业教育，相反，医学、神学、法学等职业（专业）在大学中占据主导地位。尽管如此，在西方博雅教育思想史中，中世纪仍然构成了一个不可忽视的阶段，尤其值得关注的是，七艺的典律正是在中世纪正式形成的。

在中世纪，奥古斯丁、阿奎那等神学家依据宗教的原则对古典时期的博雅教育思想进行了改造。在古希腊罗马时代，博雅技艺与城邦政治密不可分，博雅教育的宗旨在于培养能够积极参与公共生活的"真正的自由人"，也就是后世所理解的"绅士"。而在基督教世界中，博雅技艺的合法性建立在宗教的基础之上，它的典型承载者是修道士，而非雄辩家。在崇尚静观生活的基督教时代，博雅技艺被认为是通往精神自由和心灵自由的途径，而 artes liberales 的语义也和"自由"联系在了一起。

## 第一节　"Artes Liberales"的语义学分析

在中世纪，人们特别地将自由技艺与心灵、灵魂联系在一起，如爱留根纳将自由技艺视为"心灵的官能或习惯"，自由技艺能使灵魂走向不朽，因为自由技艺本身是不生不灭的，是永恒的[1]圣维克多的休格指出，"七艺被称为

---

1　Dermot Moran. *The Philosophy of John Scottus Eriugena : a study of idealism in the middle ages*, Cambridge : Cambridge University Press, 2004：40，130.

自由的，或者因为他们需要心灵的参与，而心灵是自由的"。[2]此后，托马斯·阿奎那、威廉·奥卡姆、罗伯特·格罗斯泰斯特（1168-1253）都将七艺和内在自由、心灵自由联系在一起。

托马斯·阿奎关于学科分类的著作就阐述了"技艺"与"心灵自由"之间的关系。在阿奎那看来，人因为灵魂而自由（liber）[3]，人分为肉体和灵魂两个部分，肉体隶属于灵魂，因此与肉体相联系的机械技艺隶属于自由技艺，自由技艺与灵魂相联系，因而是自由的："逻辑学以及数学四科（算术、音乐、几何、天文）……与那些需要手工操作的技艺不同，它们仅仅是心灵的产物，而心灵是自由的根源，因此它们被称为自由技艺。相反，炼金术、医学由于需要手工劳作，所以不属于自由技艺"。[4]换言之，自由技艺之所以是"自由"的，乃是因为它们与人类中自由的部分——心灵——相联系。

当然，并非所有的基督教作家都对自由技艺做出如此正面的评价。和沙里斯伯里的约翰同时代的西多会的杰出僧侣艾黎[5]的话表明严格主义的情感依然是存在的，他说："因此，我主基督在他的学校中既没有教授文法、修辞和辩证法，而是教导谦卑、温顺和正义。而且，我主基督在他的学校中也不教授他们所谓 liberal 的技艺，这些技艺既不**自由**（libere），也不**解放**（liberating），事实上，它们大量教导的是罪恶"[6]。

不过，艾黎的话恰恰也证明了当时的人们是从"自由"（libere）和"解放"（liberating）的角度来理解"artes liberales"的，而且这种理解一直延续至中世纪晚期。十五世纪晚期的一位德国学者将七艺中的几何学称为"高等和自由的技艺"（hohen vñ freyen kunst，high and free art）[7]。在德文中，这一时期的 artes liberales 通译为"自由技艺"（freien Künste）[8]。

---

2 Jerome Taylor. *The Didascalicon of Hugh of St. Victor: a medieval guide to the arts.*, New York : Columbia University Press,1991：75

3 托马斯·阿奎那.神学大全. cf 2a2ae, 122, 4 ad 3.转引自 Saint Thomas Aquinas, W. D. Hughes. S*umma Theologiae: 1a2ae. 55-67*, Cambridge University Press，2006：49.

4 David Wagner. *The Seven liberal arts in the middle Ages.*, Bloomington, Indiana University Press, 1983：252-253

5 艾黎（Ailred Of Rievaulx，1110-1167），中世纪神学家。

6 转引自 Bruce Kimball. *Orators & philosophers,* New York: College Entrance Examination Board: 1986：65.

7 Lon R. Shelby. "The Geometrical Knowledge of Mediaeval Master Masons". *Speculum*, Vol. 47, No. 3.（Jul., 1972），pp. 395-421.

8 从这个角度讲，将中世纪的"artes liberales"译为"自由技艺"、"自由艺术"是

# 第二节　"自由"技艺的基督教化

早期拉丁教会的重要作家大部分来自北非，这个地区的作家并不属于古罗马文明的中心地带，他们大多对古典文化采取敌视的态度，其中德尔图良（160-240）的一句名言最为典型地反映了这种态度，他主张基督教必须与古典文化彻底划清界限："雅典与耶路撒冷有何干？学园与教会有何干？"[9]甚至连精通希腊文和希伯莱文、博学多才的圣杰罗姆（348-420）也强调基督教是"农人和渔夫"的胜利，这些贫贱、愚拙的阶层既不阅读柏拉图，也不知晓亚里士多德，但他们高于古代的哲人和智者[10]。

当然，并非所有的拉丁教父都如此决绝。事实上，那些最杰出的基督教教父（如杰罗姆、奥古斯丁）大部分接受过系统的古典文化教育，都曾迷恋古典文学。总的来说，他们对古典文明的自由技艺[11]抱的是一种爱恨交加的态度。

就博雅教育思想史而言，中世纪早期最重要的人物是圣奥古斯丁[12]，因此已有的大量研究都将聚光灯打在奥古斯丁身上，试图以此清晰地描画古典文化向基督教文化转型的轨迹，绘制古典时代世俗性的自由技艺课程典律如何传递到中世纪的地图。奥古斯丁曾在罗马等地担任修辞学教师，皈依基督教后，他并没有和其他基督教信徒一样完全抛弃世俗的自由技艺，而是在宗教的基础上论证了自由技艺的合法性。在《独语录》、《论基督教教义》等著作中，奥古斯丁指出，自由学科对于了解上帝的真理、解读圣经的箴言都是必不可少的。在《论基督教教义》这本被称为"基督教文化宪章"的著作中，奥古斯丁明确指出"自由技艺"蕴含了一些"非常有用的道德规则"以及一些"有关一神论崇拜的真理"，因此，基督徒为了理解圣经、传达福音，可以

---

比较准确的。P. Gabriel Meier. *Die siehen freien Künste im Mittelater.*（Progr, Einsiedeln, 1886-1887）.

9　"Quid ergo Athenis et Hierosolymis? Quid academiae de ecclesiae？"见 De PraescriptioneHaereticorum7, 9（《基督教作家总集：拉丁部分》（Corpus Christianorum: SeriesLatina）第一册, p. 193.转引自高峰枫.奥古斯丁与维吉尔[J]外国文学评论.2003（3）：81-91.

10　高峰枫.奥古斯丁与维吉尔[J]外国文学评论.2003（3）：81-91.

11　本章统一将 artes libeales 译为"自由技艺"。

12　有关奥古斯丁与自由学科的关系的最新研究，可参见 Doyle, Daniel Edward. *The bishop as disciplinarian in the letters of St. Augustine*, New York：P. Lang, 2002.

正当地利用"自由学科"[13]。

但另一方面，奥古斯丁对自由技艺充满怀疑。公元 394 年，奥古斯丁第一次仔细地阅读了圣保罗致罗马人和迦拉太人的书信。奥古斯丁从中彻底了解到了保罗的一个观点，即最终的拯救只能通过上帝的恩赐在来世生活中获得，因此，通过自由技艺对心灵的训练以认识上帝是不太可能的[14]。在这之后，奥古斯丁赋予自由学科的意义明显减弱了。在写于公元 395 年至 401 年的《忏悔录》中，奥古斯丁在很多地方都对自己曾经做过修辞学教师的经历懊悔不迭。奥古斯丁指出，作一名修辞学教师只不过比妓女更好一点。修辞学教师既是骗子，也是被骗者。他们的骗术是通过教授"所谓自由的技艺"来实现的，他自陈自己的教学只不过是"兜售谈话的技巧以影响其他人，因为贪婪影响了我"[15]。当然，奥古斯丁在这里所指的贪婪不是对荣誉或财富的贪婪，而是对知识的贪婪。甚至对于古罗马的文法学科，奥古斯丁也颇有微词。在他看来，古罗马的文法学校过分重视字词、句读、语法等细枝末节的规律，以致忽视了上帝的教诲，甚至把文法规则看得比道德品行更为重要：

> "当时我奉为模范的是那些谈到自己的常事时因措辞不善或文法错误而受到讥评，便深感惭愧，演述自己的轻薄行径时却有伦有脊、情文相生、淋漓尽致，受到人家称赞而引以为豪的人。"[16]

在奥古斯丁看来，一旦"自由"技艺（学科）被用于世俗的目的，就是对上帝的悖逆。在《忏悔录》一书中，奥古斯丁暗示说，自由技艺（世俗学问）可能妨碍人接近上帝。在《论基督教教义》一书（前三卷写于公元 397 年，第四卷写于公元 426 年）中，奥古斯丁事实上认为以圣经为中心的基督教教育是自足的，以圣经为手段即可培养杰出的基督徒。因此，在《论基督教教义》一书中，他甚至避免使用传统的文法、修辞、辩证法等名称，而代之以"语言的知识"、"辩论的规则"等名称。[17]

---

13 *De doctrina Christiana*, 2.11.60. 转引自 Frederick Van Fleteren.St. *Augustine, Neoplatonism, and the Liberal Arts*.[A] Arnold, Duane W. H. *De doctrina Christiana : a classic of western culture*, Notre Dame : University of Notre Dame Press,1995:14-24.

14 Frederick Van Fleteren. "St. Augustine, Neoplatonism, and the Liberal Arts" in Arnold, Duane W. H. *De doctrina Christiana : a classic of western culture*, Notre Dame : University of Notre Dame Press,1995:14-24.

15 （古罗马）奥古斯丁.忏悔录，周士良译. 北京：商务印书馆，19634.2.1

16 （古罗马）奥古斯丁.忏悔录，周士良译. 北京：商务印书馆，1963：21.

17 Mark Vessey.*Introduction to "Institutions of divine and secular learning, and on the soul"*, Liverpool University Press，2004：33.

当然，尽管立场有所变化，奥古斯丁仍然给世俗的"自由人学科"或"绅士学科"（Disciplinis liberalibus）留下了一定的位置，在他看来，自由技艺之所以不可缺少，乃是它们是神学的有用工具，文法、修辞等语言技艺可以帮助基督徒解读圣经，数学科学则使人抽离感性的物质世界，将人的灵魂从有形转向无形，最终进入神学的思辨世界，永恒的幸福天国。数学和逻辑一样，是不容怀疑的、最基本的真理。奥古斯丁对自由技艺的合法化论证（尽管他晚年的立场有所改变）对此后的西方教育史产生了极其深远的影响。卡西奥多鲁斯、伊西多尔、阿尔昆等人纷纷奉奥古斯丁为圭臬，在其以神学为主导的知识和教育、规训体系中，为自由技艺的存在留下一个合理的地盘。一言以蔽之，在奥古斯丁等人的手中，自由技艺被"基督教化"（christianization）了[18]。

奥古斯丁不是第一个主张利用异教的自由技艺来"理解信仰"、阐释圣经的人，但他是第一个为这种"利用"提供详尽的教育方案的人。[19]在公元十一世纪之前，阿尔卑斯山以北的修道院学校和大教堂学校、教区学校等宗教性学校的教育方案基本遵循了奥古斯丁在《论基督教教义》一书中所描画的路线，即使世俗知识和自然知识服务于神学的需要。[20]一直到文艺复兴时期，信仰基督教的人文主义者依然以奥古斯丁为例，论证学习异教的自由人学科的合法性。

为了使属于异教文化的自由技艺"合法化"，基督教必须将古罗马教育的知识基础"自由技艺"进行"基督教化"。所谓自由技艺的基督教化，最根本的含义是指，在基督教的视阈和知识体系中，自由技艺成为附属于神学的知识，成为服务于上帝的知识。与基督教的神学知识相比，自由技艺成为了"世俗的学问"、"异教的知识"。与古罗马时期自由技艺所拥有的崇高地位相比，在基督教的知识等级和秩序中，自由技艺的地位降低了。

18 关于基督教神学对 liberal arts 的吸纳过程，特别参见 Friedrich Dechant. *Die theologische Rezeption der Artes liberales und die Entwicklung des Philosophiebegriffs in theologischen Programmschriften des Mittelalters von Alkuin bis Bonaventura*，EOS Verlag （1993）。

19 Frederick Van Fleteren. "St. Augustine, Neoplatonism, and the Liberal Arts" in Arnold, Duane W. H. *De doctrina Christiana : a classic of western culture*, Notre Dame : University of Notre Dame Press,1995:14-24.

20 Hilde de Ridder-Symoens. *A History of the university in Europe Volume I - Universities in the Middle Ages*, New York: Cambridge University Press, 1992：309.

至少从圣杰罗姆开始，基督教教父就将知识分为神圣知识和世俗知识两种。这种知识的圣俗二分为后来的基督教教徒所继承。卡西奥多鲁斯将书本或文献划分为"神圣文献"与"世俗文献"，并依据这种划分来勘定知识的版图，这一划分在西塞罗那里并不存在。[21]在卡西奥多鲁斯看来，所有的世俗文献（知识）都是为了理解神圣文献而服务的：

> "在卡西奥多鲁斯看来，所有的拉丁文学都可以用于传达宗教经典（指包括圣经、教父著作在内的宗教经典）的旨意。先前用于帮助阅读、抄写古典文本的方法，现在被用于理解宗教经典，以及正确无误地抄写经典。拉丁文化作为一个整体就像一个新形成的行星体系，环绕着上帝之言的、广阔无垠的太阳轨道而运转。"[22]

非但如此，卡西奥多鲁斯甚至认为，自柏拉图以来，古人的智慧都剽窃自摩西和犹太先知[23]。伊西多尔写作《词源学》的目的是将一个神职人员所需要知道的所有知识以概要的方式汇总到一起，以便利于宗教教育。[24]

卡洛林文化复兴的关键人物阿尔昆将自由技艺比喻为"牛奶"，而将神学知识比喻为"固体食物"。他指出，自由技艺是基督徒获取思辨知识、到达智慧之屋的"七个步骤"，未来的传教士应当在青少年时期学习自由技艺，在成年时期学习圣经，有这两种武器在身，他将在与异教徒的辩论和斗争中变得"不可战胜"。自由技艺是获取神圣智慧的必经台阶，但只有包含在圣经中的知识才是"真正的哲学"。"真正哲学"的概念来自奥利金。奥利金在评论雅歌时指出，圣经中的智慧是比希腊哲学更高的智慧，是"真正的哲学"。和异教文化一样，圣经可以给读者有关道德哲学、自然哲学和思辨哲学方面的知识。阿伯拉罕是伦理学的代表，以撒是自然哲学的代表，雅各是思辨哲学的代表。阿尔昆继承了奥利金关于"真正哲学"的观点，他指出，《创世纪》和《传道书》传授自然哲学，《箴言篇》传授道德哲学，《雅歌》以及《福音书》

21 Mark Vessey.*Introduction to "Institutions of divine and secular learning, and on the soul"*, Liverpool University Press，2004：22.

22 Mark Vessey.*Introduction to "Institutions of divine and secular learning, and on the soul"*, Liverpool University Press，2004：22.

23 Mark Vessey.*Introduction to "Institutions of divine and secular learning, and on the soul"*, Liverpool University Press，2004：.30.

24 Isidore of Seville. *The etymologies of Isidore of Seville*, Cambridge: Cambridge University Press,2006：18.

传授逻辑学或神学，"真正的哲学"使人抽离世俗的欲望和需求，过一种宁静、圣洁的精神生活。[25]

自由技艺的"基督教化"尤其体现在中世纪对几何学、算术、天文学和音乐等数学四科的理解上。在中世纪早期的一些自由技艺手册中，有关数学四科的介绍相对于三艺来说篇幅更短。其原因主要有两个，首先，当时人们的数学知识非常贫乏，与文法、修辞、逻辑学相比，数学学科的发展很不成熟；其次，对理解圣经来说，三艺比四科的作用更大。但即便如此，数学四科仍然通过"基督教化"获得了合法性，成为"七艺"典律所不可或缺的组成部分。中世纪早期的一本几何学教材的编撰者称，学习几何不仅有助于理解宇宙，而且，通过对"天的整体构造"的虔诚探究，我们可以从中推导出上帝的存在。[26]而更早的作者比如卡西奥多鲁斯也在基督教的基础之上论证学习算术、几何、天文等学科的合法性。中世纪的人们普遍相信，上帝是根据数量与尺度的原则来创造世界的。卡西奥多鲁斯在影响深远的《论世俗文献与神圣文献》一书中指出，上帝在创造世界时运用了几何学原则，他更进一步指出，数学是科学的典范，是永恒不变的、永远为真的知识，因此它有助于认识上帝：

> "所谓科学（disciplines）即探索，既不为个人己见所左右，亦不容任何弄虚作假；谓之'科学'，皆因自身规律必须恪守。科学不因备受关注而身价倍增，亦不因遭遇误解而弃若敝屣；科学不会朝是暮非，而能藉自身之力量长盛，以一贯之坚定谨守自身法则。是故常常浸润于科学知识之中，可以使人敏慧、使人去愚。于上帝神力襄助之下，完美心智眷顾之中，得游万物事理之妙境"。[27]。

伊西多尔也在《词源学》中指出，缺乏数学知识，基督徒便无法理解《圣经》中的很多比喻。数学知识在时间计算方面用处很大，对时间的计算赋予人类生活以秩序感，如果没有时间的计算，人类将被愚昧、混乱所笼罩。因

---

25 Mary Alberi. "The Better Paths of Wisdom": Alcuin's Monastic "True Philosophy" and the Worldly Court. *Speculum*, Vol. 76, No. 4. （Oct., 2001）, pp. 896-910.

26 Evgeny A. Zaitsev. The Meaning of Early Medieval Geometry: From Euclid and Surveyors' Manuals to Christian Philosophy. *Isis*, Vol. 90, No. 3. （Sep., 1999）, pp. 522-553.

27 Cassiodorus, Senator. *Cassiodorus: Institutions of divine and secular learning, and On the soul*, Liverpool University Press，2004：209.

此，计算能力也是人与动物相区别的标志：“那些对计算方法一无所知的人与其他动物没有区别。”[28]英国温彻斯特一幅作于1025年的画中，上帝手持圆规、天平，以“几何学家”的面目出现在世人面前[29]。在此后的几个世纪中，上帝的这种形象在宗教画中甚至成了一种时髦，不绝如缕。在大学兴起之前，文法教育占据了主导地位。几何学等数学学科之所以拥有合法性，乃是因为它们有助于基督教徒理解宇宙的神圣秩序以及支配这种秩序的神圣法则。

一直到中世纪中后期，在大学中，数学科学的合法性仍然建立在宗教之上的。罗杰尔·培根赞美数学学科，指出它们是保卫基督教的有力工具。数学可以给基督徒提供有用的关于经度和纬度的知识，从而有利于传教。此外，数学知识还可以帮助基督教徒找到失踪的十个支派和敌基督者。当然，数学知识在宗教历法中也很有用处，在计算逾越节时，基督徒可不能比犹太人更差劲[30]。

伴随着自由技艺的基督教化，学习自由技艺者的角色，以及人类的生活方式，都在发生根本的变化。在古罗马时代，自由技艺最典型的承载者是“雄辩家”，自由技艺与城邦政治密不可分，地位崇高；在基督教世界中，自由技艺最典型的承载者是修道士。对于这种文化和生活方式的根本转型，基督教徒本身并非茫然不晓。圣彼德（673-735）在谈论卡西奥多鲁斯的皈依时说，卡西奥多鲁斯“先前是一个元老院议员，突然转变为了基督教的博士”，十二世纪的沙里斯伯里的约翰也说，卡西奥多鲁斯是“来自异教文化的皈依者，从元老院议员变成了僧侣，从*雄辩家*（斜体为笔者所加）变成了教会的博士”[31]。

# 第三节　七艺典律的建立

通常的看法认为，七艺的课程模式——文法、修辞、逻辑、算术、几何、天文、和声学在希腊化时代就已存在，后来瓦罗在《学科九卷》（Disciplinarum

---

28　Isidore of Seville. *The etymologies of Isidore of Seville*, Cambridge: Cambridge University Press,2006：90.

29　这种对宇宙本原与几何学原则之关系的理解，可以追溯至柏拉图的《蒂迈欧篇》。

30　Hilde de Ridder-Symoens. *A History of the university in Europe Volume I – Universities in the Middle Ages* , New York: Cambridge University Press, 1992：345.

31　Mark Vessey.*Introduction to "Institutions of divine and secular learning, and on the soul"*, Liverpool University Press， 2004：17.

libri Ⅸ）)中增加了医学和建筑，瓦罗的学科模式又影响了奥古斯丁和马蒂纳斯·卡佩拉。这一观点的代表人物是亨利·马鲁。当代法国历史学家伊尔塞特劳特·哈多特批评了这一观点。哈多特指出，马鲁的观点根本没有坚实的证据。七艺的图式只有在新柏拉图主义的语境下才是可以理解的。首先是公元前一世纪斐洛恢复了修辞学课程；其后，杰拉什的尼科马科斯[32]第一次正式阐述了柏拉图主要著作中四门数学学科的统一性，指出四门数学学科是通往真理的四条道路。而七艺的知识圈很可能成型于波菲利[33]之手，并由奥古斯丁等人进一步加以奠定。受到新柏拉图主义的影响，奥古斯丁将七艺视为通过逻各斯而相互联系的学科，是将人从感官世界引向理智世界的一系列步骤。[34]因此，七艺的谱系应该是柏拉图-新柏拉图主义-奥古斯丁，而非瓦罗-奥古斯丁-马蒂纳斯·卡佩拉。由于瓦罗的《学科九卷》早已佚失，所以似乎双方都缺乏实质性的证据。[35]

撇开上述争论不谈，有一点是可以肯定的，即古罗马时代并不存在七艺的概念和课程模式。首先，古罗马时期并没有"典律化的"、为大家所一致公认的"七艺"概念。古罗马的确存在自由技艺的概念，但其数量从来没有固定在"七"这个数字上。古罗马时期论述自由技艺的有修辞学家（西塞罗、昆体良）、哲学家（塞涅卡），也有建筑师（维特鲁威）和医生（盖伦），还有古罗马晚期的基督教教父（奥古斯丁）。总的来说，自由人学科被视为一种预备性的、适合于自由人的全面教育，是成为修辞学家、律师、医生、建筑师所必备的先修课程。但至于自由人学科的数目，则众说纷纭，意见不一。其中争议最大的科目是绘画、雕塑、医学和建筑。有一些人认为绘画、医学、建筑应该属于自由人学科，但反对声音似乎更为强大。圣杰罗姆认为自由人技艺不应当包括绘画和雕塑，理由是它们导致奢华："我不会容忍在自由艺术中接受画家、雕塑家以及石匠和其他放荡的奴才"[36]。

---

32 Nicomachus of Gerasa（公元 60-100 年），古希腊著名数学家。

33 Porphyry（234-304？　），新柏拉图主义哲学的代表人物之一。

34 Elizabeth Rawson. *Review of "Arts Liberaux et Philosophie dans la Pensee Antique"[J]The Journal of Roman Studies*, Vol. 77.（1987），pp. 214-215.

35 参见 Pollmann, Karla. *Augustine and the disciplines: from Cassiciacum to Confessions*, Oxford, Oxford University Press, 2005.

36 （波）塔塔科维兹（Tatarkiewicz,W.）.中世纪美学，北京，中国社会科学出版社：1991：32.

其次，古罗马不存在以"七艺"为模式的自由民普通课程。亨利·马鲁和邦纳[37]依据古典时期的著作对古希腊罗马时期教育的经典研究已经逐渐开始受到质疑。亨利·马鲁认为，在希腊化时期，此后构成七艺的内容（文法、修辞、逻辑、算术、几何、天文、音乐）已经构成了当时教育的基本内容。伊尔塞特劳特·哈多特反对亨利·马鲁的看法，在他看来，试图将这七门学科统一起来的冲动不会早于西塞罗时期，这种观念主要为新学园派所持有。而且，即便是在这个时候，也没有证据表明富裕家庭子弟的教育受到了新学园派理论的影响，他们所接受的教育似乎并不包括算术、几何、天文、音乐这些数学学科[38]。特蕾莎·摩尔根运用纸草、写字版等原始材料对古希腊罗马时期埃及地区的教育进行了详尽的研究后认为，亨利·马鲁和邦纳所描绘的古代教育图景过于乐观。他指出，我们不能过分相信西塞罗、昆体良教育理论著作中的夸张之辞，必须清醒地意识到，不管是柏拉图、亚里士多德，还是西塞罗、昆体良，他们所描述的都是一种"理想化"的课程方案，而绝非是当时现实的准确反映。[39]贺拉斯在《诗艺》中曾描绘过当时学生学习算术的情景。在其中，教师要求学生做一些简单的加减法。由此我们可以推断，古罗马教育中的确有一些简单的数学课程。但这种课程的普及程度及其内容深度是值得怀疑的。罗素在回顾古代教育中的课程体系时指出，古希腊罗马教育的核心课程绝非理想化的七艺（三艺和四科）课程，而是大致包括了文法、修辞和初级的算术和几何，天文学、和声学以及辩证法（逻辑）并不包含在内。只有最高等级的哲学学校会讲授完整的四科课程及辩证法[40]。艾尔也指出，在古罗马学校中，真正没有停留在"空谈"阶段的课程是文学、修辞学和法律[41]。

37 Bonner, Stanley. *Education in ancient Rome: from the elder Cato to the younger Pliny*, Berkeley : University of California Press, 1977.

38 A. P. Bos. *Cosmic and Meta-Cosmic Theology in Aristotle's Lost Dialogues*，Brill Archive，1989：147.

39 Teresa Morgan. *Literate Education in the Hellenistic and Roman Worlds*，Cambridge, U.K. New York：Cambridge University Press，1998.

40 D. A. Russell. "Arts and Sciences in Ancient Education". *Greece & Rome*, 2nd Ser., Vol. 36, No. 2. （Oct., 1989），pp. 210-225.

41 J. J. Eyre. "Roman Education in the Late Republic and Early Empire". *Greece & Rome*, 2nd Ser., Vol. 10, No. 1. （Mar., 1963），pp. 47-59.

最后，古罗马时期并不存在使"七艺"教育得以制度化的教育机构。首先，当时并没有一个统一的正式教育机构来落实课程的制度化，学生在不同的教师那里学习不同的知识。其次，文法、几何等学科一直到相当晚近的时候才发展成熟，直到希腊化时代的晚期，文法才作为一个比较独立的学术性学科出现。我们现代意义上的文法研究，主要是在斯多葛学派以及亚历山大城的文学批评家手中成型的。[42]

与七艺典律比较接近的最早说法是奥古斯丁提出来的。十九世纪德国教会史学者即认为七艺典律源自奥古斯丁的《论秩序》一书[43]。在写于公元427年的《订正录》（Retractationes，1.6）中，奥古斯丁说到自己曾经撰写过几本艺学手册：

> "当我在米兰等待接受洗礼时，我尝试着完成那些艺学手册。我询问那些不反对这些学问的同伴们，希冀自己（或引导别人）可以通过某些特定的步骤，从有形的物体上升到无形的物体。但我只完成了一卷论文法的书和六卷论音乐的书，论文法的书后来在我书架中丢失了，论音乐的六卷书阐述的是'韵律'，而且我是在从意大利返回非洲时写作它们的……我很可能也是在米兰时开始写作其他五门艺科的，它们是辩证法（*dialectica*）、修辞学（*rhetorica*）、几何学（*geometira*）、代数（*arithmetica*）和哲学（*philosophia*），不过，这五门学科我只是写了开始的部分，甚至连这些都丢了，不过我想也许这些手稿落到了某些人手里。"[44]

在这些手册中，唯一一本完成的是《论音乐》。我们注意到，在奥古斯丁的自由人学科手册中并没有天文学。在古代世界，天文学总是和占星术有密不可分的联系。在很多人看来，占星术是一门魔术；在教会人士看来，占星术是异端的一个肇因，奥古斯丁将天文学排除在外，完全在情理之中。帕克指出，有些学者认为奥古斯丁在这里用哲学代替了天文学，这一点缺乏依据。

---

42 Teresa Morgan. *Literate Education in the Hellenistic and Roman Worlds*，Cambridge, U.K. New York：Cambridge University Press，1998：152-153.

43 Johann Karl Ludwig Gieseler. *Textbook of Ecclesiastical History, vol.2*, Philadelphia：1836：31.

44 转引自 Philip Burton. "The Vocabulary of the liberal arts in Augustine's Confessions". in Pollmann, Karla. *Augustine and the disciplines: from Cassiciacum to Confessions*, Oxford; New York: Oxford University Press, 2005:141-142.

因为，在这段文字中，哲学与其他六门学科的关系是平行的，抑或哲学高于其他几门学科，这并不是很清楚。因此，我们很难根据这段文字就推断奥古斯丁已经有"七艺"的概念。而且，帕克也指出，在奥古斯丁的思想中，"六"和"七"都具有特别的意义[45]。不过，在奥古斯丁之前，尼撒的格里高利就已经将哲学视为一门"自由人技艺"[46]，所以大部分学者倾向于认为奥古斯丁将哲学视为一门自由人技艺。

最早明确提出七艺典律的作家是马蒂纳斯·卡佩拉[47]，他在《墨丘利与文献学的联姻》（De Nuptiis Philologiae et Mercurii）[48]中删除了瓦罗《学科九书》中的医学和建筑，从而最终使自由人学科的数目确定为七，即文法、修辞、逻辑、音乐、数学、几何、天文。

在该寓言中，与"自由"七艺相对应的是预言七科，这七位少女是文献学之母实践智慧（Phronesis）的侍女，她们由实践智慧抚养成人。马蒂纳斯·卡佩拉指出，这七门语言学科所包含的知识甚至比"自由"七艺更加渊博，其中包括对神圣秘密的知识、对神旨的阐释，等等，因此，她们是沟通神与人的桥梁。文献学的教育中肯定包括了预言学科的教育，因为缪斯姐妹中的欧忒耳佩和特耳西科瑞都在该寓言中称赞文献学的预言知识。[49]

马蒂纳斯·卡佩拉将医学和建筑排除出了自由技艺的范畴，因为医学和建筑学"处理的是有朽之物，其技巧与地球上的物体相关，因此，它与以太，以及地球之上的事物毫无瓜葛，它被人厌恶地加以抛弃是理所当然的"[50]。

---

45 H. Parker. "The Seven Liberal Arts". *The English Historical Review*, Vol. 5, No. 19.（Jul., 1890），pp. 417-461

46 Dermot Moran. *The Philosophy of John Scottus Eriugena : a study of idealism in the middle ages*, Cambridge : Cambridge University Press,2004：127.

47 马蒂纳斯·卡佩拉的生卒年已不可考，但可确定其年代要早于波伊提乌和卡西奥多鲁斯，因为卡西奥多鲁斯在《论神圣文献与世俗文献》明确地提到卡佩拉有一本名为《七学科》（the seven disciplines）的书。

48 Danuta Shanzer 认为《墨丘利与文献学的联姻》大致写作于公元 470-480 年间，参见 Pollmann, Karla. *Augustine and the disciplines: from Cassiciacum to Confessions*, Oxford ; New York : Oxford University Press，2005：91.

49 Pollmann, Karla. *Augustine and the disciplines: from Cassiciacum to Confessions*, Oxford ; New York : Oxford University Press2005：122.

50 Brian Lawn.*The Rise and Decline of the Scholastic Quaestio Disputata*, Leiden：Brill, 1993：18-19.

　　然而，马蒂纳斯·卡佩拉是一个异教徒，如果没有其他基督教作者的呼应，"七艺"的典律不可能产生如此深远的影响。在马蒂纳斯·卡佩拉之后，基督教学者卡西奥多鲁斯在《论神圣文献与世俗文献》一书的第二部分逐次介绍了文法、修辞、辩证法、代数、音乐、几何、天文学等七门学科的内容，将七艺与《圣经》中"智慧建造房屋，凿成七根柱子"的经文联系起来，从而使这七门学科在基督教的语境中合法化。据说，卡西奥多鲁斯之所以不辞辛苦地介绍这七门学科，其中一个目的就是为了取代马蒂纳斯·卡佩拉这位异教徒的著作。[51]

　　总的来说，七艺典律的形成并非某一个人或某一个学派的功劳。毕达哥拉斯、柏拉图、智者派等人都从学科内容的奠定、理念或教学实践上对七艺课程模式产生过影响，经过瓦罗、奥古斯丁、马蒂纳斯·卡佩拉、卡西奥多鲁斯、波爱修斯等人的努力，作为异教文化代表的自由人学科获得了合法性，并典律化为"七艺"。一度被认为属于自由人技艺的绘画、雕塑、建筑、医学等由于与体力劳动的密切联系而被排除出自由人技艺的范围。绘画、雕塑、建筑等造型艺术被视为没有任何知识体系和理论内容的实践活动，只能寄身于各种不同的手工业行会，苟延残喘。画家通常与药剂师同属一个行会，雕塑家则常与石匠同属一个行会。正是在中世纪，"自由七艺"成了一种"实实在在的制度"，其影响力也登峰造极。七艺不仅在学校中传授，而且被雕刻成像，供奉于基督教堂，受人礼拜。在画像、小说、诗歌等艺术形式中，"七艺"都是一个活跃的题材。在但丁的巨著《神曲》中出现了为圣火所包围"七艺"形象。此外，中世纪还流传着无数关于"七艺"的传说、寓言，将"七艺"和上帝创世、洪水传说等联系起来，"七艺"作为智慧与知识的化身，被涂上了神圣的光环。在所谓的"十二世纪文艺复兴"之前，古希腊的大量典籍根本不为人所知，西欧所能获取的古代文明非常有限，七艺因此被视为所有人类世俗知识的汇总。

　　七艺典律的建立使得自由技艺成了一个专有名词。在中世纪很长的时间内，所谓的自由技艺，指的就是七艺。直到中世纪晚期，七艺的典律才逐渐被打破。到十七、十八世纪，"artes liberales"的范围更是大大突破了传统七艺的范畴。

---

51 H. Parker. "The Seven Liberal Arts". *The English Historical Review*, Vol. 5, No. 19.
　（Jul., 1890）, pp. 417-461

## 第四节　自由技艺与心灵自由

公元十一、十二世纪之后，讨论自由技艺的著作越来越多。在这些著作中，自由技艺与其他知识类型的对比成为重要的主题。我们将以这些文献为基础，讨论中世纪对于自由技艺的哲学理解。本节所关心的核心问题是，中世纪的思想家是如何区分自由技艺与其他知识（技艺）的，他们如何理解自由技艺在整个知识/教育体系中的位置。

在柏拉图那里，后世所谓的"自由"技艺，如算术、几何、天文、和声学、音乐是与哲学相对的预备性学科。在塞涅卡那里，几何、文法、音乐、天文等"自由人通科"也是与哲学相对的知识门类。然而，中世纪早期取消了自由技艺与哲学的这种区分。奥古斯丁甚至将哲学也列为一门自由技艺。神学取代了哲学在古典时期的位置，与高居其上的神学和位于其下的机械技艺相比，自由技艺位于中间。因此，要准确地理解中世纪的"自由技艺"，必须考察它和机械技艺以及神圣科学（Ecclesiasticae disciplinae）的关系。

### 4.1 早期基督教作家的解释

布鲁斯·金博尔认为，早期中世纪的作家伊西多尔和卡西奥多鲁斯主要将 liberalis 追溯至"书本"（liber），而非"自由人"。但布鲁斯·金博尔回避了这样一个问题，即在中世纪早期，"artes liberales"中之"liberales"到底有什么含义。不过，大体来说，布鲁斯·金博尔等人的观察是正确的，即早期的基督教教父倾向于从"书本"这个角度而不是从"符合自由民的"、"高贵的"等角度来解释"liberalis"一词。

卡西奥多鲁斯（公元 484-584）在解释"liberalis"一词时，将它从词源学上追溯至书本，而非自由人[52]。帕克认为，卡西奥多鲁斯其实完全知道这是一种错误的解释。[53]

又比如伊西多尔在解释"liberal letter"一词时指出：

> "语言文字或者是口语（普通）的，或者是书面的。那些人们在日常生活中所用的、为了阅读和写作的语言文字就称作 common letters。而之所以有"书面文字"（liberal（liberalis）letters）的说

---

52 Cassiodorus, Senator. *Cassiodorus: Institutions of divine and secular learning, and On the soul*, Liverpool University Press ，2004：173.

53 H. Parker. "The Seven Liberal Arts". *The English Historical Review*, Vol. 5, No. 19. （Jul., 1890），pp. 417-461

法，是因为只有那些写书（liber）并且知道如何正确地表达和使用文字的人才了解 liberal letters。"[54]

## 4.2　自由技艺与灵魂不朽

公元九世纪的神学家爱留根纳[55]非常推崇七门自由技艺，他将七种自由技艺理解为圣灵赐予人类的七件礼物。而且，自由技艺和逻各斯（即基督）是一体的。

和前人不同，爱留根纳较少关注自由技艺的顺序、教学方法、数目，而是更多地关注自由技艺的认识论和形而上学的地位。在爱留根纳看来，自由技艺并不是"外在"的教育分类系统，它们是内在于人类心智结构之中的官能。自由技艺是不变的知识，是知识的典范，它们内在于人的心灵，但人类需要通过回忆来重新找回这些内在的知识。这些心智的官能自然地存在于每个人的心灵之中，但只有一些人利用并培植这些技艺，另外一些人则忽略了这些技艺。自由技艺与心灵密不可分，它们是心灵的官能或习惯。人可以分为肉体和心灵两大部分，其中肉体为人和动物所共有，心灵和理智则为动物所不备。一方面，自由技艺内在于心灵，另一方面，只有通过自由技艺，心灵才能实现其自身的超验本质。

在对《墨丘利与文献学的婚礼》一书的评注中，爱留根纳指出，人的终极本质是通过对真理的沉思而达到的理解。"自由"技艺将不朽赋予灵魂：

> "学习哲学使灵魂不朽，对此，也许有人会说愚笨的灵魂在追求智慧的过程中缺乏经验，因此这些灵魂最终是有死的。我们的回答是，理性灵魂所运用的所有技艺是自然地存在于所有人之中的，不管他们是否妥善地利用了它们，还是不当地误用了它们，抑或完全没有运用这些技艺。为此之故，通过追求内在于其自身的智慧，灵魂获得了不朽。[56]"

自由技艺之所以能够使灵魂走向不朽，是因为自由技艺本身是不生不灭的，是永恒的。在古希腊罗马的思想当中，不朽不是人与生俱来的本性，相

---

54 Isidore of Seville. *The etymologies of Isidore of Seville*, Cambridge: Cambridge University Press,2006：40.

55 （John Scottus Eriugena ，800-877），中世纪著名哲学家。

56 Dermot Moran. *The Philosophy of John Scottus Eriugena*, Cambridge ：Cambridge University Press, 2004：192.

反，人类可以通过教育实现不朽。爱留根纳的理解继承了这个传统。[57]由于自由技艺内在于每个人的心灵，因此自由技艺同时也是"自然"的技艺：

> "正如众多溪流汇入同一条大河一样，自然与自由的技艺（naturales et liberales discipline）终究在心灵的沉思中归于一，即最高智慧之源，耶稣基督，它体现于各种神学思考之中。"[58]

相反，其他类型的技艺则是"非自然"的。辩证法是自由技艺之母，自由技艺和其他技艺的区别在于，建筑学和其他类似的技艺"是人类的模仿和发明"[59]。

## 4.3 自由技艺与机械技艺

机械技艺（Artes Mechanicae）一词出现于公元九世纪，最早使用该词的是爱留根纳（800-877），在公元十二、十三世纪，这个概念变得越来越重要，意指技术性的技艺[60]。从中世纪开始，所谓自由技艺，指的就是与机械技艺相对的技艺。这种理解一直延伸至纽曼的时代。而在中世纪论述机械技艺的著作中，又以圣维克多的休格的论述最有影响。

圣维克多的休格区分了七种机械性的技艺[61]，其中每一种都是为了满足人的基本需要，其中军备提供保护，纺织提供衣物，农业和狩猎提供食物，医学看护身体，旅行则可以使我们在地上运动，最后一种是戏剧，它为我们提供娱乐。休格指出，为了克服人类的匮乏和不足，满足人类的肉体需要，人类发明了机械艺术。圣维克多的休格以及和他同时代的沙里斯伯里的约翰对机械技艺的评价都比较正面，认为两者均不可或缺。休格将机械技艺视为哲学的一个组成部分，而约翰则在其政治学著作《论政府原理》中肯定从事机械技艺（工匠技艺）者在政治共同体中的积极作用。[62]

---

57 Dermot Moran. *The Philosophy of John Scottus Eriugena*, Cambridge：Cambridge University Press, 2004：40，130.

58 Dermot Moran. *The Philosophy of John Scottus Eriugena*, Cambridge：Cambridge University Press, 2004，193.

59 E. K. Rand. How Much of the Annotationes in Marcianum is the Work of John the Scot. *Transactions and Proceedings of the American Philological Association*, Vol. 71.（1940），pp. 501-523.

60 Whitney, Elspeth. *Paradise restored -the mechanical arts from antiquity through the thirteenth century*, Philadelphia, Pa.：American Philosophical Society, 1990：18.

61 布鲁斯·金博尔在研究 liberal arts 思想史时，没有讨论 mechanical arts 这个概念。

62 Linne R. Mooney. "A Middle English Text on the Seven Liberal Arts". *Speculum*, Vol. 68, No. 4.（Oct., 1993），pp. 1027-1052.

马蒂纳斯·卡佩拉在自由技艺图式中排除了医学和建筑学，因为建筑学和医学"关系的是凡俗之物，其技艺以世间之物为根基"[63]，其他七种自由技艺则带有神性，乃天堂中的伴侣。正如亚里士多德所指出的那样，人的本性在许多方面是"奴性的"、"不自由的"[64]。因此，从亚里士多德的视角出发，自由技艺之所以是自由的，乃是因为它们超越了人类本性中奴性的、非自由的部分。和亚里士多德等古希腊哲学家一样，中世纪的思想认为，自由技艺或自由科学体现了对必需的超越。因此，那些学习自由技艺或自由科学的人，超越了凡俗的世界，并将自己提升到"自为"的境界。在这个意义上，机械技艺和自由技艺之间的关系是肉体和精神的关系。在休格看来，机械技艺之所以低于自由技艺，其原因有三：

首先，机械技艺满足的是人类的肉体需要，而自由技艺则是与人类的精神和心灵相联系的技艺。在通往上帝的拯救之旅中，机械技艺的作用是微不足道的。

其次，机械技艺是掺假的、不纯的。这一观点与公元九世纪的著名哲学家爱留根纳的观点非常接近[65]。

最后，机械技艺从业者的地位比自由技艺从业者的地位低。在古代，只有自由、高贵的人才有资格学习自由技艺，平民百姓或非自由人的子弟则学习机械技艺[66]。

## 4.4 自由技艺与心灵自由

在圣维克多的休格之后，沙里斯伯里的约翰在《逻辑学讲解》中有一节文字专门对自由技艺中的 arts 和 liberal 分别做了解释，这段文字对于自由技艺的观念的理解与圣维克多的休格有相通之处（我们无法断定沙里斯伯里的约翰是否认识圣维克多的休格，但约翰显然对休格的著作深表赞同），但又不完全相同：

---

63 Martianus Capella. *The Marriage of Philology and Mercury*, New York : Columbia University Press，1971:346.

64 苗力田. 亚里士多德（第七卷）－形而上学. 北京：中国人民大学出版，1993：31.

65 .E. K. Rand. *How Much of the Annotationes in Marcianum is the Work of John the Scot*[J] Transactions and Proceedings of the American Philological Association, Vol. 71.（1940），pp. 501-523.

66 Jerome Taylor. *The Didascalicon of Hugh of St. Victor: a medieval guide to the arts.*, New York : Columbia University Press,1991：75

"有许多种技艺,而那些首要的能对从事哲学思考的人们的自然能力提供帮助的则是自由技艺。所有的自由技艺都包括在三艺和四科当中。据说,自由技艺在我们的祖先身上极为灵验,他们孜孜不倦地研习自由技艺,以至于他们能理解万卷诗书,领会万事万物,并解开所有问题的症结。三艺揭露所有语言的意义,四科则掀开所有自然的秘密,熟习七艺者,无需教师之助,即可理解书本的意义,发现解决问题的办法。

它们被称作'技艺',是因为它们通过规则为学艺家划定疆域;或者它来自德性（virtue）,亦即希腊人所谓的 ares,它们能够增强人们理解智慧的才智;或者它们来自理性,亦即希腊人所谓的 arso,……

它们被称作'自由的',这或者是因为古人费尽心思,让子女接受此种教育,或者是因为其目标就是实现人的自由。这样,由于无忧无虑,他们就可能使自己献身于智慧。它们甚至时常将我们从物质需要的烦忧中解放出来,因而人们的思想便有可能始终有更多的自由用于哲学思考。"[67]

沙里斯伯里的约翰所理解的"自由",是一种精神层面的自由,意志的自由,是一种作为摆脱的自由,人越是远离物质的诱惑,越是享受闲暇并将闲暇用于智慧的探索,人就越自由。真理会"使我们自由",并且"引领我们从奴隶状态走向自由"[68],一个全身心地追求真理的人,不会成为空虚的奴隶,也不会为受到罪恶的压迫性束缚。最主要的 "罪恶"是"肉欲的罪恶",一个热爱真理的人,天然地远离肉欲的罪恶,因为"人不可能同时成为知识和肉欲的奴隶"[69]。这段话很容易使我们想起《理想国》中的苏格拉底关于"知识与欲望"的经典阐述：

"当一个人的欲望被引导流向知识及一切这类事情上去时,他就会参与自身心灵的快乐,不去注意肉体的快乐。[70]"

---

67 Jerome Taylor. *The Didascalicon of Hugh of St. Victor: a medieval guide to the arts.*, New York : Columbia University Press,1991：37

68 John of Salisbury. *The metalogicon-a twelfth-century defense of the verbal and logical arts of the trivium*, Berkeley：University of California Press，1962：75.

69 John of Salisbury. *The metalogicon-a twelfth-century defense of the verbal and logical arts of the trivium*, Berkeley：University of California Press，1962：70-71.

70 柏拉图.理想国.郭斌和、张竹明译.北京：商务印书馆，2002：231，485D-E.

与古罗马时代人们对"自由"技艺的理解相比，沙里斯伯里的约翰对"自由技艺"的理解已经发生了巨大的转折。在古罗马时代，自由技艺是与"天生的自由状态"相联系的，而在沙里斯伯里的约翰这里，自由技艺是与人的"内在自由"相联系的。[71]值得特别指出的是，在沙里斯伯里的约翰这里，自由似乎更多地是一种"条件"，即通过摆脱对物质世界的关注，人可以获得更多的"自由"去追求哲学，在这里，"哲学"是比"自由"更为上位的目标。而且，这里所谓的"自由"也不是指摆脱偏见、权威之意义上的"探究自由"。

## 本章小结　中世纪的自由技艺概念

综上所述，中世纪对自由技艺的理解主要沿着以下几个维度展开：

首先，自由技艺概念仍然和自由人的身份联系在一起，文化教育基本上仍被视为自由人的一项特权。这个意义上，中世纪的自由技艺仍可理解为"生来自由人的技艺"，或"绅士的技艺"。

第二，自由技艺专指七艺。在中世纪很长的时间内，自由技艺成了一个"专用术语"，专指文法、修辞、逻辑、算术、几何、天文、音乐七门学科。一些在古希腊罗马时期属于自由技艺范围的知识门类，诸如绘画、建筑、诗歌，或者不再属于自由技艺的范畴，或者成为七艺之下的附属性技艺。

第三，在中世纪，自由技艺指世俗性的学科，与神学知识相对。中世纪早期取消了自由技艺与哲学的区分，奥古斯丁甚至将哲学也列为一门自由技艺。神学取代了哲学在古代的位置，与高居其上的神学和位于其下的机械技艺相比，自由技艺位于中间。与建筑学、医学等机械技艺相比，自由技艺是"神圣的"的，与宗教学科相比，它们又是"世俗的"、"异教的"。奥古斯丁等很多基督教作家都将自由技艺比喻为"梯子"，这非常形象地反映了自由技艺在整个基督教知识版图中的独特地位。

最后，这一时期与自由技艺相对的概念是机械技艺，自由技艺和机械技艺之间的区分主要是"知识性的"，或者说，"精神性的"，而非政治性的。和古罗马不同，中世纪并不依据政治的标准来区分自由技艺和非自由技艺，而主要是依据知识的标准来划分两者。自由技艺被认为是仅仅与心灵相联系的纯粹的技艺，而机械技艺则是与手、身体相联系的技艺。根据这个标准，医

---

71　（波）塔塔科维兹（Tatarkiewicz,W.）.中世纪美学.北京：中国社会科学出版社，1991：256.

学、绘画、雕塑、建筑、农业这些在古希腊罗马曾被某些作家视为是自由技艺的技艺都因为与体力劳动的联系而被视为机械技艺。雕塑、建筑、绘画的从业者属于"手工业行会"，讲授自由技艺的教师则属于"大学行会"。汉娜·阿伦特指出，我们在体力劳动和智力劳动之间的二元划分可以追溯至中世纪[72]，其理由也在此。归根结底，这种"知识性"的标准是一种"宗教性"的标准。中世纪的知识概念是"拯救性的"[73]，因此与人的拯救最密切相关的知识（即神学）地位最高。机械技艺之所以在知识的序列中等级最低，是因为它仅仅与人类的肉体有关，离人的拯救最远。

---

72 Arendt, Hannah. *The human condition*, Chicago: University of Chicago Press, 1958：92.

73 Whitney, Elspeth. *Paradise restored -the mechanical arts from antiquity through the thirteenth century*, Philadelphia, Pa. : American Philosophical Society, 1990：20

# 下编　从博雅到自由: 17 世纪以来英语世界的 liberal education 概念及其现代转型

# 第四章 文雅绅士与文雅学问：十八世纪英国的博雅教育概念[1]

> 一个人可能拥有牛顿那样的科学知识，但却对情感的微妙之处习以为常，对道德行为的美麻木不仁，对一首感人肺腑的诗歌无动于衷，对一幅充满表现力的画作熟视无睹。
>
> ——维塞斯莫·诺克斯

> 如果你回溯十七、十八世纪的历史，尤其是英格兰的历史，你会发现，当时人们对于何谓 liberal education 有着非常明确的定义。简而言之，liberal education 就是培养绅士学者。
>
> ——Everett Dean Martin（1929）[2]

史学家梅尔茨将博雅教育视为英国的一个独特传统。当然，这种传统的形成并非一朝一夕之功。按罗斯布拉特的说法，十六、十七世纪，这种观念在英国各地发芽生根，至十八世纪，遂达致大盛。[3]和所有中世纪大学一样，

---

1 自 1603 年起，苏格兰和英格兰共有一个君主，1707 年，英格兰和苏格兰正式合并，此后同属于英国的范畴，因此，本章所涉及的人物也包括休谟、George Turnbull 等苏格兰人。本章统一将 liberal education 译为博雅教育，将 polite arts 译为文雅艺术，将 politeness 译为文雅，将 polite education 译为文雅教育，将 polite learning 译为文雅知识。

2 转引自 Joseph Bunn Heidler. *College Years: Essays of College Life* （1933）. Heidler Press，2007：236.

3 Sheldon Rothblatt. *Tradition and change in English liberal education*，Faber and Faber，1976：14.

牛津、剑桥也一直重视法律、神学等专业教育，但自 1530 年代之后，随着英国皇室与罗马教廷的决裂后教会法教育的衰落，牛津、剑桥逐渐扬弃了专业教育的使命，演变成向绅士阶层提供通识性教育的场所。[4]毫无疑问，就教育实践而言, 16 和 17 世纪的英国大学和公学提供的是旨在培养绅士的博雅教育，托马斯·埃利奥特（Thomas Elyot, 1490-1546）的《统治者之书》（Gouernour, 1531）、Roger Ascham 的《教师》（1570）等教育著作均反映并影响了这一时期人文主义思潮影响下的的绅士教育实践。

但 16 世纪的主要教育学著作并没有明确提出"博雅教育"（liberal education）这个术语，17 世纪英国影响最大的两本英国教育学著作，即洛克的《教育漫谈》以及俄巴底亚·沃克的《论教育：尤其是年轻绅士的教育》也没有使用"博雅教育"这个概念，而且，以"博雅教育"（liberal education）为标题的著作直到 18 世纪才开始出现，因此，如果要追溯作为一种教育事实的博雅教育，我们可以从 16 世纪开始谈起，但要分析作为一个概念（尤其是文本中存在的概念）的博雅教育理念，则应将重心放在 18 世纪。有鉴于此，本章重点梳理十八世纪英国的博雅教育概念。

从概念史的视角来看，英文词 liberal education 乃译自拉丁文 Liberaliter educatione，liberal arts 则译自拉丁文 Artes liberales。此外，十八世纪英国的教育学说深受古希腊罗马的影响，论述博雅教育的学者，也纷纷将这个概念追溯至古希腊罗马，尤其是柏拉图、亚里士多德、西塞罗、昆体良和塞涅卡。就此而言，英国博雅教育思想继承了古希腊罗马的传统。

当然，两者仍然存在显著的差别。和古希腊罗马不同，十七、十八世纪的英国并不是一个奴隶社会，博雅教育的对象不是与奴隶相区别的生来自由人，而是绅士。

# 第一节 "博雅"教育概念的历史语义学分析

要理解一个概念的内涵，最直接的做法是对其进行语义学的分析。在本节中，笔者将利用 16-18 世纪的一些原始文献（包括词典、著作、布道词，等等），尝试对博雅教育的概念进行语义学的剖析。

---

4 Hugh Kearney. Scholars and Gentlemen: Universities and Society in Pre-Industrial Britain, 1500-1700. Faber：Cornell University Press，1970，p.15-18.

## 1.1 "博雅"教育概念的出现与流通：十六至十七世纪

在十四、十五世纪，印刷术尚未发明，当时很多英语词汇的写法都没有统一，与拉丁文 liberalis 对应的英语词汇写法有 "libral, liberal, lyberal, liberall"，相应地，"lyberal artys、lyberal Sciences" 等概念对应的都是拉丁文 "artes liberales"。

英文概念 liberal education 是何时出现的，已经无从得知，可以肯定的是，十六世纪末，"Liberal education" 这个短语已经开始在英国出现[5]。

根据《牛津英语词典》(OED)，1580 年在剑桥大学获学士学位的英国剧作家 Robert Greene (1558-1592) 在 1589 年出版的小说《梅纳风》(Menaphon: Camillas alarum to slumbering Euphues) 中使用了 liberal education 这个概念，原文为：

> "It behooved her to further his Destinies with some good and liberal education."[6]

一般认为，这是英文著作中最早使用 liberal education 一词。美国学者鲍勃·诺特根据《牛津英语词典》的这一词条，指出 "liberal education" 的英文概念最早出现在 1589 年。[7]

此外，从笔者所见的材料来看，英国诗人加尔斯·弗莱彻 (1548-1611) 在 1591 年出版的一本著作中也已经使用这个英文短语。[8]

到十七世纪，这个概念比较多地出现在历史著作、布道词、人物传记中，但这个概念在十六世纪末、十七世纪初并不是一个很流行的词语。以词汇量广而著称的著名剧作家莎士比亚 (1564-1616) 没有使用过这个概念。[9]在教育学著作中，更常见的概念是 liberal arts、liberal sciences。绅士教育的早期代表作如 Henry Peacham 的《纯粹的绅士》(1634)[10]、William Higford 的《绅士

---

5　"It behooued her to further his Destinies with some good and liberall education." Simpson, J. A. *The Oxford English dictionary*, Oxford: Clarendon Press， 1989.

6　Simpson, J. A. *The Oxford English dictionary*, Oxford: Clarendon Press， 1989.

7　Bob Knott, "What is a Competence-Based Curriculum in the Liberal Arts?", *Journal of Higher Education*, 46 （1975），25-40

8　Fletcher, Giles. *Of the Russe Common Wealth*.London， 1591:85.

9　W.H.Cowley.The Heritage and Purpose of Higher Education. *Improving College and University Teaching*, Vol. 3, No. 2 （May, 1955），pp. 27-31

10　Henry Peacham, "The Complete Gentleman," "The Truth of Our Times," and "The Art of Living in London," ed. Virgil B. Heltzel（Ithaca: Cornell University Press, 1962）

的教育》(1658)[11]等并没有使用 liberal education 或 liberal arts、liberal sciences 这个术语。十七世纪下半叶英国最受欢迎的两本教育论著——洛克的《教育漫谈》以及俄巴底亚·沃克的《论教育：尤其是年轻绅士的教育》——都使用了 liberal sciences 的概念，但并无 liberal education 的说法，弥尔顿的《论教育》(1673) 使用的概念是"完全和慷慨的教育"（complete and generous education），而不是 liberal education，所有这些都说明一个问题，即 liberal education 在 17 世纪并不是一个很流行的教育学概念。在家长与子弟的通信中，较多出现的概念是"博雅科学"和"博雅技艺"。当时一名贵族妇女凯瑟琳·帕斯顿（Katherine Paston，1578-1629）的很多书信都被保留了下来，其中的 48 封书信是写给她在剑桥上学的儿子威廉·帕斯顿的。威廉·帕斯顿 1624-1627 年间在剑桥大学求学，刚入剑桥时年方十四。在书信中，凯瑟琳·帕斯顿叮嘱儿子要"用各种博雅科学（liberall sciences）来装备自己"。[12]

英国人之所以使用并强调博雅科学、博雅教育的概念，部分的灵感可能源自于对塞涅卡、西塞罗等人著作的翻译。

在十七世纪，博雅教育（liberal education）和高尚教育（ingenuous education）是同义词。洛克在《教育漫谈》的第 45 小节就使用了"高尚教育"这个概念。据《牛津英语词典》的权威解释，"高尚教育"一方面指的是使儿童"品格高贵、高尚、宽宏的教育"，另一方面则是指对"生来自由人"或"出身高贵者"的教育[13]。这一解释与理查德·阿列斯特利（1619-1681）在《论女规》一书中对"高尚教育"一词的使用是相吻合的。根据阿列斯特利的说法，高尚教育是出身高贵者所能享受到的教育，下等阶层基本与之无缘[14]。

约翰·格雷勒（1711）则同时使用了 Liberal Education 和"高尚教育"（Ingenuous Education）这两个概念。根据他的说法，高尚教育是绅士阶层相对于下等阶层的一种"优势"。绅士阶层一共拥有五项相对于平民百姓的优势：1、高尚教育（Ingenuous Education）；2、财富；3、闲暇；4、对其他人的权威和影响，尤其是依附于你的人，或地位比你低的人；5、名望和他人的

---

11 William Higford. *Institution of a Gentleman*. London，1658

12 Victor Morgan, A History of the University of Cambridge, Volume II: 1546-1750 （Cambridge, 2004），p.329.

13 Simpson, J. A. *The Oxford English dictionary*, Oxford: Clarendon Press，1989.

14 Richard Allestree. *The Ladies Calling*，Oxford，1705：90.

尊重[15]。因此，在十七世纪，liberal education 和"高尚教育"是同义词，两者均指*对出身高贵者的教育*。

到十八世纪，博雅教育（liberal education）这个短语开始广泛流行。它不仅出现在各种传记文学中，也不断出现在布道词[16]、教育论著当中，成为一种弥散性的、无所不在的教育学话语。也正是在这个世纪，英国首次出现了以"博雅教育"为标题的教育学著作，这标志着"博雅教育"开始成为一种自觉化、理论化、体系化的学说。

## 1.2 十八世纪"博雅教育"概念的语义学分析

### 1.2.1　通行辞典的解释

历史上第一本英文词典是 Robert Cawdrey 1604 年出版的 A table alphabetical。

根据托马斯·布朗特（Thomas Blount，1618-1679）的英语辞典"Glossographia Anglicana Nova"出版于 1656 年，是最早的英语辞典之一。根据该辞典 1707 年的版本，liberal 具有两个基本的语义：1、慷慨的，大方的（bountiful, generous, free，注意，free 在这里的语义是"慷慨的"，而非"自由的"）；2、可敬的，高雅的（honorable, genteel）[17]。这本词典收录了"liberal arts and sciences"一词，并将 liberal 解释为"适合于绅士练习的"（suitable for gentlemen to exercise）。

约翰·克尔赛 1708 年出版的《通用英语辞典》是十八世纪英国最早的权威性英语词典，也是第一本系统收录常用词的英语辞典[18]。根据该词典，liberal 有两个语义：1、慷慨的，大方的；2、可敬的，高雅的（genteel）。当将 liberal 和技艺、科学连起来使用时，liberal 的语义为"高贵的、高雅的"（noble, genteel）。该辞典专门收录了"liberal arts and sciences"这个术语，并两次对其做出解释。在第一处解释中，该辞典的解释是，"那些高贵和高雅（noble and

---

15　John Graile. *An essay of particular advice to the young gentry*，London，1711：153.

16　例如，参见 Thomas Hough. *The Happiness and Advantages of a Liberal and Virtuous Education. A Sermon preached in the Cathedral Church of St. Paul on January the 25th, 1728*

17　Thomas Blount （1618-1679）. *Glossographia Anglicana Nova: or A Dictionary Interpreting such Hard Words of whatever Language, as are at present used in the English Tongue*. London，1707.

18　在这之前的英语辞典，一般只收录"难词"。

genteel）的技艺和科学，例如文法、修辞、音乐、自然哲学、数学，等等"；
第二处解释为"那些适合于绅士学者的技艺和科学"，但没有具体列举。

Blunt, Thomas

*Glossographia Anglicana Nova:*

OR, A

# DICTIONARY,

INTERPRETING

Such HARD WORDS of whatever Language, as are at present used in the English Tongue, with their *Etymologies, Definitions, &c.*

ALSO,

The Terms of Divinity, Law, Physick, Mathematicks, History, Agriculture, Logick, Metaphysicks, Grammar, Poetry, Musick, Heraldry, Architecture, Painting, War, and all other Arts and Sciences are herein explain'd, from the best Modern Authors, as, Sir *Isaac Newton*, Dr. *Harris*, Dr. *Gregory*, Mr. *Lock*, Mr. *Evelyn*, Mr. *Dryden*, Mr. *Blunt*, &c.

Very useful to all those that desire to understand what they read.

*LONDON,*

Printed for *Dan. Brown, Tim. Goodwin, John Walthoe, M. Newborough, John Nicholson, Benj. Took, D. Midwinter,* and *Fran. Coggan.* 1707.

（图：1707 版的 Glossographia Anglicana Nova 内页）

该辞典的解释有几个特别值得我们注意的地方：

第一，和古希腊罗马的传统不同，该辞典并没有把 liberal 解释为"适合于自由人的"，而是解释为"适合于绅士学者的"。这种解释显然不同于古典传统的理解（"适合于自由人"），并深刻地影响了 17-19 世纪英国对 liberal education 概念的理解。

第二，和中世纪的传统不同，该辞典并没有将"liberal"理解为"自由的"，而是理解为"高雅的"。

第三，该辞典并没有明确区分 arts 和 sciences，例如辞典收录了"七种博雅科学"（the seven Liberal Sciences）这一词条，指出七种博雅科学包括文法、逻辑、修辞、算术、几何、天文、音乐。

第四，博雅科学的概念已经不再仅限于"七艺"，自然哲学也被列入了博雅科学的范畴。这种理解同样突破了中世纪的传统。

第五，雕塑仍然被列入手工技艺（Mechanical Arts）——也就是那些更多地依赖体力劳动而非脑力劳动的、适合于下层人民的技艺——的范畴[19]。

在约翰·克尔赛之后，英国影响最大的英国辞典编撰学家是内森·贝利，他在 1724 年版的《普遍的词源学英语词典》中完全照抄了约翰·克尔赛的上述解释[20]。

在 1731 年版的《普遍的词源学英语词典》中，内森·贝利沿用了此前对高雅技艺（liberal arts）的定义，不过，和约翰·克尔赛 1708 年的辞典所不同的是，他将绘画、雕塑、建筑也列入了"高雅技艺"的范畴[21]。也就是说，他已经认为雕塑和建筑是更多地依赖于脑力劳动而非体力劳动的科学。这表明雕塑和建筑在英国的地位逐渐提高。

在约翰·克尔赛和内森·贝利之后，影响最大的英语词典首推约翰逊博士（1709-1784）的《英语词典》（1755）。约翰逊博士对 liberal 一词的解释要更加全面一些，根据该词典，所谓 liberal，主要包括三方面的意思，即"不卑贱的，出身高贵的；适合于绅士的；慷慨的，大方的"（1.Not mean; not low in

19　John Kersey. *Dictionarium Anglo-britannicum; Or, A General English Dictionary*, London，1708，参见 art，liberal arts，liberal 词条。

20　Nathan Bailey. *An universal etymological English dictionary*，London，1724，参见 art，liberal arts，liberal 词条。

21　Nathan Bailey. *An Universal Etymological English Dictionary*, London，1731. liberal arts 词条

birth. 2.Becoming a gentleman. 3. Munificent，generous, bountiful）[22]。1828 年的修订版也做出了同样的解释[23]。

约翰逊博士的英语词典在出版后，立刻取得了巨大的成功，而且，几乎所有后来的辞典编撰者均奉之为圭臬。在解释 liberal 一词时，约翰·沃克、托马斯·谢里丹等辞典编撰家完全照搬了约翰逊博士的定义[24]。因此，在对 liberal 一词进行语义学分析时，以该词典为基础是合适的。

从约翰逊的词典来看，liberal 一词在十八世纪仍然保留了古希腊词 Eleutherios 最基本的两个义项，即"适合于绅士的"、"慷慨的"，只不过古希腊词 Eleutherios 一般被理解为"适合于自由人的"。我们注意到，在解释 liberal 一词时，约翰逊没有使用"free"这个词。不过，free 这个词的义项中却包含"liberal"，根据该词典，所谓 free，指的是：

> "自由的；不被奴役的；不被强迫的；不受限制的；被许可的；被允许的；开明的；率直的；坦白的；没有保留的；慷慨的（liberal）；不节俭的；免于贫困的；无辜的；纯真的；被豁免的；被授予公民权的；摆脱任何隶属身份的；免费的。"[25]

在这里，liberal 显然应该被理解为"慷慨的"，free 也具有"慷慨的、大方的"的含义，在这个义项上，两者的语义是相通的。这表明，liberal 和 free 的共同义项是"慷慨的"，因此 liberal 无论如何不能被理解或翻译为"自由的"。一直到 1795 年，在约翰·阿什所编撰的英语词典中，我们现在所理解的"自由的"这一层含义也没有被列为 liberal 的义项，该辞典对 liberal 的解释如下：慷慨的，不吝啬的，出身好的，生来自由的，符合绅士身份的[26]。

17-18 世纪的英语辞典一般都会收录 liberal arts，但很少收录"liberal education"。就笔者所见，唯一例外的是爱德华·菲利普斯主编的辞典《词汇

22 Samuel Johnson. *A dictionary of the English language*, London, 1799, 第 11 版, liberal 词条。

23 Samuel Johnson, John Walker, Robert S. Jameson. *A Dictionary of the English Language*, London，1828：430.

24 John Walker. *A Critical Pronouncing Dictionary, and Expositor of the English Language*, Philadelphia，1806：628.

25 Samuel Johnson, John Walker, Robert S. Jameson. *A Dictionary of the English Language*. London，1828：297.

26 John Ash. *The new and complete dictionary of the English language*，London，1795

的新世界》，该辞典 1720 年的版本对"liberal education"一词进行了明白无误的解释：

"liberal：慷慨的、大方的；或者，高尚的、高雅的（genteel）；例如，A liberal education"。[27]

据此，liberal education 的意思显然是"高尚的、高雅的教育"。不过，到十八世纪末，liberal education 又获得了新的含义，即"非专业的教育"、"与特定职业无关的教育"。例如，1797 年的《大英百科全书》对 liberal education 的解释是"与特定职业无关的教育"[28]。

### 1.2.2 十八世纪博雅教育与博雅技艺概念的语义分析

大致而言，十八世纪英国对这两个概念的理解主要有以下三个维度：

第一，liberal education 被理解为"不卑贱的"（not Mean）、高贵的（noble）、高雅（genteel）的教育。十八世纪牛津大学的教师理查德·牛顿在著作中频繁使用 liberal Education 这个概念，在使用这个概念时，他明确将 liberal 和 mean 对立起来[29]，将博雅教育与"卑贱的教育"（mean education）对立起来[30]。辞典编撰学家爱德华·菲利普斯（1720）则在辞典中指出，"Liberal arts and sciences"意指"高贵、高雅"（noble, genteel）的艺术和科学，在 liberal Education 这个短语中，liberal 的含义是"体面的、高雅的"（honorable, or genteel）[31]。

第二，将 liberal 一词用于知识、职业或教育时，liberal 的含义是"适合于绅士的"、绅士般的（gentlemanlike），或"适合于绅士-学者的"。例如，1707 年的一本英语辞典对"liberal arts and Science"的解释是"适合于绅士学习的艺术和科学"[32]。1760 年的一本通行英语辞典指出"liberal arts"中 liberal 的语义为"绅士般的"（gentlemanlike）[33]。这里的所谓绅士，最重要的不是其

---

27 Edward Phillips. *The new world of words*，London，1720,liberal 词条

28 Colin Macfarquhar, George Gleig. *Encyclopædia Britannica: Or, A Dictionary of Arts, Sciences. Vol. VI*， Edinburgh, 1797：351.

29 Richard Newton. *University Education*，London，1733：182.

30 Richard Newton. *University Education*，London: 1726, Reprinted 1733：260

31 Edward Phillips. *The new world of words*，London，1720，arts，liberal 词条

32 Thomas Blount .*Glossographia Anglicana Nova*. London, 1707

33 Thomas Dyche，*William Pardon. A new general English dictionary*，London，1760，liberal 词条。

出身，而是学问和礼仪，那些出身卑微的人也可以通过教育成为绅士，"博雅教育（liberal education）使那些先前不是绅士的人变成绅士"[34]。绅士与知识的结合，催生了独具英国特色的"绅士学者"的概念，爱德华·吉本在回顾自己生平时谈到了其祖父和父亲的教育，他说，他祖父没有接受过系统的教育，学问主要得自经验和悟性，而他的父亲则先后在威斯敏斯特公学和剑桥大学就读，享受到了"作为绅士学者的博雅教育的益处"（a liberal education as a scholar and a gentleman）[35]。

第三，在十八世纪，除了"不卑贱的"、"高贵的"、"高雅的"、"适合于绅士"、"适合于绅士-学者的"这些基本的含义之外，liberal 经常和"博学的"（learned）、"广博的"（extensive）、丰富的、充分的（Generous）等词语联系在一起，于是有 liberal and learned education、learned and liberal education[36]、extensive and liberal[37]、liberal and generous education 等说法。所谓 liberal education，往往指的是一种丰富的、博学的教育。历史学家爱德华·吉本的著作中的一段话可以帮助我们准确地理解博雅教育和博学教育（learned education）的关系：

> "她的财产并不多，但她的家庭是受人尊敬的。……他的父亲在克拉西担任牧师，收入微薄，……在这个偏僻的小村庄中，他给他唯一的女儿提供了丰富的（liberal）、甚至是博学的（learned）的教育。她通晓多种科学和语言，其成就超过了父亲的预期"[38]。

由这段话可知，liberal 和 learned 是同义词，但就语义轻重而言，后者语义更重。Liberal 可理解为丰富的、广泛的、全面的，learned 则意指博学的、渊博的。博雅教育和博学教育成为同义词，是有语义学的依据的。拉丁文 liberalis 本来就具有"丰富的"（ample）这一层含义。詹姆斯·巴克利早在 1792 年的英语辞典中就将 liberal 和丰富的（abundant）、大量的（plentiful）列为同义词[39]。当然，不同时代对"博学"的定义是不同的，在十八世纪，"博学"

---

34 Richard Newton. *Pluralities indefensible, by a presbyter of the Church of England*, London, 1745：321.

35 Edward Gibbon. *The Life of Edward Gibbon*，London，1839：28.

36 Lewis Lochée. *An Essay on Military Education*，London，1776：10-11

37 Lewis Lochée. *An Essay on Military Education*，London，1776：13.

38 Edward Gibbon. *The Miscellaneous Works of Edward Gibbon*. Vol.1, London，1814：105-106.

39 James Barclay. *A complete and universal English dictionary*，1792，large 词条。

最基本的一个标准是精通古典语言、熟读古代经典。

以上证据表明，这一时期，liberal 具有三个基本的语义维度：1.高贵的、高雅的；2、符合绅士身份的，或适合于绅士-学者的；3.博学的、宽宏的（generous）、广泛的（Extensive）、丰富的（abundant）。以往的研究注意到了 liberal 一词中"适合于绅士"的这一层语义，但却忽略了博学的、丰富的、广泛的这一层面的语义[40]。

综上， liberal education 当译为"博雅教育"。十七、十八世纪的英国人常常恭维别人接受了"博雅教育"，意思不外乎是，这个人接受的教育非常完整、充分。如果一个人不但上了公学，而且还上了牛津剑桥，那他就可以很理直气壮地宣称自己接受了博雅教育。博雅教育的理想人格是"绅士-学者"，绅士侧重文雅的层面，学者则侧重博学的层面。

相对于中世纪的"自由"七艺概念，十七、十八世纪的博雅艺术和博雅科学（liberal arts and sciences）概念有几个显著的变化：

首先，在中世纪属于工匠技艺的雕塑、绘画和建筑获得了高雅艺术的地位。雕塑、绘画、建筑获得博雅艺术地位的过程，又正好是与近代"美术"观念的形成相同步的。十八世纪是一个审美意识突显的世纪，用美的艺术来教化人成为欧洲一个普遍的共识。英国的作家托马斯·谢里丹（1719-1788）高度评价建筑、绘画、雕塑的教化功能："没有任何东西能够像诗歌、戏剧、雄辩术、绘画、雕塑那样用快乐来达到教化的效果，并且使心灵高贵，因为这些艺术代表了伟大光荣的行动和人物"[41]。

其次，博雅艺术（liberal arts）被理解为"适合于绅士或学者的技艺"，其外延大大地突破了中世纪狭隘的"七艺"范畴。一般来说，更多地与脑力相联系的艺术就属于博雅艺术，反之则为体力技艺。维塞斯莫·诺克斯指出"伦理学、逻辑学、形而上学"也属于博雅艺术的范畴[42]。苏格兰的修辞学家乔治·坎贝尔在对艺术进行分类时，将医学、航海术、军事艺术也列入博雅艺术的范畴[43]。牛津大学教师约翰·艾利夫则将"神学、法学、医学的一般性知识，逻

---

40 布鲁斯·金博尔和谢尔顿·罗斯布拉特的研究都没有注意到这一层语义。

41 Thomas Sheridan（1719-1788）. *British Education: Or, the Source of the Disorders of Great Britain*, Dublin, 1756：362.

42 Vicesimus Knox, *Winter Evenings: Or Lucubrations on Life and Letters Vol.2*, New York, 1805：228.

43 George Campbell. *The Philosophy of Rhetoric*, Edinburgh, 1808：6.

辑学、修辞学、伦理学、自然哲学和形而上学"等等列入"博雅艺术与科学"的范畴[44]。

在十八世纪，博雅艺术和博雅科学并不等同于"人文科学"。人文学主要指的是文法学科，一般包括文法、诗歌、历史、雄辩术、道德哲学。数学学科（天文、几何等）、医学、自然哲学、形而上学等属于博雅学科的知识门类并不被视为"人文学"。[45]此外，包括在博雅学科范畴中的绘画、雕塑、建筑等一般也不属于人文学的范畴[46]。

从概念史的视角来看，特别值得关注的是，在中世纪最为风行的博雅艺术（liberal arts）概念并没有引起很多的关注，很多讨论博雅教育的作者甚少使用这个概念[47]。布鲁斯·金博尔的《雄辩家与哲学家》一书通篇没有区分博雅艺术和博雅教育，在谈到英国乔治王朝时期的博雅教育思想时，他没有对博雅教育的概念进行详尽的分析，而是简单地指出："这个教师的取向非常类似于菲利普·西德尼在一个世纪前的教育，这种理解又为乔治王朝时期的英国社会所发扬，在那里，'liberal'意指教养（gentility），而'liberal arts'意指绅士的教育"。

这一概括有两点可商榷之处。首先，他忽略了 liberal 最为基本的一个语义维度：博学的、丰富的；其次，错误地将博雅教育等同于博雅艺术[48]。我们的研究表明，至少在十八世纪的英国，我们不能在博雅教育和博雅艺术之间划等号，换言之，我们不能从博雅艺术的概念来探讨这一时期的博雅教育理论。在这个时期，在课程或文化层面表达博雅教育理念最重要的概念不是博

---

44 John Ayliffe. *The Ancient and Present State of the University of Oxford*，London，1714:7.

45 约翰逊博士的英语词典对 Humanity 一词的解释则是，"人性；仁慈；和善；语言学；文法学科"，Samuel Johnson, John Walker, Robert S. Jameson. A Dictionary of the English Language，1828：355；内森·贝利的英语通用词典（1731）对 humanities （humaniores litere）的解释是："希腊语和拉丁语学习，文法，修辞学，诗歌以及古代诗人，雄辩家和历史学家。" Nathan Bailey. *An Universal Etymological English Dictionary*, 1731.humanities 词条；托马斯·谢里丹在词典中对 humanity 的解释也是"人性；人类；仁慈；语文学，文法学科"，参见 Thomas Sheridan. *A complete dictionary of the English language* vol.1，1797，humanity 词条.

46 Nathan Bailey. *An Universal Etymological English Dictionary*, London，1731. humanities 词条，p.399

47 例如，维塞斯莫·诺克斯很少提到"liberal arts"这个概念。

48 Bruce Kimball. *Orators & philosophers: a history of the idea of liberal education*, New York: College Entrance Examination Board ，1995：132.

雅艺术,而是文雅艺术( polite arts )、文雅知识( polite learning )、纯美文学( Belles Lettres ) 和人文学（humanities ）。

### 1.2.3 博雅教育的家族概念

正如罗斯布拉特所论，liberal 一词是对绅士品格的描述。而在 18 世纪，绅士的典型品格主要包括慷慨、文雅、文明礼貌、博大（largeness）等等。因此，liberal、generous[49]、large、polite、genteel 这些词语在某种意义上是相通的（liberal，generous, genteel 这三个词语是同义词），它们经常连在一起使用，由此诞生了 generous and liberal education、large and liberal minds[50]、polite and liberal education、genteel and liberal education、genteel or liberal education、elegant and liberal arts and sciences[51]等家族概念。这一时期，高雅教育（genteel education）、文雅教育（polite education）、博雅教育（liberal education）、慷慨的教育（generous education）几乎成了同义词。当然，它们仍然存在一些微妙的区别，高雅教育侧重的是社会地位，指的是"符合绅士身份的教育"，文雅教育侧重社会交往，指的是"适合于优雅社会和交谈，并使个人出类拔萃的教育"[52]，出身高贵的人肯定是 genteel 的，但未必 polite[53]。博雅教育则兼备上述含义。而且，liberal 常常与"博大"、"宽宏"、"贯通"、"博学"等含义联系在一起，这层含义是前面几个概念所没有的。

# 第二节　绅士理想与英格兰大学教育的反专业性格

如前所述，在十七、十八世纪的英国，所谓 liberal education，指的是绅士教育（gentleman's education，gentlemanly education），liberal 一词是对绅士品格的描述[54]，将 liberal 一词和知识、教育联系在一起时，liberal 最基本的含

---

49 除了慷慨之外，generous 一词还能表示"开明的"、"心胸宽阔的"等含义。

50 例如，George Turnbull. *Observations upon liberal education*（1742），Indianapolis, Ind.：Liberty Fund，2003：378.

51 William King（1685-1763）. *Political and Literary Anecdotes of His Own Times*，London，1819, second edition：200.

52 George Crabb（1778-1851）. *English Synonyms Explained, in Alphabetical Order*，London，1818：504.

53 John Platts. *A dictionary of English synonymes*，1845：152.

54 Sheldon Rothblatt. *Tradition and change in English liberal education*，Faber and Faber，1976：26.

义是"适合于绅士的"（becoming a gentleman）[55]。由此，在 liberal education 的理论话语中，liberal education 的含义从"自由人的教育"转向了"绅士的教育"。那么，什么是绅士呢？

## 2.1 绅士形象的流变

绅士（gentleman，或 gentry）一词源自拉丁文 genere，意为出身高贵者。1275 年，它最早以 gentile man 的形式出现在英语中，1297 年，其形式变为 gentilmen。在原初的意义上，绅士指出身高贵的人。在随后的几个世纪中，绅士一词又发展出其他含义，如善于积累财富者、有侠义之心者、有文化教养者、虔信宗教者，等等。[56]

内森·贝利所编撰的《世界英语词源词典》指出，绅士的身份或来自血统；或来自和平时期或战争时期所立的功勋，在获得绅士头衔后，可以携带武器。这类绅士拥有很多特权：

第一、如果绅士受到羞辱，他可以诉诸决斗；如果是农民或其他卑贱的人受到羞辱，他只能诉诸法律。

第二，在犯同样罪行的情况下，绅士受到的处罚会比农民轻。

第三、绅士可以期望得到低等人的尊敬。

第四、绅士的证词比农民的证词更有权威性。

第五、在选举地方行政长官时，绅士的投票比其它出身卑贱者的投票更有分量。

第六、绅士可以免除劳役、税收和兵役。

第七、被判除死刑的绅士，以斩首处决，不施以绞刑。在审讯绅士时，不可严刑拷打。

第八、拿下绅士的盔甲，损害绅士的墓碑，或者损害任何已故贵族的徽章，均为可罚之罪。

第九、绅士不会接受农民的决斗要求，因为两者地位悬殊[57]。

---

55 Samuel Johnson, John Walker, Robert S. Jameson. *A Dictionary of the English Language* , London，1828：430

56 Robert C. Steensma.Review of "The English Gentleman: Images and Ideals in Literature and Society"[J] *Rocky Mountain Review of Language and Literature*, Vol. 42, No. 4. （1988），pp. 240-241.

57 Nathan Bailey. *An Universal Etymological English Dictionary*, London, 1731.gentleman 词条.

到十六世纪，绅士阶层与非绅士阶层之间的区分成为英国生活中"最重要的社会区分"[58]。对绅士的教育成为这一时期最炙手可热的教育议题。对贵族、绅士、君主的教育是自柏拉图、亚里士多德以来教育学说中一以贯之的主题，柏拉图的《理想国》、亚里士多德的《政治学》、托马斯·阿奎那的《论君主制》、马基雅维里的《君主论》、英国学者劳伦斯·汉弗莱的《论贵族》（1563）等均可归入这一思想谱系，这些著作最直接地反映了教育与政治之间的密切关联。就教育理念而言，英国的"绅士"教育理念导源于意大利文艺复兴，其中卡蒂寥内（1478-1529）的《论廷臣》一书在英国的传播影响最为深远。自《论廷臣》一书传入英国后，对英国绅士的讨论一时风起，蔚为大观。[59]首开先例者为埃利奥特，他的著作有《统治者的形象》、《明智之人所需要的知识》等，其中影响最大的是 1531 年出版的《统治者之书》。该书在出版后的五十年内一共出了八版，风靡一时。此后英国一系列论述绅士教育的书籍，在观念上均受此书之影响。埃利奥特认为，理想的统治者应该熟习拉丁文、希腊文与修辞学，为了使语言更为严密，还应该学习逻辑学。地理、法律被认为是治国之术，因此必须学习。哲学、历史深具道德教诲之意味，未来的治国者也必须通晓之。

一直到十七世纪中叶，决定一个人能够被称为绅士的关键因素还是出身，而非文化或教养[60]。17 世纪初期的一位作者是这样定义绅士的：

> 以下这些就是辨别一位绅士的方法。首先，在言行举止上，他应该彬彬有礼、和蔼可亲。其次，他应当敢于与人格斗，但仅限制于正当的争执；第三，对于朋友或仆人的过失，他应该宽宏大量；第四，他必须善于理财，将金钱慷慨地给予士兵和那些需要的人，因为一个小气鬼不配被称为一名绅士。[61]

---

58 Hugh Kearney. *Scholars and Gentlemen: Universities and Society in Pre-Industrial Britain, 1500-1700*. Faber：Cornell University Press，1970，p.26.

59 详见 Ruth Kelso. *The doctrine of the English gentleman in the sixteenth century, with a bibliographical list of treatise on the gentleman and related subjects published in Europe to 1625*, 1964.

60 Peter Borsay. *The English Urban Renaissance: Culture and Society in the Provincial Town 1660-1770*，1989：226.

61 W.Vaughan. The Golden Grove （2nd edn, 1608），bk 3, ch.16.转引自 D. C. Coleman. Gentlemen and Players.*The Economic History Review*, New Series, Vol. 26, No. 1. （1973），pp. 92-116.

　　这个定义完全没有提到文化。从十七世纪下半叶开始，除了古希腊罗马道德哲学——亚里士多德、西塞罗、塞涅卡——所设想的理想人格（宽宏、慷慨、闲暇的人，大度的人，强调的是品格）和文艺复兴人文主义所设想的理想人格（多才多艺、文武双全、全面发展的人，侧重才艺）之外，基督教的因素开始渗入"绅士"的意象，虔诚、谦卑、仁慈、对邻人的爱等基督教美德同样被认为是绅士的品性，是一位完美绅士所必不可少的[62]。此时的"绅士"意象多少成了一种矛盾的杂糅体——因为宽宏大度的人的美德事实上与基督教徒的美德是存在冲突的——集古希腊罗马的慷慨的人、中世纪的骑士、文艺复兴的全才、完美的基督徒于一身。

　　至十八世纪，"绅士"的理念又为之一变。这主要表现为文化、教育的因素成为绅士定义的一个必要组成部分，由此产生了"绅士-学者"的概念。约翰逊博士在其权威词典中指出，所谓绅士，指的是"出身高贵的；虽非贵族，但出身良好的；由于其品格或职位而超凡脱俗的；这个词可以用于指所有那些因为其出身、教育或职业而值得尊敬的人"[63]。而自由人的定义则是"一个不是奴隶的人；不依附于别人的人；享有权利、特权或豁免权的人"[64]。约翰逊博士对绅士与自由人的定义透露了一些很重要的信息。根据他的定义，自由人主要指法律的地位和身份，并不具备"道德"意涵。而绅士则具有道德内涵，与人的品格相挂钩，而且，更为重要的是，人不仅可以通过出身获得绅士地位，而且可以通过"教育和职业"获得绅士头衔，这就直接揭示了"绅士"与"教育"之间的密切关联。

　　约翰逊的父亲是一名书商，因为与文化相挂钩，书商的地位比其他商业行当要高，但显然不属于绅士阶层，其祖父的身份更加卑贱，是一名"庄稼人"。因此，如果仅仅考虑出身，约翰逊无论如何都不属于绅士阶层。饶有意思的是，约翰逊的父亲在为其大儿子的洗礼仪式签名时，署的是"米歇尔·约

---

62 W. Lee Ustick. Changing Ideals of Aristocratic Character and Conduct in Seventeenth-Century England. *Modern Philology*, Vol. 30, No. 2. （Nov., 1932），pp. 147-166.

63 （A man of birth; a man of extraction, though not noble; a man raised above the vulgar by his character or post. It is used of all who are honourable by birth, education, or profession）Samuel Johnson, John Walker, Robert S. Jameson. *A Dictionary of the English Language*，London，1828：310.

64 Samuel Johnson, John Walker, Robert S. Jameson. *A Dictionary of the English Language*，London，1828：298.

翰逊，绅士"（Michael Johnson, gent.）[65]。约翰逊父亲的大胆举动表明，当时社会阶层之间的等级秩序已经开始有所松动，由商人、专业人士（医生、律师、牧师）、学者文人所组成的"中间阶层"开始宣称自己的"绅士"地位。完全靠自我奋斗取得成功的爱德华·凯夫主编的刊物《绅士杂志》试图改变绅士的传统定义，即从学问、举止的角度，而不是从出身的角度来定义绅士。出身并不高贵的约翰逊无疑会同意这一看法。尽管主张维护贵族的传统地位，但约翰逊总是时不时地在文章中对贵族阶层冷嘲热讽，讥笑他们愚昧无知、耽于享乐。正如尼古拉斯·哈德孙所指出的那样，作为文人阶层的代表，约翰逊是十八世纪"中间阶层"的代言人，这个阶层的身份认同建立在学问、德性、金钱独立的基础之上。[66]

人可以凭借教育和职业获得绅士的地位，这是十八世纪绅士定义的一个"革命"。良好的教养和学识甚至变得比出身更加重要，1773年的一首讽刺诗说："亨利八世毫无疑问是一位君主，但却不是一位绅士"[67]。作家笛福也指出，真正的绅士必须接受博雅教育，兼备学识、风度与德性[68]。而这一点在十七世纪并不是普遍性的态度，十八世纪的英国教育家维塞斯莫·诺克斯指出，一直到十七世纪末、十八世纪初，很多英国的绅士还认为学问不屑一顾，甚至是"耻辱"的，他们有精美的头衔、服饰、仪态，但却连自己的名字也不会写，他们还为此感到自豪，庆幸自己没有"学究气"[69]。

在伊丽莎白时代，乡村贵族们对郡县的生活心满意足，伦敦还不是时尚的风向标。但从十八世纪初开始，伦敦成为世界之都，成为举世闻名的商业中心。保守自满的土地贵族开始逐渐迁入这座城市。城市文明开始形塑自己的绅士意象。传统的绅士一般应该出身土地贵族，但从十八世纪开始，越来

---

65 Nicholas Hudson. *Samuel Johnson and the making of modern England*，New York：Cambridge University Press，2003：20.

66 Nicholas Hudson. *Samuel Johnson and the making of modern England*. New York：Cambridge University Press，2003：22.

67 Penelope J. Corfield.Review of "The English Gentleman: Images and Ideals in Literature and Society". *Eighteenth-Century Studies*, Vol. 21, No. 3.（Spring, 1988），pp. 378-382.

68 Stephen Copley. *Literature and the Social Order in Eighteenth-century England*，Routledge，1984：42.

69 Vicesimus Knox，*Winter Evenings: Or Lucubrations on Life and Letters Vol.2*，New York，1805：86.

越多的非土地贵族——尤其是专业人士阶层——也开始公开宣称自己是绅士。十八世纪四十年代成立的律师协会即自称为"法庭从业者的绅士社团"[70]。而 1760 年出版的一本广受欢迎的英语辞典也指出，"在现今的用法中，任何不从事卑贱的或手工行业的人都可以称为绅士，例如律师和医生"[71]。

相对于传统的土地贵族，专业人士（法律、医生、牧师、人文，等等）的优势在于学识，绝非偶然的是，也正是在十八世纪的绅士教育著作中，"绅士"的意象与"学者"的意象合而为一，绅士不再是一个鄙视学问的人，而是"学者绅士"："每一位学者都应该是一个绅士；事实上，我不能设想，一个不在某种程度上是一个文雅学者的人会是一个真正的绅士，而所谓真正的绅士，我指的是优雅的、自由的、开明的心灵。"[72]不过，过分追求学问的专精仍然是不合时宜的，绅士应当以业余者和通才的态度去涵养知识，因为过分追求知识的准确和专深会使人染上学究气，而一个学究是很难在社交场合立足的。文雅、礼貌是绅士身份最重要的标志，而学究气是文雅的大敌。[73]

十八世纪的理想绅士被认为是一个具有"慷慨精神"的人。[74]不过，在十八世纪，慷慨（liberality）一词发生了微妙的变化。在经院哲学的用法中，慷慨指一种适度的、介于奢侈与吝啬之间的德性。一个慷慨的人，无论对自己，还是对他人，都不花费过多，也不花费过少，而是遵循中庸之道。在新的语境之下，慷慨是一种与身份地位相联系的德性。一个慷慨的人，应该能够和善地对待他人，因为这是良好出身的标志，是绅士风度的体现。当然，除了好脾性之外，慷慨还意味着一个人乐善好施、不吝钱财，善于结交朋友、与人为善，拥有非凡的谈吐、优雅的风度。[75]

---

70 Penelope J. Corfield.Review of "The English Gentleman: Images and Ideals in Literature and Society" *Eighteenth-Century Studies*, Vol. 21, No. 3.（Spring, 1988），pp. 378-382.

71 Thomas Dyche，William Pardon. *A new general English dictionary*, London，1760，gentleman 词条。

72 Vicesimus Knox. *Liberal Education* London: Charles Dilly,*1785* 卷一，第七版，p.84.

73 Lawrence Klein. "Politeness" as linguistic ideology in late seventeenth-and eighteenth-century England . Dieter Stein, *Ingrid Tieken-Boon van Ostade. Towards a Standard English, 1600-1800*， 1994：38

74 Sheldon Rothblatt. *Tradition and change in English liberal education*. Faber and Faber，1976：25-26.

75 Sheldon Rothblatt. . *Tradition and change in English liberal education*. Faber and Faber，1976：61-62.

十八世纪下半叶，独立成为一种不断被强调的绅士品格。在传统上，独立被认为是一项贵族的特权。在议会政治中，独立的精神则是一种可贵的政治德性，它使得参与政治的上下级能够彼此尊重。[76]

如果说十六、十七世纪的廷臣和绅士更多的是一个"政治人"的话，十八世纪的绅士则更多的是一个"社会人"。他更多地关注礼仪、言谈、品位，而非政治[77]。而且，和十六、十七世纪的绅士不同的是，在十八世纪，决斗被认为是不符合绅士身份的。

虽然英国的教育理想人格的通用名称是"绅士"，但自由人的符号并没有销声匿迹。绅士首先必须是自由人。13世纪的英国法学家亨利·布雷克顿（1210-1268）在他的《论英格兰法律和习惯》开首一章区分了自由人和奴隶，并把"生活在对他人的支配的屈从中的任何人"定义为奴隶。1389年维也纳大学的章程禁止非自由出身（如农奴）的人获得学位。英国大学的立场相对要缓和一些，在15世纪，英国大学对农奴出身者的教育之限制有所减弱。但总的来说，非自由人是不受欢迎的。1443年全灵学院的条例规定，非自由人出身者不得入学。有些学院没有做这样的规定，但出身农奴仍被视为污点，与学术生活不相称。所以一旦他们入学后，便会尽可能快地清除自己的非自由身份。[78]

在十八世纪的"自由人"意象中，自由通常被界定为对欲望的超越。苏格兰的思想家乔治·特恩布尔指出，有三种人，即沉思的人、行动的人、骄奢淫逸的人；第一种人全身心地投入到沉思之中，从来不行动，但这种人将会做出一些对社会有益的重大发现；第二种人投身公共事务，但如果他不熟悉真正的哲学，就可能犯错误，或者被欺骗，从而给千千万万的人们带来灾难；第三种人耽于享乐，沉湎于感官世界，这些人是"放荡的奴隶"，他们像匍匐在地的野兽，既可怜，又卑贱。而博雅教育应该培养热爱自由的文雅之士[79]。

---

76　Sheldon Rothblatt. *Tradition and change in English liberal education.* Faber and Faber，1976：27

77　Sheldon Rothblatt. *Tradition and change in English liberal education.* Faber and Faber，1976：59.

78　Cobban, Alan B. *English university life in the Middle Ages*，London: UCL Press，1999：18.

79　George Turnbull. *Observations upon liberal education*（1744），Indianapolis, Ind.：Liberty Fund，2003：54.

十八世纪的英国人深信，他们是"生活在自由国度的自由人"，而且，他们认为，博雅教育和对自由的热爱之间存在直接的联系。大约在 1759 年的时候，一位剑桥的研究员写到："一旦获得权力，一位生来的奴隶必然会被教育成一位暴君。这种转变是必然的、迅速的，中间没有任何自然的自由。"另外一位同时代的人则说，剑桥、牛津的仆人、穷学生对富人总是有仇恨心理。其中所暗含的逻辑颇类似于尼采关于奴隶道德的论述：做过奴隶的人总是倾向于奴役别人。因此，必须通过"自由"教育来培植人们对自由的热爱。处于被奴役状态者，必须通过自由教育来获得自由，培养其交际能力、文雅礼仪和良好的谈吐。[80]

尽管十七、十八世纪的英国早已告别了奴隶社会，但自由人－奴隶之间的二元对立依然在某种程度上延续了下来。对绅士的教育首先仍然是对"自由人"的教育。在十八世纪的伦敦，仆人依然被用作教育理想人格的反面形象，主人-奴隶的比喻依然具有鲜明的教育意涵。所谓绅士，就是具有和仆人不一样的品格、教养的人。这一时期的主-奴的关系发生了深刻的变化。仆人越来越渴望自由，结果主仆关系更加紧张，仆人的地位反而下降了。家仆不再被视为家庭的成员。主人与仆人的关系是契约性的，并不稳定。仆人的形象越来越负面。仆人出身卑微，举止不雅，肤浅无知，一句话，他们是"奴性的"。人们甚至担心，儿童在家庭中与仆人接触，会不知不觉染上仆人的坏习惯，这显然不利于培养儿童的文明、慷慨等绅士美德。于是，越来越多的人主张儿童在学校中接受教育。[81]

法国大革命之后，"最聪明的人、最好的人——作家、知识分子、改革者——都认为绅士的理想和现实非常不合理，而且没有价值。"[82]法国人抛弃了绅士的理想，但这种理念仍然为英国社会完好地保存着，一直到十九世纪，大学、公学的教育宗旨仍然是培养绅士。

---

80 Sheldon Rothblatt. *Tradition and change in English liberal education*，Faber and Faber，1976：67

81 Sheldon Rothblatt. *Tradition and change in English liberal education*，Faber and Faber，1976：71-72.

82 David Castronovo. *The English Gentleman: Images and Ideals in Literature and Society*, New York: Ungar, 1987：117.

## 2.2 绅士教育的场所：私学、公学、游学、大学

在追溯了绅士理念的发展简史之后，我们再来看一下绅士是如何涌入英国大学，并成为英国大学的教育"理想人格"的。

传统上，英国的贵族和绅士并不十分重视学问。一直到 1500 年的时候，一位英国绅士仍然在书信中表示打猎、捕鹰才是绅士子弟的正事，读书识字完全是蠢人的事情。甚至到爱德华六世当政时，英国议会中的一些贵族依然是文盲。[83]1307-1485 年，牛津和剑桥大约培养了 30000-45000 名学生，其中只有 88 人出身贵族。[84]宗教改革完成之后，人文主义教育正好迎合了贵族阶层的需要，为了巩固自身的贵族地位，贵族子弟纷纷涌入牛桥两校，从 16 世纪开始，英国大学中出身贵族的学生逐渐占据较大的比重[85]。早期英国大学中占据主导地位的"衣衫褴褛的教士、织工、屠夫的儿子"逐渐为"爵士、地主、律师的儿子"所取代。[86]

在德国、法国等国家，贵族一般将继承爵位的长子交给私人教师去管教，或者送他们去专门性的学校就读，这些贵族继承人所接受的古典教育一般来说比较肤浅。如果次子们希望从事医学、牧师、法学等高尚职业，也会送他们到大学或者其他教育机构。而在英国，大量的贵族长子在宗教改革之后涌入牛津和剑桥，构成了一种与众不同的现象。大学第一次面临一大批尚未成年、而且对学问并不抱浓厚兴趣的贵族子弟。对这些尚为成年的贵族子弟来说，牛津、剑桥充当的是"父母"的角色。为了满足这些需要，导师制、馆舍制、学院制逐渐发展起来，并成为英格兰教育的一大特色[87]。

随着越来越多的贵族子弟进入牛桥两校，学生之中开始出现了等级之分。学生按照家庭出身分成三类：贵人（nobleman），他们支付昂贵的学费，不必考试即可获得学位，并享有和院士同桌共餐的特权；公寓生（pensioners），大

83　F.W.Farrar. *Essays on a liberal education*, London，1867：46.

84　Joel T. Rosenthal, 'The Universities and the Medieval English Nobility', *History of Education Quarterly*, 9 （1969），415-37

85　Cobban, Alan B. *English university life in the Middle Ages*, London: UCL Press，1999：6.

86　Willis Rudy. *The universities of Europe, 1100-1914：a history*，London and Toronto：Associated University Presses，1984：71.

87　M.G. Brock and M.C. Curthoys. *The History of the University of Oxford－v.6. Nineteenth-century Oxford （pt.1）*, Oxford: Clarendon Press, 1997：83.

多来自中等阶层家庭，支付住宿和学习费用，但少一些；最后是工读生（sizar），他们来自贫困家庭，领取助学金，免除学习费用，但必须在学院中提供服务。

**表1：剑桥大学学生的社会出身：1603-1640**

|  | 绅　士 | 牧师、商人与其他专业团体 | "中间阶层"[88]及其他 |
|---|---|---|---|
| 1560-69 | 41% | 4% | 55% |
| 1580-89 | 41% | 12% | 47% |
| 1600-09 | 47% | 27% | 26% |
| 1620-29 | 47% | 38% | 15% |

由表1[89]可知，从1560-1629年间，剑桥大学中出身中上层阶级的人数越来越多，在此后的两个世纪中，英国大学的贵族色彩有增无减，大学在此后的几个世纪中事实上成为有闲阶级、贵族门第的禁脔，大学的宗旨是造就政界、宗教界的精英。

十八世纪，牛桥两校进入所谓的"冰河时期"。学校生源越来越少，有些学院的学生甚至不到招生计划的一半，大学整体状况非常不景气，师生士气萎靡，教师生活腐化堕落，一年四季在吃喝、闲谈、睡觉中度过，交谊厅建立后，开始贮藏大量的酒，成为集体酗酒作乐的场所。由于教师禁止结婚，抑郁症在教师中广为流行，自杀现象时有发生。由于女性稀少，有些教师甚至变成同性恋者，猥亵学生。学生大多也无心向学，整日游玩闲逛，或者将时间消磨在咖啡馆、茶馆等校外场所，或者骑马打猎，甚至勾搭宿舍服务员的女儿，或流连烟花柳巷。[90]出身牛津的十八世纪教育学家维塞斯莫·诺克斯也承认，"现在英国大学的声望大不如前"，并提到很多富有的贵族家庭都是聘请私人教师教育子女，然后送他们出国游学[91]。到了十八世纪末，大学甚至已经被认为是一个不适合于接受绅士教育的场所。有批评者指出，除了大学之外，整个社会都贞洁、严肃、正直。甚至有人推荐英国人去上苏格兰或其

---

88 原文为"mediocris fortunae"。

89 资料来源：Joan Simon：The Social Origins of Cambridge Students, 1603-1640. *Past and Present*, No. 26. （Nov., 1963），p60

90 Graham Midgley. *University Life in Eighteenth-Century Oxford*，New Haven: Yale University Press, 1996

91 Vicesimus Knox. Liberal Education，London: Charles Dilly, 1785，卷二，p.106.

他国家的大学。维塞斯莫·诺克斯在书中处处为母校辩护，但他也坦率地承认：

> "但大学改革可能是遥远的，我发自内心地认为，如果不严加防范，现在送儿子去大学是一件最危险的事情。这很可能会毁了他的学问、道德、健康和品格，以及他的运气——如果他有的话"[92]。

因此，绅士教育必须寻找另外的场所。在十八世纪，公共教育和私人教育的优劣是一个备受争议的话题，很多学者都卷入了这个问题的讨论，而且很多人赞成贵族子弟的教育应当采取家庭教育的形式。事实上，很多十八世纪的贵族子弟都在家中接受私人导师的教育。

除了大学、公学、家庭教育之外，"教育旅行"（Grand Tour）也常常被认为是接受博雅教育的重要形式。"教育旅行"，即通过到欧洲大陆去旅行来增广见闻通常被认为是绅士教育或博雅教育的重要组成部分。在国外游学对很多贵族子弟来说并不是件美差，不过，他们还是得迎合潮流，因为游学往往被视为获得绅士资格证书的一道关卡[93]。洛克在《教育漫谈》中指出，游学或旅行是教育的最后部分，通常认为，游学结束之后，绅士教育就功德完满了。教育旅行不仅可以使贵族子弟熟悉各国风土人情，还可以使他们借此学会意大利语、法语等流行的语言。十八世纪，牛桥两校急剧衰败，社会上对两校的教育越来越不信任，教育旅行现象更为多见。亚当·斯密和休谟就都曾当过贵族家庭的私人教师，并陪伴学生游学。牛桥两校事实上已经不是承载博雅教育的最主要场所，咖啡馆、社交圈子、舞蹈教师、公学都在致力于培养"文雅的绅士"。

进入十九世纪，伦敦给人的新鲜感也逐渐褪色，一度作为博雅教育之场所的伦敦的俱乐部、沙龙、私室、咖啡馆，再度让位于正规的教育机构——大学。

## 2.3 绅士教育与社会"支配结构"：英国大学的反专业性格

在分析培养"有教养的人"这一理念在不同文化中的表现时，马克斯·韦伯指出：

---

92 Vicesimus Knox. *Liberal Education*, London: Charles Dilly, 1785，卷二，p.116.

93 W. E. Mead. *The Grand Tour in the Eighteenth Century*，Ayer Publishing，1970：406.

"在封建制、神权政治与家产制的支配结构，英国的望族行政、昔日中国家产官僚制以及在所谓民主制时期希腊城邦的群众领导者的支配下，尽管其间仍有甚大差异性，其教育的目标与社会评价的基础乃在（如见之于标语者）'有教养的人'，而非'专家'。此处所用的'有教养的人'，完全不带任何价值意味，所指的纯粹只是教育的目标乃在培养一种必须被加以'教养'的生活样式的特质，而非专精于一业的专门训练。这种教育的目标可以是一种骑士的教养、禁欲的教养、文人的教养（例如中国）、体育与艺术的教养（例如古希腊）、或者是盎格鲁-撒克逊之习律的'绅士'的教养。在这种意义上的人格'教养'构成教育的理想，而且这个理想是受到支配结构与统治阶层所属社会的各种条件所制约"[94]。

韦伯在这里所说的"支配结构与统治阶层所属社会的各种条件"，放到英国的语境来说，当然包括当时英国的阶层结构、政治制度、文化习俗，等等。但最根本上指的是英国的"望族行政"。在"望族行政"的支配结构之下，两所古老的大学一直处于英国社会的金字塔尖，并将其目标定位于培养政治精英和社会精英——政治家、牧师、律师、医生，等等。牛桥两校的毕业生也成为英国政治界中一种支配性的垄断势力。据统计，在1799年英国上院的255名议员中，63.5%毕业于牛桥两校[95]。

望族行政的支配结构不仅决定了牛桥两校的教育宗旨是培养政治精英和神职人员，而且也决定了牛桥两校独特的组织结构和教育体制。这种独特性首先表现在牛桥两校自文艺复兴以后便一直抗拒狭窄的专业教育，倡导体现人文主义理念的博雅教育。

英国大学从中世纪的职业训练机构转变为培养通才的博雅教育场所，这一历史性转变发生在十六世纪。十六世纪形成并巩固了牛桥至今保留的一些特征：专业学院的萎缩、通识教育或博雅教育在大学中的核心地位[96]。在十七、十八世纪，德国、法国、意大利等国家的大学纷纷变成了以法学院、神学院、医学院等专业学院所主导的大学，艺学院持续衰落，惟独在英格兰，艺学院

---

94 马克斯·韦伯.支配社会学.康乐、简惠美译.桂林：广西师范大学出版社，2004：86.

95 阎照祥.英国近代贵族体制研究.北京：人民出版社，2006：214.

96 Anderson, R. D. *British universities: past and present*. New York: Hambledon Continuum, 2006：7.

仍独领风骚。在英格兰，法学院和医学院这两大专业学院规模非常之小，法学教育、医学教育这两种专业教育极度萎缩。这一时期的英格兰大学完全是"学院式的大学"，和德国、法国的大学差别非常之大。

英格兰的法律教育主要是在大学之外的律师会馆进行。英格兰共有四大律师公会，分别是林肯律师公会（Lincoln's Inn）、格雷律师公会（Grey's Inn）、内殿律师公会（Inner Temple）和中殿律师公会（Middle Temple）。一般认为，这些律师会馆起源于13世纪后期被称作"法律学徒"的特殊社会集团。13世纪后期，那些希望通过跻身法律职业而出人头地的中小贵族子弟云集在伦敦西区王室法院的所在地威斯敏斯特厅，通过阅读法规法令和法律著作、帮助诉讼当事人起草常规性法律文书、旁听法庭辩论等方式学习法律基础知识，形成了一个独特的"法律学徒"阶层。他们寄宿于法庭附近的某一客栈或酒馆，聘请从业律师讲课或辅导。逐渐地，居住在一起的一批法律学徒自发组成了一所简易的法律学校，从学校毕业的律师们则又组成自己的行会，继续从事法律职业教育。14世纪以后，其中4所脱颖而出，形成了后来的四大著名律师会馆。律师会馆由著名律师组成的主管委员会负责管理，学徒至少在学院中学习7年（后来改为5年），并经学院主管委员同意后，方可成为辩护律师，取得出庭资格。

在律师会馆中，学生主要通过与开业律师共同生活来学习法律。当律师出庭的时候，学生也会陪伴左右。律师一般会在法庭中为学生们特别预留一张长凳子，并随时对学生进行指点。法律史学者估计，大概英格兰三分之一的士绅都曾经参加过律师公会的学习。很多在律师会馆读书的贵族子弟并不打算日后专门从事法律职业，他们主要希望在这里获取一些法律知识，学习社交礼仪，缔结社会关系，从而为未来的政治生涯打下基础。这些律师公会的教育，对于英格兰社会的政治生活，以及文化和思想方面来说，至少在18世纪前，其影响可能并不亚于牛津与剑桥，所以被称为英格兰的"第三所大学"[97]。

牛桥两校的法律教育不仅规模很小，而且一直都限于讲授罗马法。直到1758年和1800年，牛津大学和剑桥大学才分别开设了用英语讲授的英国法课程，但其规模仍无法与律师会馆相比。再者，牛桥两校的法律教育一直自觉

---

97 不过，律师会馆在很多方面却和传统大学截然不同。律师会馆没有全职教师，没有固定的课程，也不颁发学位。参见 Wilfrid Prest. "Legal Education of the Gentry at the Inns of Court, 1560-1640". *Past and Present*, No. 38. （Dec., 1967），pp. 20-39

地和律师会馆的实践性教育保持距离，坚持区分双方的楚河汉界。即便是在 1875 年的法律改革之后，两校的教师也并不想挑战律师会馆的地位，仍然将培养普通法律师的责任留给律师会馆。在他们的大学课堂中，讲授的内容包括罗马法、国际法、宪政史等，但绝不涉及律师在平时办案中所实际使用的法律。1884-1904 年，伦敦大学四度提议与律师会馆合作办学，为了赢得律师会馆的支持，伦敦大学甚至不惜自降身价，将课程、教师聘任、考试等大权拱手交给律师会馆。但诚意并没有获得律师会馆的回报，律师会馆最后拒绝了所有这些提议。律师会馆在律师培养方面的垄断性地位一直维持到二战期间[98]。

与法律教育的情况类似，牛桥两校的医学教育也很不发达。牛津、剑桥两校一直有专业的医学教育，医学毕业生垄断了皇家内科医师学会，但其招生规模非常之小，剑桥大学在 19 世纪中期时每年仅有 6 名医科学生，有时每年只有 2-3 名学生，这些稀少的医学精英主要为宫廷和贵族服务。当时的从医人员大概分成内科医生、外科医生和药剂师这三个等级，他们从不同的行业团体那里获取许可证。其中内科医生隶属于皇家内科医学院，外科医生在 1540-1745 年间隶属于一个和理发师有联系的行会，皇家外科医学院直到 1800 年才成立。药剂师学会则于 1617 年获得特许状。大学并不培养外科医生、药剂师，后两者主要在行会、医院等机构中获取专业技能。医学教育基本在各大医院进行。如伦敦的圣托马斯学院、盖伊学院、圣乔治学院等均从事医学教育。可以说，直到 1830 年代，英格兰的医学教育基本上是和大学相分离的。[99]即便是 1871-1880 年这十年间，牛津获医学学士的毕业生也只有 45 名，剑桥则有 83 名。[100]与英格兰大学形成鲜明对比的是，在 1720 年代，德国的哈勒大学就有约 500 名医科学生，是剑桥大学的数十倍。苏格兰的爱丁堡大学也于 1736 年建立了实力雄厚的医学院。[101]。

---

98 Michael Burrage. "From practice to school-based professional education：Patterns of conflict and accommodation in England, France, and the United States" .in Sheldon Rothblatt. *The European and American university since 1800 : historical and sociological essays*, New York: Cambridge University Press ，1993：145.

99 王承绪.伦敦大学. 长沙：湖南教育出版社，1995：11.

100 M.G. Brock and M.C. Curthoys. *The History of the University of Oxford－v.6. Nineteenth-century Oxford （pt.1）*, Oxford: Clarendon Press,1997：566.

101 不过，这种局面后来逐渐有所改观，面对行会、药剂师协会等机构的竞争，大学逐渐扩大医学教育的规模，到 1900 年，剑桥大学的医科学生达到了 100 名。（英）威廉·F·拜纳姆.19 世纪医学科学史. 上海：复旦大学出版社，2000：13，224.

　　到十八世纪，与同一时期的哥廷根大学、莱顿大学、爱丁堡大学发达的医学、法学教育相比，牛桥两校对专业教育的排斥是非常引人注目的。但很多人对两校的教育体制表示赞赏，认为牛桥两校虽然不能使学生获得一技之长，但却能真正塑造一个人的高贵品格。十八世纪的文学家奥利弗·戈德史密斯说：

> "如果我穷的话，我会送儿子去莱顿大学，或爱丁堡大学，虽然两所学校，尤其是第一所学校每年的花费都很高。如果我富有，我会送他去我们自己的其中一所大学（指牛津和剑桥）。通过接受第一种大学的教育，他最有可能过上好的生活；通过接受后一种教育，他最有可能变得伟大"[102]。

　　不少人都认为，英格兰公学和大学的绅士教育培养了"世界上最能干的律师和公务员"，就此而言，这种教育是相当成功的。一直到十九世纪五十年代，牛桥的教育依然以博雅教育为主，神学、法学、医学的专业教育几乎可以忽略不计。而在 1810-1850 年代，即便是深受洪堡的"修养"观念影响的柏林大学，神学、医学、法学学部的学生人数一直都超过哲学学部（见表2）。

**表2 ：1811-1860 年柏林大学各院系学生人数[103]**

| 学部 | 1811 | 1820 | 1830 | 1840 | 1850 | 1860 |
|---|---|---|---|---|---|---|
| 哲学 | 21 | 169 | 241 | 360 | 335 | 436 |
| 法学 | 43 | 247 | 633 | 447 | 571 | 353 |
| 医学 | 65 | 333 | 302 | 404 | 223 | 319 |
| 神学 | 69 | 161 | 611 | 396 | 183 | 314 |
| 总计 | 198 | 910 | 1787 | 1607 | 1312 | 1422 |

　　这种非专业教育占据绝对主导地位的独特教育体制结构，使得牛津、剑桥的大学教育散发出独特的魅力，也使得博雅教育的观念能够持续不衰、历

---

102 Oliver Goldsmith（1730-1774）. *An enquiry into the present state of polite learning in Europe*, London，1774：148.

103 M.G. Brock and M.C. Curthoys. *The History of the University of Oxford － v.6. Nineteenth-century Oxford（pt.1）*, Oxford: Clarendon Press,1997：110.

久弥新。法国艺术史家丹纳曾于 1862 年参观伊顿、哈罗、拉格比公学以及牛桥两校，英格兰大学对道德教育、人格塑造的重视给他留下了深刻的印象：

"在这里，要紧的永远是伦理内容、精神氛围、心灵的塑造以及学生个人的爱好。"[104]在他看来，英格兰大学本质上是个俱乐部："在许多方面，英格兰大学是年轻的贵族和乡绅子弟的俱乐部，或至少是富家子弟的俱乐部。[105]"

## 第三节　非国教学园、牛桥与苏格兰大学：博雅教育的三种版本

如上所述，18 世纪的博雅教育旨在培养绅士，是一种带有反专业色彩的教育，对于这一点，所有 18 世纪的英国教育学家均无异议。但至于如何实现这种教育，事实上存在着不同的、相互竞争的版本。

斯金纳在批评洛夫乔伊时指出："没有单一观念的历史可供我们书写。我们要撰写的历史应当聚焦于**使用这一观念的不同的行动者，他们身处的不同情境，以及使用观念时的不同意图。**"[106]这段话用于 18 世纪的博雅教育观念史也非常贴切。我们发现，在 18 世纪的英语世界，并不存在单一的博雅教育观念，所存在的是多元的、相互竞争的关于何谓博雅教育、如何实施博雅教育、博雅教育应当由哪些课程构成的不同论说和话语。

在 18 世纪的英国，提供高等教育（或相当程度的教育）的机构可以分为三个组成部分，牛津剑桥、苏格兰大学（主要包括阿伯丁大学、格拉斯哥大学、爱丁堡大学、圣安德鲁斯大学）以及非国教学园（Dissenting academy）。根据 1662 年的《宗教统一法案》（Act of Uniformity），所有的大学教师和学生都必须宣誓效忠英国国教，因此，非国教派信徒实质上被剥夺了在英国大学接受教育的权利。为了使自己的子女接受教育，非国教派信徒创办了自己的学园，学园虽然没有大学的名头，但提供的教育水平与牛津、剑桥相当。曾

---

104 D. C. Coleman. "Gentlemen and Players".*The Economic History Review*, New Series, Vol. 26, No. 1. （1973）, pp. 92-116.

105 H.Taine. Notes on England. （Trans. and ed. by E.Hyams, 1957）, p.118.转引自 D. C. Coleman. *Gentlemen and Players.The Economic History Review*, New Series, Vol. 26, No. 1. （1973）, pp. 92-116.

106 Kari Palonen, "Rhetorical and Temporal Perspectives on Conceptual Change," Finnish Yearbook of Political Thought 3 （1999）: 41–59

任教于沃灵顿学园的普莱斯特里（Priestley, J）甚至希望学园能够"胜过牛津和剑桥"。[107]

18 世纪是英国博雅教育理论的一个重要阶段，专门论述博雅教育的代表性论述有英国科学家普莱斯特里（Priestley, J）1765 年所写的论文《面向公民生活和积极生活的博雅教育课程》[108]，英国教育家维塞斯莫·诺克斯 1781 年的著作《博雅教育：或，关于获取实用与文雅知识的应用性论文》以及苏格兰道德哲学家乔治·特恩布尔（George Turnbull）在 1742 年所著的《论"自由"教育》（Observations upon liberal education）、英国牧师列维斯·特纳 1791 年所写的小册子《教育系统概说》（An Account of the System of Education, used at a Seminary for the Admission of Pupils on a liberal and extensive Plan）[109]，等等。巧合的是，其中三位最重要的博雅教育理论阐述者普莱斯特里、特恩布尔和诺克斯分别来自于非国教学园、苏格兰大学和牛津大学。在本节中，我们集中分析这三位学者的博雅教育思想。

## 3.1 普莱斯特里："面向公民生活和积极生活的博雅教育"

18 世纪的英国自然科学家约瑟夫·普莱斯特里（1733-1804）是第三代非国教学园中"最重要的人物"[110]，同时也是英格兰最早论述博雅教育的作家之一。因此他对博雅教育的论述能够集中体现非国教信徒以及非国教派学院的博雅教育理念。

普莱斯特里出身商人阶层，是一位面料商的儿子。1745 年进入文法学校，学习希腊语和拉丁语。在没有教师指导的情况下，自学并精通了物理学、哲学、数学、古代近东语言、现代语言等多种学问。普莱斯特里信仰一神论教义，作为非国教派的信徒，他没有权利在英国的公学以及牛津、剑桥接受教育[111]，他的正规教育是在达文垂的一所非国教派学园中完成的。

---

107 Yusef Azad, The limits of university: the study of language in some British universities and academies 1750-1800, *History of Universities*, VII, 1988, 117-147.

108 Priestley, J.: 1765, *An Essay on a course of Liberal Education for Civil and Active Life*, London. （Reprint: London: Routledge/Thoemmes Press 1992.）

109 Lewis Turner. *An Account of the System of Education, used at a Seminary for the Admission of Pupils on a liberal and extensive Plan*. Williams，1791.

110 Miller, Thomas P. "Where Did College English Studies Come From?" *Rhetoric Review* 9 （Fall 1990）: 50-69

111 经过 1662 年的测试法案（Test Acts）之后，非国教徒既不能入英国的大学，而且被剥夺了投票和担任政府、军队公职的权利。

1761 年，普莱斯特里在英格兰西北部兰开夏郡的沃灵顿学园谋到一份教职，教授"语言学和纯美文学"[112]，沃灵顿学院是一所当时很有名气的非国教派学园，他在这个学校一直任教到 1767 年。和他的前任一样，普莱斯特里主要讲授"语言理论讲座"、"雄辩术与批评学"这两门课程。在教学的过程中，普莱斯特里发现了一个很突出的问题，即虽然他的很多学生都是将来要参加"公民生活和积极生活"（civic and active life）的年轻人，但学园的课程却主要是为那些准备从事博学职业（Learned professions）的人而设计的。普莱斯特里对此甚为不满，为了使学生学到实用的知识，他开设了三门新的课程，即"历史与一般政策"、"英格兰的法律与制度"以及"英格兰历史"[113]。

1765 年，普莱斯特里发表了《论面向公民生活和积极生活的博雅教育》（An Essay on a course of Liberal Education for Civil and Active Life）一文。根据普莱斯特里自己的解释，这篇论文的目的是向沃灵顿学园的校长和董事们推荐并解释他在沃灵顿学园所开设的三门课程：通史和一般政策、英格兰史、英格兰的法律和制度。这篇文章出版后影响很大，在 1826 年前，它再版了 16 次[114]。下面，笔者将主要依据这一文本，对普莱斯特里的博雅教育学说进行分析。在分析普莱斯特里的博雅教育学说时，我们有必要先了解他所代表的非国教派学园的教育传统。

### 3.1.1 非国教派学园的教育传统

经过 1662 年的宗教统一法案之后，非国教徒既不能入英国的大学，而且被剥夺了投票和担任政府、军队公职的权利。为了让自己接受到一定程度的教育，非国教徒不得不创立自己的学校，在教育史上，这些学校一般被称为"非国教派学园"（Dissenting Academies）。最早的非国教派学园建立于 1662 年。早期的学园教师大多是在牛桥接受的教育，因此这时候的课程也大多遵循的是牛桥两校以古典语言和古典文学为核心的博雅教育模式，但 1670 年代和 1680 年代任教于学园的 Charles Morton（1627-1698）就开始超越古典语言、

---

112 Joseph Priestley. *Lectures on History and General Policy: to Which is prefixed, An Essay on a Course of Liberal Education*，Dublin，1791：P.v.

113 Joseph Priestley. *Memoirs of the Rev. Dr. Joseph Priestley, to the year 1795*. London，1809：42.

114 Robert E. Schofield. *The Enlightenment of Joseph Priestley*，Pennsylvania State Press，1997：121.

亚里士多德哲学和数学的传统模式，他不仅用英语授课，而且开始引入当代政治理论、地理学、实验科学等现代科目。他的学生当中包括《鲁宾逊漂流记》的作者笛福。[115]

1688 年，英国爆发光荣革命。翌年，英国政府颁发了"宽容法案"。非国教徒的境遇得到了改善，所建立的学院也逐渐变成常设机构。非国教派学园的发展进入了第二阶段。第二阶段的代表人物是菲利普·多德里奇（Phillip Doddridge）。多德里奇在 1729-1751 年间任教于北安普敦的非国教派学园，他也完全用英语授课。和其他非国教派教育家一样，多德里奇强调政治理论的教学，尤其是自然权利学说和宪法。他的授课内容中包括洛克的《政府论》以及普芬多夫和格劳修斯的著作。根据学生们的回忆，多德里奇在教学中最大的特点是，在论述某一问题时，他会同时列举正反两方的观点，并允许学生做出独立的自主判断，从而助长了自由探究和怀疑主义的精神，这一点和牛津、剑桥灌输式的教育显然是不同的。

1750 年代，非国教派学园的发展进入第三阶段，这一阶段最著名的代表人物是任教于沃灵顿学园（Warrington Academy，1757-1786）的普莱斯特里。沃灵顿学园是一所由非国教信徒创办的私立学校。学园的办学方针深受苏格兰教育哲学的影响，创办者约翰·瑟顿（John Sedon）就毕业于格拉斯哥大学，从学于苏格兰启蒙运动之父弗兰西斯·哈奇森。沃灵顿学院拥有神学、自然哲学、语言学和文学（Belles Lettres）四个科目的教席，普莱斯特里担任的是文学科目的教席，尽管他本人更希望担任自然哲学科目的教师。

根据创校之初的考虑，沃灵顿学园的办学对象是面向那些"参与商业生活和从事博学职业（指神学、法学和医学）的人群"。1760 年的董事会报告同时又强调学园应当"在实验的基础上增进自然知识，尤其是与制造业和商业相联系的知识"[116]。和牛津、剑桥不同，学园的毕业生大多从事医学、法律、商业、军事等行业。根据某历史学家的统计，沃灵顿学园的毕业生中，从事牧师职业的仅有 22%，约有 40%经商，而从事法律和医学行业的约有 10%。[117]

---

115　Miller, Thomas P. "Where Did College English Studies Come From?" *Rhetoric Review* 9（Fall 1990）: 50-69

116　Miller, Thomas P. "Where Did College English Studies Come From?" *Rhetoric Review* 9（Fall 1990）: 50-69

117　Thomas P. Miller. *The Formation of College English: Rhetoric and Belles Lettres in the British Cultural Provinces*. University of Pittsburgh Press，1997,p.98.

因为毕业生中从商者较多，沃灵顿学院还专门在广告中向未来的经商者宣扬其教育的用处，宣称其所提供的教育将使"他们尽早熟悉……宗教与自由的真正原则。"[118]

经商学生的增加使得学园的功利主义色彩越来越浓厚。也正因为如此，和同一时期的牛津剑桥相比，沃灵顿学园的课程更加注重现代语言、历史、自然科学等现代科目，其课程的覆盖面也更广。在牛津、剑桥以及英国公学还沉湎于古典主义而拒绝开设现代语言课程时，沃灵顿学院就开设了英文文法和英文作文课程。1762年沃灵顿学园的一份报告提到"学生不仅学习英文文法，同时也学习英语作文的常规课程。"[119]在普莱斯特里写作《面向公民和积极生活的博雅教育课程》（1765）一文时，和牛桥相比，沃灵顿学院的课程显得更加宽泛，而且吸纳了更多的现代知识，例如，在1757-1772年间，约翰·霍尔特（John Holt）负责沃灵顿学院数学、地理学和自然哲学教学。1760年，学园还为准备经商的学生引入了三年制的课程。在此基础上，普莱斯特里提议继续增加"历史与一般政策"、"英格兰的法律与制度"以及"英格兰历史"这三门课程。他的提议在1766年即被马上采纳，显示了沃灵顿学园自由开放的风气。

在1768-1770年间，普鲁士自然科学家约拿·福斯特（Johann Forster）负责学院的矿物学课程。在教授自然哲学时，董事会希望教师们能够多结合实际，并多做实验，以使这门课程更加生动有趣。尽管非国教派学园之间的教学存在一些差异，但沃灵顿学院的教育实践还是代表了非国教派学园的一般特点。

### 3.1.2 普莱斯特里对博雅教育概念的语义学分析

首先，liberal一词是与"绅士"联系在一起的。根据普莱斯特里的说法，liberal一词的含义是"值得绅士注意的"（worth the attention of gentleman）[120]，要注意的是，他将绅士限定于"从事积极生活者"，而非从事学术职业者（learned profession）。因此，这里的liberal education，最准确的含义是"面向从事积极生活之绅士的教育"。

---

118 Yusef Azad, The limits of university: the study of language in some British universities and academies 1750-1800,*History of Universities*, VII, 1988, 117-147.

119 Yusef Azad, The limits of university: the study of language in some British universities and academies 1750-1800,*History of Universities*, VII, 1988, 117-147

120 Joseph Priestley. *Lectures on History and General Policy: to Which is prefixed, An Essay on a Course of Liberal Education*，Dublin，1791:xvii

其次，liberal 与博学的（learned）一词相通，所以普莱斯特里有 "learned or liberal education" [121]的说法。另外，在有些地方，在使用 liberal education 这个概念时，他同时使用了"狭隘的"（confined）这个词，并在 liberal 和 confined 之间形成对比，我们由此可以推断，liberal 的语义与"狭隘的"（confined）相对[122]。在这个意义上，一个受过 liberal education 的人，指的是见多识广、知识渊博的人，与之相对的则是那些见识浅陋、教育贫乏的人，他们或由于贫穷，或由于天资愚笨，而未能接受全面的、良好的教育。从普莱斯特里给学生推荐的课程目录来看，其涵盖范围非常之广，确实体现出"博"的旨趣。所以，所谓 liberal education，指的是一种全面的、博学的教育。可以理解，这种教育同时必然也是昂贵的教育，是以他时不时提到这种教育的花费问题。

最后，而且最重要的是，在普莱斯特里看来，这种博学的教育是一种与法律教育、医学教育、神学教育等专业教育相对的教育。在 1800 年 5 月 8 日给托马斯·杰弗逊的回信"关于公共教育的思考"（Hints concerning Public Education）当中，普莱斯特里指出教育的场所应当分为两种，一种致力于医学、法学等专业教育，一种则致力于博雅教育（liberal education）。

普莱斯特里在信中指出，"博雅教育的课程要尽可能地全面、广泛"（A Course of liberal education should be as comprehensive as possible）[123]。在博雅教育学校当中，应当广泛讲授古代语言、Belles lettres（包括文法、修辞、批评、传记学）、数学、自然史、实验哲学、化学、解剖学、医学、地理学和历史、法律、政策总论、形而上学、道德哲学、神学等各种知识。在前者当中，学生的目的是成为一个"专业人"，在后者当中，学生则希望成为一个"绅士"和从事"积极生活"的人士[124]。

值得注意的是，尽管普莱斯特里是一名自由主义者，并且将教育和公民自由、政治自由联系在一起，但在解释 liberal education 一词时，他没有将 liberal 解释为 free 或 liberating（因此在他这里，liberal education 不宜译为"自由教育"，当译为博学教育或博雅教育）。

---

121 Joseph Priestley. *A Reply to the Animadversions on the History of the Corruptions of Christianity*，Birmingham，1783：64.

122 Joseph Priestley. *Views of Christian Truth, Piety, and Morality*，Cambridge，1834：132.

123 原文见 Gilbert Chinard, *The Correspondence of Jefferson and du Pont de Nemours*（Baltimore: The Johns Hopkins Press, 1931）Ayer Publishing，1971：17.

124 Robert Schofied. *The Enlightened Joseph Priestley: A Study of His Life and Work from 1773 to 1804*. Penn State Press, 2004：341.

### 3.1.3 普莱斯特里论面向"公民生活和积极生活"的博雅教育

在普莱斯特里看来，教育的对象主要有两种，一种是从事博学职业（learned professions）者，一种是从事积极生活和公民生活者。在他看来，当时英国公学和大学中以拉丁文、希腊语为基础的教育是仅仅为培养"神职人员和哲学家"的教育，这种狭隘的主要面向"博学职业"的教育已经不能满足现代市民社会的要求。市民社会要求公民积极地参与政治生活和公共生活。在他看来，参与积极生活的人群主要包括拥有"巨大财富的绅士、上层的律师、军官以及富商"。相应地，必须有一种致力于培养*政治家、军事领导人、律师、商人和有文化的乡绅*的教育[125]。

"从事积极生活之绅士"显然并不包括下层民众。最低阶层的人们一般都很缺乏可以自由支配的时间。因此，他们也没有机会接受良好的教育。对他们来说，教育意味着培养勤奋、正直、节制的品格，如果可能的话，可以让他们学会读写[126]。

普莱斯特里专门为这一类型的教育设计了一个课程方案，其内容包括历史（尤其是英国史、自然史、道德史，也包括古代史）、法律（尤其是英国法）、政府理论（政府的花费、税收的使用、国债、礼貌文雅在国家中的影响，等等）、商业（商业对土地价值的影响、贸易平衡、法律对贸易的干预、殖民地对商业国家的好处、爱尔兰问题、纸币，等等）、年代学、一般性的哲学知识、政治史与政治理论（早期流行专制制度的原因、专制制度的利弊、民主制度的好处、自由和科学的联系、共和政府的支持者、专制制度和民主制度的区别）、代数、几何、古典语言，等等。

值得特别注意的是普莱斯特里对古典语言的态度。因为正是在这方面，普莱斯特里和同时代的人文主义者和古典主义者分道扬镳了。希腊语和拉丁语是英国数百年来古典教育的基础，普莱斯特里承认这两门古典语言的益处，但认为它们对参与积极生活的英国绅士来说*"并非绝对必需"*[127]。

---

125 Priestley, Joseph.: 1765, "An Essay on a course of Liberal Education for Civil and Active Life", Joseph Priestly. *Miscellaneous observations relating to education*, Bath，1778：200.

126 Joseph Priestley. *Miscellaneous observations relating to education*, Bath，1778：128.

127 Priestley, Joseph.: 1765, "An Essay on a course of Liberal Education for Civil and Active Life", Joseph Priestly. *Miscellaneous observations relating to education*, Bath，1778：206.

　　普莱斯特里的课程方案非常广泛。我们甚至可以发现，起码从课程的组合来看，这一方案非常类似20世纪一些美国大学中所流行的通识教育模式，即人文学科+社会科学+自然科学的模式。但在所有这些知识中，他最注重的是历史（通史、英国史）、公共政治、英国政制与法律，因为他们最有利于培养积极参与政治的公民。例如，英国史、英国的制度和法律，这两门知识将使英国的青年更早地接触"国家的观念"，从而树立爱国精神[128]。

　　在普莱斯特里看来，法律、政府理论、政治理论等"政治知识"是与"自由"紧密联系在一起的。在"自由国家"中，政治知识是最受欢迎的题目。而在专制国家中，暴君和专制权力的朋友总是对政治知识充满怨恨。在自由的国家中，即便是最底层的民众，在国家的政治生活中也占据一席之地，拥有一定的发言权，因此他们也乐于了解政治知识[129]。反过来，参与公共生活的英国绅士学习各种政治知识，接受"博学"教育（liberal education），其目的也是为了保障国民的自由与财产。

　　作为一个政治激进主义者，普莱斯特里要求公开讨论科学和政治话题，因为惟有如此，专制才得以避免。进步将是永无止境的，而且这种进步应该通过科学的途径去追求。通过研究，我们不仅可以在科学领域取得进步，而且可以在政治和道德领域取得进步。他区分了政治自由和公民自由，并将宗教和教育归入公民自由范围。国家和教会都不应该插足教育，这样新知识才能方便地进入学校，根除教育机构的保守性。

　　普莱斯特里的意图在于将现代历史、法律、政治理论、自然科学等现代课程加入博雅教育的范围，拓宽传统上以古希腊语、拉丁语、古典著作为基础的博雅教育。而普莱斯特里所供职的非国教徒学园所开设的课程的确比公学和牛桥更为宽泛，希腊语、拉丁语、现代语言、数学、自然科学都在其课程范围之内[130]。普莱斯特里与古典教育拥护者之间的争论并非"哲学家"和"雄辩家"的冲突，而是"古今之争"。普莱斯特里反对以古典语言为主要内

---

128 Joseph Priestley. *Lectures on History and General Policy: to Which is prefixed, An Essay on a Course of Liberal Education*，Dublin，1791:xxxv.

129 Priestley, Joseph.: "An Essay on a course of Liberal Education for Civil and Active Life"，Joseph Priestly. *Miscellaneous observations relating to education*, Bath，1778：227-228.

130 Dorothy Mabel Turner. *History of Science Teaching in England*，Ayer Co Pub ，1981：43.

容的教育，但与此同时，他并不是要提倡一种培养"哲学家"的教育。相反，他认为英国教育的弊病在于仅仅培养"牧师和*哲学家*"[131]。因此布鲁斯·金博尔的"哲学家－雄辩家"框架并不能解释两者的差异。两者的冲突也并非科学与文学的冲突（例如十九世纪马修·阿诺德与托马修·赫胥黎之间的冲突可视为科学与文学的冲突），因为普莱斯特里所设计的课程，所侧重的恰恰是历史、法律和现代语言，而非"哲学家"的逻辑学或者数学。普莱斯特里的教育理论，其要害在于认为"古典语言并非必需"。在普莱斯特里看来，古典语言、教会法在现代世界所发挥的作用已经大不如前，"古代人的座右铭已经不能适应当下的世界"。以前，大学是象牙塔，大学学者所追求的知识越是远离尘世，越能赢得民众的尊敬。现在，时代变了，文雅之风使学者和普通民众的距离更加接近，交流更加频繁。大学中的人士发现他们必须谈论和民众一样的话题。现代历史、政治、艺术、制造业、商业，这些"交谈"话题采用的是英语，而非拉丁语或者别的外语。因此，"我们不能指望大学学生和他们的祖辈一样勤奋地学习古典语言"[132]，教育的内容必须变革，以应时需。例如，应当废除拉丁文散文写作、希腊文诗歌写作、拉丁文诗歌写作等传统的教育项目[133]。同时，应当将英语文法视为博雅教育必不可少的一部分，引进英国的学校教育系统，"将英语文法引入英国的学校，其合理性不容争辩……精通我们的语言对于各种职业均有实用价值，而且兼具装饰功能"[134]。

### 3.1.4 普莱斯特里的思想史意义及其影响

普莱斯特里的博雅教育理论反映了启蒙运动的影响。例如，他对现代技术的肯定性评价就非常接近法国的启蒙运动传统。正如德国学者海因茨·里恩所论，出于政治的考虑，在启蒙思潮的影响之下，普莱斯特里发展出了一种"现代"的博雅教育理论，这种理论关注的是现代经验科学、自由政治理论，认为教育应该传授实用的知识，使人能够有效地参与政治事务和公民生活，他的博雅教育理论和传统的人文主义的"自由"教育理论已经大为不同。

---

131 Joseph Priestly. *Miscellaneous observations relating to education*, Bath，1778：xx

132 Joseph Priestley. *Lectures on History and General Policy: to Which is prefixed, An Essay on a Course of Liberal Educatio*，1791:xxix

133 Joseph Priestley. *Miscellaneous observations relating to education*, Bath，1778：43.

134 Joseph Priestley. *The Rudiments of English Grammar: Adapted to the Use of Schools*，London，1772：xx.

另外，他希望教育能够摆脱国家和教会的影响，用科学、政治的激进主义取而代之。[135]海因茨·瑞恩还指出，普莱斯特里的博雅教育概念事实上已经接近我们现代所说的"通识教育"（Allgemeinbildung）概念[136]。

18 世纪，由于课程僵化，教师养尊处优、不思进取，牛津、剑桥陷入衰落期，非国教派学园却得到了快速的发展。与牛桥相比，学园的课程更加注重现代语言学和近代自然科学，学园的公立性质以及他们所提供的课程的活力吸引了很多英国的民众，特别是乡绅和商人阶层。在很大程度上，非国教派学园的教学实践标志着教育的转型，即教学内容从传统的古典学科转向法律、经济学、现代历史、现代语言学和近代自然科学。也正是在这个意义上，阿什利·史密斯认为非国教派学院的教育实践标志着"现代教育的诞生"[137]。普莱斯特里的博雅教育学说正是这种现代性教育实践的一个反映。

除了《论面向公民生活和积极生活的绅士教育》一文之外，普莱斯特里还有其他一些论述教育的著作。在当时，普莱斯特里的教育学说影响非常之大。1797 年出版的《大英百科全书》"教育"词条一共提到两位十八世纪英格兰的教育学家，普莱斯特里名列其中，另一位入选的是维塞斯莫·诺克斯[138]（我们将在下面讨论他）。《大英百科全书》还对普莱斯特里的教育学说进行了简明扼要的介绍。普莱斯特里是一位交游甚广的学者，与美国总统托马斯·杰弗逊、美国科学家本杰明·富兰克林过从甚密，这使得他成为那个时代很有影响的公共知识分子，也使得他的教育思想能够迅速跨越国界。例如，杰弗逊的教育思想和教育实践就深受普莱斯特里的影响。杰弗逊非常仰慕普莱斯特里，并一直与他书信往来。1800 年，杰弗逊筹办弗吉尼亚大学，还专门致信普莱斯特里，向他请教课程设置问题，由此可见普莱斯特里在他心目中的地位[139]。

---

135 Heinz Rhyn. "The formation of Liberal education in England and Scotland". in *Studies in Philosophy and Education*. 18:5-14,1999.

136 Heinz Rhyn. *Allgemeine Bildung und liberale Gesellschaft: Zur Transformation der liberal education in der angelsachsischen Aufklarung*, P. Lang , 1997.

137 Ashley Smith.（1954） The Birth of Modern Education: The Contribution of the Dissenting Academies, 1660-1800, London：Independent Press.

138 Colin Macfarquhar, George Gleig. *Encyclopædia Britannica: Or, A Dictionary of Arts, Sciences. Vol. VI*, 1797：342-343

139 Roy J. Honeywell. *The Educational Work of Thomas Jefferson*，Read Books，2007：172.

在十九世纪，普莱斯特里的影响仍然不减，其思想尤其引起了倡导科学教育者的共鸣。有学者甚至指出，斯宾塞最为原创性的思想几乎都来自普莱斯特里[140]。功利主义的最著名的鼓吹者边沁则表示自己所用的"功利"一词来自普莱斯特里。

在 20 世纪，普莱斯特里在博雅教育思想史上的地位显然被十九世纪的威廉·休厄尔、亨利·纽曼等人所掩盖了，但当代的学者仍然高度评价普莱斯特里在教育思想史上的地位，例如，美国学者罗伯特·斯科菲尔德认为，在洛克的《教育漫谈》(1693) 和斯宾塞的《什么知识最有价值》(1859) 之间，普莱斯特里是"教育哲学方面最为重要的英国作家"[141]。Michael Sadler 在 1932 年的演讲《面向每个人的自由教育》中，也赞赏性地认同普莱斯特里的观点，即自由教育不应当是标准化的，而应该是满足不同需要的、多样化的。[142]

## 3.2 理性与自由：苏格兰启蒙传统的博雅教育话语

同样深受启蒙运动思潮影响的苏格兰道德哲学家乔治·特恩布尔 (George Turnbull, 1698-1749 ) 在 1742 年所著的《论博雅教育》( Observations upon liberal education ) 一书是第一本以"liberal education"为标题的著作。

乔治·特恩布尔是苏格兰人，父亲是一名牧师。1711 年，特恩布尔进入爱丁堡大学学习，由于种种原因，他在十年之后才拿到毕业文凭。1721 年从爱丁堡大学毕业后，特恩布尔任教于阿伯丁大学的马歇尔学院 ( Marischal College )，担任班主任教师( regents )，教授哲学、自然法、圣灵学( pneumatology ) 等课程，在他的学生当中，日后最为有名的是苏格兰常识学派哲学的代表人物托马斯·里德 ( Thomas Reid, 1710-1796 )。由于和校长发生争执，特恩布尔在 1727 年离开了阿伯丁大学，此后以担任贵族子弟的家庭教师谋生。此时正当游学潮流如日中天，特恩布尔经常带着自己的学生周游欧洲各地。1748 年，特恩布尔在赴尼德兰旅行的途中病逝，享年 50 岁。特恩布尔一生著述甚丰，除《论博雅教育》外，主要有《道德哲学原理》( 1740 )、《论古代绘画》( 1739 )、《道德法与市民法的性质和起源》( 1739 )，等等。在这些著作当中，特恩布

---

140 H.F.Good. The Sources of Spencer's Education. *Journal of Educational Research.* 1926 ( 13 ): 325-335.

141 Robert E. Schofield. *The Enlightenment of Joseph Priestley*, Pennsylvania State Press, 1997: 121.

142 Michael Sadler. Liberal education for everybody.London: Lindsey Press, 1932,p.37.

尔对道德怀疑主义进行了批评，捍卫了道德知识的真理性，即关于道德的知识和牛顿力学一样是确实的、可靠的。[143]

现代的历史学家之所以关注乔治·特恩布尔，很大程度上是因为他的得意门生托马斯·里德。有历史学家认为，在所有老师当中，特恩布尔对托马斯·里德的影响最大。众所周知，托马斯·里德是苏格兰启蒙运动举足轻重的一位健将。正因为如此，乔治·特恩布尔也逐渐被认为是苏格兰启蒙思想的重要源头之一，他所阐述的"自由"教育思想，自然也代表了苏格兰启蒙传统的看法。

乔治·特恩布尔认为，完整的博雅教育应当是文雅、德性与知识的结合："通过将文雅（politeness）融合进知识和德性中去，博雅教育方告结束，臻于完满"[144]。值得注意的是，他在书中明确地将 liberal education 和 "*自由*"（liberty）联系起来，他说，liberal education 之所以被称为是自由的，理由就在于它教导学生"热爱自由"，同时又防止这种自由堕落为不受限制的罪恶。所谓自由，指的是"强制或限制的阙如"[145]，自由（liberty）是人类与生俱来的高贵权利。教育的目的之一是将**理性**的种子植入学生的心灵，通过理性的教导，教师"使学生获得自由"。理性和德性所赋予的自由是唯一真正的自由。一个理性的人，一个有德性的人，在行事时将遵循理性和德性的教导，从而不感觉到自己受到了限制或束缚，在这个意义上，他是"自由"的。"对自由的热爱"是人类心灵的自然情感，也是宽宏大量的基础。一个自由的人，是一个具有男子气概的人，因此教师不能像对待野兽一样对待学生，对之施加粗暴的限制。特恩布尔在这里所说的"自由"，主要指一种基于理性基础之上的内在自由。通过对不同种类的知识的学习，人可以获得控制感情的能力，从而获得一种"内在自由"。这种自由赋予人以真实的能力，使他可以行善避

---

143 David Fate Norton, "George Turnbull and the Furniture of the Mind," *Journal of the History of Ideas*. 36 （1985），701-16

144 George Turnbull. *Observations upon liberal education*（1742），Indianapolis, Ind.：Liberty Fund，2003:314.

145 "The whole business therefore of liberal education, and it is called liberal for that very reason, is to cherish into proper vigor the love of *liberty*, and yet guard it against degenerating into vice which borders upon it, willfulness or stubbornness." George Turnbull. *Observations upon liberal education*（1742），Indianapolis, Ind.：Liberty Fund，2003:40.

恶，同时避免堕落为任意妄为的自由，获得道德的完善。[146]

在思想史上，乔治·特恩布尔的新颖之处在于他将博雅教育和公民社会（Civil Society）、公民政府（Civil Government）联系起来。博雅教育的宗旨是为社会培养公民。在所有的技艺中，统治的技艺是最复杂、最困难的。因此，青年人应该知道世界上曾经存在哪些政府形式和政治制度，以及这些政治制度的兴衰沉浮、历史变迁。而且，青年人应该熟知本国的法律。[147]

和西塞罗等博雅教育思想史的经典作家一样，特恩布尔所设计的博雅教育课程方案也是百科全书式的。在他看来，所有的知识都是连为一体的，它们互相联系、彼此缠绕，就像一颗树的枝叶一样，各种知识组成了"知识树"。特恩布尔认为，除了古典语言之外，数学、逻辑、道德哲学、现代语言、诗歌、法律、绘画、历史学、地理学和自然科学都应该在博雅教育中占据一席之地。特恩布尔的教育学说深受洛克的影响。在课程问题上，他同意洛克的看法，即教育应更重视本国的语言和历史。同时，特恩布尔是最早主张将近代自然科学纳入博雅教育课程的理论家之一。

特恩布尔的课程方案，最引人注目的地方在于主张*道德哲学和自然哲学的结合*。他将所有知识划分为两大分支，其一为"物质系统的规律及其终极原因的科学"，其二为"关于人性及其规律的科学"，在他看来，这两门科学相辅相成，不管是关于自然的知识，还是关于人类世界的知识，都源自上帝，因此也与上帝的旨意相吻合，自然知识的最终目的是"让年轻人公正地认识到宇宙唯一上帝的完美"[148]。特恩布尔为自然知识长期在教育系统遭受冷遇打抱不平，在他看来，关于自然的知识和关于人类道德的知识是最重要、最实用的知识，其他所有的技艺都应该从属于这两类知识[149]。

对于波义耳、牛顿等人在自然科学方面所取得的杰出成就，特恩布尔深表赞赏，而且他认为可以采用牛顿等人的自然科学方法（即实验的方法）来

146 George Turnbull. *Observations upon liberal education*（1742）, Indianapolis, Ind.: Liberty Fund，2003:40-41.

147 George Turnbull. *Observations upon liberal education*（1742）, Indianapolis, Ind.: Liberty Fund，2003:360-361.

148 George Turnbull. *Observations upon liberal education*（1742）, Indianapolis, Ind.: Liberty Fund，2003：350.

149 George Turnbull. *Observations upon liberal education*（1742）, Indianapolis, Ind.: Liberty Fund，2003：199.

研究人类的道德："我们必须以研究自然世界的态度来研究道德现象，也就是说，我们必须通过经验的手段，去发现道德现象的一般性规律"[150]。

在他看来，自然哲学和道德哲学并不是截然分开的："当自然哲学将现象还原为一般性的规律时，它就变成了道德哲学"。在特恩布尔看来，人类应当从自然哲学的研究当中抽绎出道德的意涵，否则，这些研究就配不上"哲学"的头衔。牛顿的研究就典型地体现了道德哲学和自然哲学的结合[151]。

作为阿伯丁大学的教师，他所设计的博雅教育方案反映的无疑是苏格兰大学的传统。这一传统和英格兰大学传统的差异主要表现在以下两个方面：

首先是对近代自然科学的推崇。特恩布尔所推崇的课程模式是"自然哲学和道德哲学的结合"，而且，道德哲学应该建立在自然哲学的基础之上。特恩布尔对自然科学的推崇事实上也与当时苏格兰大学的潮流相一致。根据保罗·伍德（Paul B. Wood）的研究，乔治·特恩布尔曾经任教过的阿伯丁大学，"自然科学在艺学课程（arts curriculum）中越来越占据主导性的地位"[152]。

其次是对现代语言学的接纳，对古希腊语和拉丁语的主导地位的批评。特恩布尔认为，在很长的时间内，希腊语和拉丁语的教学占据了过多的时间，以致忽略了"实在的知识"[153]。事实上，特恩布尔曾经任教的阿伯丁大学也非常重视现代语言。到 1730 年代，阿伯丁大学用英语取代了拉丁语的教学语言地位[154]。与牛津、剑桥相比，阿伯丁大学更加注重现代学科，古典语言和古典文学的地位并不崇高，希腊语尤其不受重视，直到 1813 年，毕业于爱丁堡大学和格拉斯哥大学的迈克尔·罗素才说，在苏格兰大学，"希腊语现在被视为博雅教育的必要组成部分"[155]，这与牛桥（尤其是牛津）形成了鲜明的对比。

---

150 Gordon Graham. *Scottish Philosophy: Selected Readings 1690-1960*, Imprint Academic, 2004：45.

151 Gordon Graham. Scottish *Philosophy: Selected Readings 1690-1960*, Imprint Academic, 2004：43.

152 Thomas P. Miller. *The Formation of College English: Rhetoric and Belles Lettres in the British Cultural Provinces*, University of Pittsburgh Press, 1997：163.

153 George Turnbull. *Observations upon liberal education* (1742), Indianapolis, Ind.: Liberty Fund, 2003:386.

154 Jeffrey Mark Suderman. *Orthodoxy and Enlightenment: George Campbell in the Eighteenth Century*, McGill-Queen's University Press, 2001：14.

155 Michael Russell. *View of the System of Education at Present Pursued in the Schools and Universities of Scotland.* Edinburgh, 1813, letter 1.

特恩布尔以及他所代表的阿伯丁大学的博雅教育理念与模式强调"自然哲学与道德哲学的结合"，同时容纳现代语言学等现代学科。这一模式的成功与阿伯丁大学所施行的"班主任体制"（Regenting System）密不可分。在阿伯丁大学，学生只在第一年学习数学和古典语言，其他时间则在班主任教师（称之为regents）的带领下学习逻辑学、形而上学、心理学（pneumatology，研究心灵或精神的哲学）、伦理学和自然哲学。除古典语言和数学外，所有课程均由班主任教师负责。和教授体制中的大学教师不同，班主任并不只是担任某一学科的课程，因此也更容易打破学科的界限，将自然哲学与道德哲学结合起来。

遗憾的是，作为英语世界第一本以 liberal education 为题的著作，特恩布尔的《论博雅教育》一书在当时似乎并没有引起很大反响，在英格兰更是应者寥寥，其影响主要局限在美国和苏格兰。在写作《宾夕法尼亚青年教育的建议》（Proposals Relating to the Education of Youth in Pennsylvania）时，富兰克林曾引用过特恩布尔的观点。在苏格兰的阿伯丁大学，特恩布尔的教育思想通过他的学生托马斯·里德等人的教育实践重新获得了生命。1753 年，托马斯·里德在阿伯丁大学设置了一门名为"心灵哲学以及依赖它的诸科学"的课程，"诸科学"包括"逻辑学、修辞学、自然法与国家法、政治学、家政学、美术与自然宗教"。这门课程就反映了特恩布尔的教育思想。

苏格兰启蒙运动的重要思想家们，如哈奇森（Hutcheson）、休谟、亚当·斯密、弗格森（Ferguson, Adam）、托马斯·里德，等等，广泛地讨论了商业、知识与自由宪政秩序的方方面面，这些思想家非常重视"教育、风俗、榜样"在市民社会中的作用，但除了 David Fordyce（1711-1751）的《关于教育的对话》[156]、Alexander Gerard（1728-95）的《马歇尔学院与阿伯丁大学的教育计划》（Plan of education in the Marischal College and University of Aberdeen）等寥寥可数的著作之外，苏格兰的启蒙思想家们很少留下教育方面的论著。在这方面，特恩布尔的《论博雅教育》无疑具有填补空缺的意义，值得我们充分重视。《论博雅教育》一书可视为苏格兰启蒙运动在教育方面的一个理论宣言，其主要目的在于阐明，在一个自由的社会中，应当如何通过教育来培养合格的公民。

普莱斯特里是一位非国教教徒，而乔治·特恩布尔则是苏格兰人，他们都没有能够融入当时英国主流的精英教育体制（公学以及牛津、剑桥），因此，

---

156 David Fordyce. *Dialogues concerning Education*. London：1745.

他们两个人的教育理论并不代表当时英国主流社会的教育实践。要了解当时英国主流社会的博雅教育理念与实践，我们必须转向另外一位教育家，这就是出身牛津、根正苗红的维塞斯莫·诺克斯。

## 3.3 古典学、秩序与公民自由：维塞斯莫·诺克斯论博雅教育

维塞斯莫·诺克斯（1752-1821）生于 1752 年 12 月，米德尔塞克斯郡人。他就读于牛津圣约翰学院，并当选为院士。在牛津大学期间，诺克斯因为写得一手典雅的拉丁散文而名闻全校。他在牛津时创作的散文集《散文：道德与文学》于 1779 年在伦敦出版，并得到文坛祭酒约翰逊博士的激赏，从而在文坛崭露头角。1778 年，诺克斯子承父业，当选为滕布里奇公学（Tunbridge school）的校长，他在这个职位上一呆就是三十三年，直到 1811 年退休。在诺克斯担任滕布里奇公学校长期间，该学校的声誉上升很快，达到了创校以来的巅峰。[157]

就任滕布里奇公学校长后 3 年，也就是 1781 年，诺克斯出版了《博雅教育：或，论获取实用知识和文雅知识的实践性论文》一书，再次获得巨大的成功。此书刚刚出版，《每月评论》（The Monthly review）、《威斯敏斯特杂志》、《爱丁堡杂志》（Edinburgh Magazine）等就相继发表了书评。《爱丁堡杂志》分别在 1781 年 3 月和 1781 年 8 月三度介绍该书[158]，并对这本书评价很高，认为它"相当有价值"[159]，值得向公众推介，伦敦的《城乡杂志》（Town and Country Magazine）也认为这本书很有价值，值得向家长和教师推荐[160]，《每月评论》在 1781 年的书评中注意到这本书详细处理了博雅教育的每一个主题，而《威斯敏斯特杂志》在非常简短的书评中对这

---

157 A concise account of Tunbridge school,London，1827.p.50.

158 *Liberal Education: or, a Practical Treatise on the Methods of acquiring useful andpolite Learning.*, Edinburgh Magazine, or, Literary amusement, 53 （1781:Aug. 16） p.183; Liberal Education; or, a Practical Treatise on the Methods of acquiring useful and polite Learning., Edinburgh Magazine, or, Literary amusement, 53 （1781:Aug. 23） p.213.

159 *LIBERAL EDUCATION: or, a Practical Treatise on the Methods of acquiring Useful and Polite Learning.*, Edinburgh Magazine, or, Literary amusement, 51 （1781:Mar. 29） p.371.

160 *Liberal Education; or, a practical Treatise, on the Methods of acquiring useful and polite Learning.*, Town and Country Magazine, or, Universal Repository of Knowledge, Instruction, and Entertainment, 13 （1781:Mar.） p.155

本著作评价一般，认为它"并没有提供新鲜的、引人注目的观察"[161]，但这并没有影响它在读者中间所取得的成功，到 1789 年，短短八年间，这本书就出到了第十版，一时洛阳纸贵。而且，该书在当时还被翻译成法文出版。根据滕布里奇公学校史的记载，《博雅教育》一书所取得的成功以及诺克斯在文学方面的声誉使整个英国的很多青少年都慕名而来，只为接受诺克斯校长的教导。[162]

诺克斯在《博雅教育》一书中以赞赏性的语气引用过普利斯特里的教育观点，但整体而言，两者对绅士教育的规划大为不同。普莱斯特里是文法学校和大学的批评者，而诺克斯则是文法学校的捍卫者。

### 3.3.1 诺克斯对"博雅教育"的语义阐释

首先，liberal 不等同于 free。诺克斯不倾向于甚至避免用"Free"来解释"liberal"。例如，在引用塞涅卡第 88 封书信中对"自由人通科"的解释时，诺克斯将 homine libero 译为慷慨的人（liberal man），而非自由人（free man）。[163]而现代的古典学者一般将其译为自由人[164]。显然，诺克斯很偏爱 liberal 而非 free 这个词，更倾向于"慷慨的人"而非"自由人"的说法。这种偏爱可以从语义学的角度得到解释。在英文中，Liberal 还有"符合绅士身份的"、"宽宏大量的"、"慷慨大方的"、"心胸开阔的"等积极含义。诺克斯在书中多处使用博雅学者（liberal scholar），宽宏的心灵（liberal mind）、慷慨的人（liberal man）[165]、独立的教师（liberal instructor）[166]、博雅学校（liberal school，指伊顿公学、威斯敏斯特公学以及其他学习古典语言和古典文学的文法学校）[167]、博雅职业（liberal profession）等说法，在他这里，"慷慨的人"更接近绅

---

161　Liberal Education: or, A Practical Treatise on the Methods of acquiring useful and polite Learning., Westminster Magazine,（1781:Mar.）p.150.

162　A concise account of Tunbridge school,London，1827.p.51.

163　Vicesimus Knox. *Liberal Education.* London: Charles Dilly, 1785.卷二，p.89.

164　Matthew B. Roller. *Constructing autocracy: aristocrats and emperors in Julio-Claudian Rome* . Princeton: Princeton University Press,2001：282.

165　Vicesimus Knox. Liberal Education. London: Charles Dilly, 1785.卷二，p.89

166　liberal instructor 是指领取国家薪金而无需依赖学生的、独立的教师，这些 liberal 强调的是"独立"（independence）参见 Vicesimus Knox. Liberal Education. London: Charles Dilly, 1785.卷二，p.107.

167　Vicesimus Knox. *The Works of Vicesimus Knox, D.D.: With a Biographical Preface*, London，1824：366.

士而非自由人。[168]free除了正面的含义之外，还含有"放纵的、随心所欲地"等极其负面的含义。这种无法无天的"自由"显然不可取，在诺克斯看来，当时有些家长过分地放纵孩子，把大量的零花钱给儿子，让他们随意闲逛，至于这些钱如何花，从来不管不问，结果很多年轻人成了道德败坏的花花公子。[169]尤其在当时的牛津、剑桥，摆脱家长权威束缚之后的大学生们犹如脱笼之鸟，在尽情享受"自由"的同时走向了放纵、酗酒等道德败坏的极端，违背了"德性"的原则。牛津、剑桥学生的腐化堕落，其根源也在于权威的缺席：

> "毫不奇怪的是，当如此之多的年轻人从学校（指公学）和父母的权威中解放出来之后，他们会争相效仿，犹如脱缰之马，干出些偭规越矩的勾当。他们的激情如此强大，而理性又未成熟，经验乏善可陈。傲慢、空虚、对快乐的追逐，都会使他们做出一些出格或仅仅满足欲望的事情"[170]。

其次，liberal教育是一种"雅"的教育。在解释liberal一词时，诺克斯将它和上流社会（gentility）、文雅（elegant）、优美（graceful）等概念联系在一起，按他的理解，liberal与"高雅的"（genteel）同义，而且，凡是"高雅的"必然是优雅的、优美的：

> "和我们通常所想的相反，一所免费学校（free school）并不总是指所有类型的儿童"免费"获得教育的学校，而是一所博雅的或

---

168　维塞斯莫·诺克斯没有直接解释liberal man这个概念，但这个概念在十八世纪非常常见。年代比他稍早的英国牧师Joseph Stennett（1692-1758）曾对liberal man一词进行过颇为详尽的解释，这个解释较有代表性，可以帮助我们理解诺克斯的博雅教育理论：liberal man有时指一个非常富有的人；有时指有尊严和荣誉的人；还有时指真正虔敬、信仰笃实的人。与之相反的是那些品格低下、利欲熏心的人。……一个真正宽宏慷慨）的人，是一个在某种程度上拥有所有其他德性的人。或许我们还可以这样理解，不管是出身，还是运气，都不能使一个人超越同侪；但心灵的慷慨（generosity of the mind）却能真正地使人升华，使他配得荣誉。……我们所理解的liberal man是一个善良的、富有同情心、乐善好施的人。Joseph Stennett, the Nature, and Reward of true Liberality. A Sermon Occasioned by the Decease of Mr. Samuel Burch, London, 1741, p.11.转引自 Jörn Leonhard. *Liberalismus: zur historischen Semantik eines europäischen Deutungsmusters*，2001：112.

169　Vicesimus Knox. Liberal Education. London: Charles Dilly，1785.卷二，p.75.

170　Vicesimus Knox. Liberal Education. London: Charles Dilly，1785.卷二，p.110.

高雅的（liberal or genteel）学校，它们不像那些劣等的学校一样，只教授那些机械的、粗俗的技能。正如博学的布莱恩特所说的那样，在古典的意义上， free 意指那些"高雅的或博雅（liberal）的事物，以及那些文雅（elegant）、优美（graceful）的事物。"确实，这些事物就是学校的博雅教育（liberal education）所追求，或者说，是本书所推荐的希冀你们所获得的进步，而且也是柏拉图在以下段落中（哈里斯先生所译）所描述的东西。苏格拉底并不否认获利技艺或工匠技艺的实用性，但他宣称，教育越广博——他称之为 liberal——就越能促成更加慷慨（generous）、更有价值的宗旨"[171]。

这几个词语都与"雅"相关，elegant 指文笔之典雅，polite 指行为举止之雅，genteel 则指出身或外表之高雅。

第三， liberal 教育是一种"博"的教育。诺克斯不但将 liberal 和 comprehensive 联系在一起，而且在著作中明确将 liberal education 视为与"狭隘教育"（confined education）相对的教育[172]，这里的 liberal 显然带有"博大"的语义。诺克斯所说的"狭隘"的教育，指的是商业学校中以读写、算账为主要内容的教育形式。诺克斯认为，即便是商人阶层的子弟，也应当接受古典教育，因为古典教育可以让他们的心灵更加宽宏，成为有德之人。

根据以上的语义学分析，我们可以将诺克斯所说的 liberal education 理解并翻译为"博雅教育"。

### 3.3.2 诺克斯的博雅教育方案

#### 博雅教育的场所与形式

绅士阶层应该在哪里接受教育，公共教育与私人教育孰优孰劣，这是 18 世纪英国教育界最炙手可热的话题之一。诺克斯曾说博雅教育"独立于任何的场所或建制"[173]。不过，他又说自己不支持家庭教育或者自学教育[174]。而且，他还反对游学教育。在他看来，英国整个贵族阶层的"轻浮"习气就是被法国传染的，为了避免儿童的心灵被污染，十九岁之前，不宜游学。因此，博雅教育（起码在十九岁之前）依然需要寻求制度化的场所。作为一个实施

---

171 Vicesimus Knox. *Liberal Education*. London: Charles Dilly，1785.卷一，P.vii-viii.

172 Vicesimus Knox. *Liberal Education*. London: Charles Dilly，1785.卷二，p.212.

173 Vicesimus Knox. *Liberal Education*. London: Charles Dilly，1785.卷一，p.xvi.

174 Vicesimus Knox. *Liberal Education*. London: Charles Dilly，1785.卷一，p.27.

古典教育的公学的校长，诺克斯认为只有公学提供的教育才配得上"博雅教育"的称号，其他商业性的或技术性的学校所提供的教育则是庸俗的、机械的。在他看来，非国教徒所开小的学园尽管也教授一些拉丁文、法文，但它们的成功之处往往不过是教会学生阅读、书写和计算。[175]

大学也是接受博雅教育的制度化场所，不过，当时大学的风气非常腐化，很多贵族子弟在大学中反而染上了不良的习气，因此，诺克斯认为，去大学接受教育需要慎之又慎。《博雅教育》一书对当时的牛津、剑桥进行了毫不留情的批评。1789年，《博雅教育》一书发行至第十版，诺克斯给当时的牛津校长诺斯勋爵写了一封公开信，并将公开信附在书中[176]。为此，大学中的教师出版了一个小册子，抨击诺克斯，指责他干预校政。不过，诺克斯也指出，一旦大学洗心革面，进行改革，未来的英国绅士们最好还是在大学度过三四年光阴，以陶冶品性、增进学问。

### 博雅教育的内容

诺克斯指出，完整的博雅教育应该是道德教育、理智教育、礼仪教育的结合。不过，与道德德性和理智德性相比，才艺是第二位的。绘画、舞蹈、音乐和击剑只是一些"装饰性的才艺"，与道德理性和理智德性相比，它们是第二位的。倘若对这些装饰性的才艺评价过高，将会导致反道德、反宗教的危险，于个人不利，于国家不利。《博雅教育》一书写于十八世纪末，此时的英国绅士教育已经逐渐告别了早期的"廷臣"传统，舞蹈、击剑等教育形式的重要性开始急剧下降。

如同《博雅教育》一书的标题所显示的那样，博雅教育的主要内容是"文雅知识"，特别是以古希腊语、古拉丁语为基础的古典学知识。古典教育的目的是培养良好的品位和判断力，同时改善人的心智。

诺克斯所理解的博雅教育是对绅士的教育，这种教育既是一种理智的教育，也是一种德性的教育、品格的教育。作为一种理智的教育和知识的教育，博雅教育的内容包括"科学，哲学，文雅知识"[177]，但仅有知识的教育远远是不够的：

---

175　Patrick Bridgwater. *Arthur Schopenhauer's English Schooling*. New York: Routledge，1988：292.

176　L.S. Sutherland and L.G. Mitchell. *The history of the university of Oxford，volume V: the eighteenth century*，Oxford: Clarendon Press，1986：619.

177　Vicesimus Knox. *Liberal Education*. London: Charles Dilly，1785.卷二，p.109.

"我完全不能理解，如果不灌注与宽宏自由的心灵相称的道德情感，这种博雅教育会是完整的。[178]"这些道德情感中最重要的是对真理的热爱和强烈的荣誉感。因为荣誉驱使人追求完美、鄙视庸俗。在教育青少年时，要用荣誉感来引导他们向善。对真理的热爱是正直、诚实的保障。在诠释"对真理的热爱"这种德性时，维塞斯莫·诺克斯引用了亚里士多德的一句话："拥有伟大灵魂的人是一个自由的言说者，而且是真理的言说者。"他指出，撒谎是卑贱的、卑鄙的、气量狭窄的，一个撒谎成性的人是一个"奴性的人"。[179]撒谎是各色各样道德堕落的源头，一个信口雌黄的人"不配拥有绅士的头衔，不管他的社会地位如何优越"[180]，道德比知识更加重要，更为本位："一个学识贫乏的人可能是一个幸福的人，一个有用之才，但一个道德败坏的人必然是一个悲惨的人，而且对身边所有的人都是个负担。[181]"

在理智教育、德性教育之外，完整的博雅教育还应该辅以宗教的教育："除了让人自豪的科学、哲学和文雅知识以及其他构成博雅教育的内容之外，没有任何事物比理性宗教，或者纯洁的基督教的高尚庄严的学说更能让心灵真正地 liberal。[182]"完整的博雅教育应当是理智教育、德性教育与宗教教育的结合。

## 博雅教育与中间阶层

在诺克斯这里，博雅教育仍然与特定的阶层、特定的教育机构联系在一起，它是一种面向"中间阶层和上流阶层"（the middle and higher ranks）的教育，与之相匹配的是博雅学校（liberal school），或者说，文雅学校（genteel school），也就是伊顿公学、威斯敏斯特公学以及其他学习古典语言和古典文学的文法学校。与致力于古典教育的文法学校相对的是那些传授庸俗的、机械的、粗俗的技能的次等学校（inferior schools），这些学校适合于"次等阶层"（inferior class）[183]。在博雅学校中，"品位几乎自然而然地得到生长……知识健全可靠、学习充满快乐，其原因在于古典知识让人心旷神怡。……博雅学

178 Vicesimus Knox. *Liberal Education*. London: Charles Dilly，1785.卷二，p.88-89.

179 Vicesimus Knox. *Liberal Education*. London: Charles Dilly，1785.卷二，p.89.

180 Vicesimus Knox. *Liberal Education* London: Charles Dilly，1785.卷二，p91.

181 Vicesimus Knox.. *Liberal Education* London: Charles Dilly，1785.卷二，p92.

182 Vicesimus Knox.. *Liberal Education*. London: Charles Dilly，1785.卷二，p96.

183 Vicesimus Knox. *The Works of Vicesimus Knox, D.D.: With a Biographical Preface*，Vol.IV.，London，1824，365，366.

校鼓励优雅的技艺，这些技艺使人品格醇和精良，并用优美的花冠装饰充满男子气概的额头"[184]。

甚至在那些穷乡僻壤之所，一旦有文法学校驻足其间，粗鲁、无礼的村民也能脱胎换骨，变成绅士[185]。而在次等学校中，所有的仅仅是肤浅的学问、虚假的异国情调、鄙俗的商业技能。

如前所述，博雅教育主要是针对"中间阶层和上流阶层"的教育。在这两个阶层当中，诺克斯尤其重视"中间阶层"的教育。在诺克斯看来，英国的贵族阶层已经彻底地堕落了。很多贵族并不送子弟进大学学习，即便进了大学，这些贵族子弟也大多是花花公子，他们根本无心向学，平日里除了骑马、猎狐、打牌，就是在咖啡馆消遣，在烟花柳巷流连。这些脑袋空空的纨绔子弟，打扮入时的花花公子，将会因为遗传的原因而成为未来的"统治者、政治家和地方行政官"[186]。大学中的贵族子弟令人堪忧，议员中的贵族也萎靡不振。诺克斯指出，受法国文明的影响，英国的青年变得作风轻浮、沉湎酒色，这种情况在议员阶层中表现得尤为突出。因此，要维护英国的传统秩序，必须改变英国的现状。在批评了英国的贵族阶层之后，诺克斯将目光投向了"中间阶层"，他认为以乡绅为主体的中间阶层最能抵御罪恶的侵蚀，并对这一阶层不吝赞美之词："每一种德性和卓越的例子都源自中等阶层。中等阶层能够获得改善心智的最佳机会，而且他们最能经受诱惑，最能体现德性与幸福。……毫无疑问，中等阶层的教育比那些所谓'贵族'的教育更加好"。[187]

当然，诺克斯并不完全排斥来自下等阶层的子弟接受博雅的教育，进而从事博雅职业（即法学、医学、神学职业），他认识到，在历史上，很多英格兰的杰出人物都来自贫穷的下等阶层，他们通过免费学校接受了良好的古典教育，最终成为国家的柱石[188]。

### 博雅教育与公民自由

作为一个辉格党人，诺克斯是英国式的公民自由（civil liberty）的坚定支

---

184 Vicesimus Knox. *The Works of Vicesimus Knox.Vol.IV.*，London，1824，366-367.

185 Vicesimus Knox. *The Works of Vicesimus Knox. Vol.IV.*，London，1824，367.

186 Vicesimus Knox. *Liberal Education*. London: Charles Dilly, 1785 卷二，第 240 页。

187 Dror Wahrman. *Imagining the middle class: the political representation of class in Britain, c. 1780-1840*，1995：47

188 Vicesimus Knox，*Winter Evenings: Or Lucubrations on Life and Letters Vol.2*，New York，1805：65.

持者。在他看来，中间阶层比贵族阶层更能捍卫英国的自由。他指出，中间阶层是"自由（liberty）的最佳壁垒"，"他们是防止权力滥用的天然而最富成效的工具，……中间阶层需要保护他们与生俱来的自由（freedom）"[189]。在诺克斯所说的中间阶层中，乡绅的地位最为重要，他指出，"由民众所支持的独立乡绅……是自由必须依赖的阶层"。[190]

同样，博雅教育和自由（liberty）并非毫无关系。古典学的教育也并非仅仅为了培养文学品位和审美趣味。以古典学为基础的博雅教育和英国人民的自由权利息息相关："古典学科不仅是增进古典知识的基础，……也是宗教、德性的基础，而且，我还认为，我们国人的自由权利（liberties）也很大程度上依赖于古典学科的持续发展"[191]。

他又指出，古典学和公民自由之间存在密切的联系，因为正如霍布斯所教导的那样，只要人们阅读古希腊罗马的经典著作，人们就会吸取蕴藏其中的精髓：自由的原则、对于人类的尊严和权利的公正的情感。[192]这就清楚地解释了为何古希腊罗马经典著作——即古典教育——会与自由联系起来，因而也解释了为何古典教育是"自由"的教育。

与此同时，他还将博雅教育和某种层面的"精神自由"联系起来。在《论品位的培养》这一章中，他又引用了艾萨克·沃修斯（1618-1689）对"liberal"一词的详尽解释，当我们将liberal这个词用于艺术、知识和教育的时候：

> "Liberal，不仅仅是因为它们与自由人（liberal men）的身份相称，而且是因为他们使心灵从罪恶中解放（liberate）出来[193]，因为他们教导人们去思考。在最正确的意义上，这就是liberal的，即从激情的暴政——一种奴役的状态——中解放出来。惟有对于神、对自己的灵魂、对公共善的服务才是完美的自由。"[194]

---

189 Dror Wahrman. *Imagining the middle class*，New York: Cambridge University Press，1995：48

190 Dror Wahrman. *Imagining the middle class*，New York: Cambridge University Press，1995：70

191 Vicesimus Knox. *Liberal Education* London: Charles Dilly，1785 卷一，第 3 页。

192 Vicesimus Knox. *Liberal Education*. London: Charles Dilly，1785 卷一，第 214 页。

193 布鲁斯·金博尔认为将 liberal education 和 liberate 联系起来是二十世纪美国新出现的解释，这种观点经不起推敲。

194 Vicesimus Knox. *Liberal Education*. London: Charles Dilly，1785.卷一，p.214.

显然，诺克斯所理解的"自由"是一种将人格独立与服务公益结合起来，将自由与秩序结合起来的"自由"。自由是一种心灵的自由、公民的自由，而非个人主义的自由。这与自由至上主义者对自由的理解不可同日而语。自由是在秩序中的自由，无政府状态和暴政专制一样可怕，"文明的最有价值的目标是秩序和宁静"[195]。诺克斯对无秩序之自由的恐惧显然与他反对法国大革命的立场密切相关。

在 18 世纪，牛桥两校的博雅教育还承担着一个非常重要的任务，即为大英帝国培养政治领袖。诺克斯也主张博雅教育要培养绅士对"自由"的热爱，以使他们将来在政治生活中维护公民自由，但他不赞成在大学中直接研究现实的政治："不要与政治扯上关系，政治并非当务之急，它需要你用一辈子去学习。……以你现在的年纪，奢谈政治未免矫情做作。……要对自己的责任充满信心，要对自己默默无闻感到愤慨，要有不甘人后的精神，在某些技艺或知识方面出类拔萃，以资日后参与公共生活之用"[196]。

### 诺克斯在博雅教育思想史上的地位

在《博雅教育》一书中，诺克斯对母校进行了激烈的批评，不过，他并不要求彻底的变革，而是希望母校能够在维持现有制度的情况下，更加有效地运转，提高学术的标准，并整肃学校风纪。基于这一考虑，他提出了一些大学改革的建议。这些建议包括：1. 提高学生的入学年龄，学生不应当在 19 岁之前入学；2. 应当有私人导师负责学生的品行；3. 大学的教师（公共教授和学院导师）应该更切实地担负起教育的责任，认真履行授课的任务；4.建立荣誉制度，以区分才学的优劣。[197]1789 年，诺克斯在《博雅教育》一书的第十版中附上了他写给当时牛津的校长诺斯勋爵的公开信，阐述改革牛津的建议[198]，并得到牛津学人的回应。[199]也许并非巧合的是[200]，十九世纪初期牛津

---

195 Vicesimus Knox. Liberal Education. London: Charles Dilly，1785.卷二，p.260.

196 Vicesimus Knox. Liberal Education. London: Charles Dilly, 1785，卷二，p.96.

197　Vicesimus Knox. Liberal Education. London: Charles Dilly,1785　卷二，p196.

198 Pe--e,ART. VII. A Letter to the Right Hon. Lord North, Chancellor of the University of Oxford; from Vicesimus Knox, M. A. lateFellow of St. John's College, Oxford; annexed to the Tenth Edition of Liberal Education., Monthly Review, 3 （1790:Nov.）p.280

199 *A letter to the Rev. Vicesimus Knox on the Subject of his Animadversions on the University of Oxford. By a Resident Member of that University*. Rivingtons:1790.

200 诺克斯的《博雅教育》一书曾在牛津校内激起不小的反响。

大学的改革恰恰就是沿着诺克斯所提出的路线而展开的，其中最重要的举措是，牛津大学于 1800 年颁布了新的考试章程，正式建立了以古典学科为中心的荣誉学位考试制度。从这个意义上讲，诺克斯的教育思想预示了十九世纪上半叶牛津大学的"新变"。因此，他的博雅教育理论也就构成了近代英国博雅教育思想的一个非常重要的环节。

## 3.4. 三种博雅教育理论的比较分析

教育社会学家 Archer 指出，挑战现行教育体制的策略通常有两种，一种是"限制"（restriction），这是带有强制性的策略，一般表现为从统治阶层中抢夺教育设施，然后限制利用这些教育设施的人群，法国大革命后的教育改造即是这种类型，专业阶层、工人阶级和农民阶层联合起来推翻了现有的教育制度，并且将耶稣会驱逐出教育场所，并夺取教会的财产，世俗的军政权则严格限制教育，对教育机构进行认证和监督；另外一种策略是"替代"，即不推翻现行的教育体制，而是另起炉灶，自己创造另外一套教育制度。英格兰最典型地体现了这种策略。在英格兰，工商阶层与宗教异议阶层不足以挑战英国国教的权威和贵族的政治权力，转而利用自身所掌握的财富建立另外一套替代性的教育制度。201

在以上三种版本的博雅教育观念中，诺克斯显然代表的是主流教育制度，亦即英国国教的观点，相反，普莱斯特里则代表了宗教异议阶层的教育观念。

# 第四节　文雅观念与博雅教育

如前所述，就 18 世纪的教育思想史而言，文雅艺术（polite arts）、文雅知识（polite learning）、文雅（politeness）、文雅教育（polite education）这几个概念事实上比博雅艺术（liberal arts）更为重要，而且，文雅的观念对 18 世纪的博雅教育理念和实践产生了异常深刻的影响。因此，我们有必要对这几个概念展开分析，并探讨它们的影响。

## 4.1 文雅、文雅艺术与文雅教育

17 世纪末、18 世纪初，文雅（politeness，或译为礼貌）一词在英国成为

---

201 17Margaret S. Archer, *Social Origins of Educational Systems*（London: Sage Publications, [1979] 1984）.pp.53-59.

话语的主旋律之一[202]。围绕文雅一词，产生了一系列的关键词：雅致、礼仪、品格、教养、文明；以及一些品质、特征，如自由、从容、自然、优雅。文雅既可用于表示精英的行为和道德标准，如文雅绅士、礼貌社会（polite society）、礼貌交谈；也可用于指人类人工制品和产品的审美标准，如文雅技艺、文雅知识、典雅建筑等等；它甚至还用于概括一个时代或社会的特征，如文雅时代、文雅国家、文雅民族。身处这一时代的人们认为，古代社会最完美地体现了文雅的标准，而横亘在古代文明社会与现代社会之间的是漫长的、黑暗的中世纪。[203]

那么，什么是"文雅的"或"文雅"呢？根据约翰逊博士的英语大词典，"文雅的"的含义是"体面的；温和的；优雅的；高雅的；举止优雅"[204]。"文雅"的含义是"高雅；举止优雅；教养；有教养的"[205]。

文雅的主要目的是通过文雅、礼貌的言行举止使交谈的双方能够愉快、惬意。文雅的（Polite）来自法语 policer，意即自己管辖自己，控制冲动的情绪，以使交谈能够顺利进行[206]。劳伦斯·克莱因指出，文雅的关键含义主要包括以下三个要素：1、健谈，其反面为不善交际；2、绅士风度（gentlemanliness），其对立面为学究气（pedantry）；3、彬彬有礼（urbanity），其对立面为粗野[207]。类似地，我们可以从社会、心理和形式这三个层面来把握"文雅"的含义。就其社会层面的意涵而言，文雅意指一个人善于与人交际，待人彬彬有礼；就心理层面而言，文雅意味着一个人在交往中能够体谅他人、考虑他人的感受，使交往的过程轻松愉快；就形式的层面而言，文雅是一种交往的艺术和技巧。而这种社会交往的主要内容是"交谈"，因此文雅

---

202 早在十五世纪的时候，polite 一词已经在英语中出现，指一种通过文学才能或其他形式所体现的精致和优雅。不过，直到十七世纪中期的时候，这个词才开始变得重要。

203 Lawrence E. Klein. "Liberty, Manners, and Politeness in Early Eighteenth-Century England". *The Historical Journal*, Vol. 32, No. 3 （Sep., 1989）, pp. 583-605.

204 Samuel Johnson, John Walker, Robert S. Jameson. *A Dictionary of the English Language*，London，1828：553.

205 Samuel Johnson, John Walker, Robert S. Jameson. *A Dictionary of the English Language*，London，1828：553.

206 Rothblatt 与笔者的通信，2007 年 6 月 26 日。

207 Lawrence Klein. "Politeness" as linguistic ideology in late seventeenth-and eighteenth-century England [A]. Dieter Stein, Ingrid Tieken-Boon van Ostade. Towards a Standard English, 1600-1800, 1994：31-51

的标准尤其要求措辞的得体和巧妙[208]。由此，文雅和语言、学问建立了联系，产生了文雅知识的概念。

界定文雅知识的主要标准是"品位"。作为一个概念，品位一词在 17 世纪的意大利和法国已经较为常见，但直到十八世纪才成为一个理论化的主题。[209]英国诗人、戏剧家和散文家奥利弗·戈德史密斯（1730-1774）是论述品位概念的代表性人物。和文艺复兴时期的人文主义者一样，戈德史密斯对中世纪知识分子建立在逻辑基础之上的经院哲学嗤之以鼻。他承认中世纪知识分子的学问精深奥妙，但指责他们沉浸于烦琐、无聊的问题，而且不能用美的形式来装点自己的知识。他嘲笑说，中世纪知识分子浩如烟海的著作只会在图书馆中蒙上灰尘，真正的学者对它们不屑一顾，或许只有鉴赏家会偶尔光顾它们。[210]戈德史密斯认为，中世纪的"黑暗"不在于这个时代的人缺乏知识，而是在于这个时代的"品位"出了问题，他们不恰当地将自己的求知欲引向了乏味的哲学研究。在他看来，整个中世纪的品位都是错的，由于品位是错的，中世纪所生产的知识无非是一些经典评注、文献汇编和问题论辩集，所培养的则是喜好辩论、吹毛求疵的人，玄奥高深的形而上学家，这些人根本不配称为"学问家"。一句话，整个中世纪是"野蛮"的[211]。

在戈德史密斯看来，判断一个社会优劣的最重要的标准是"品位"。品位应该指引社会前进的方向，促进知识与社会阶层之间的交流：

> "除非受到品位／鉴赏力的指引，否则我们就永远不可能普遍地培植其理性。品位／鉴赏力是科学与常识之间的联结点。通过这个媒介，社会能够永远看见学问"[212]。

---

208 Lawrence E. Klein. *Shaftesbury and the culture of politeness: moral discourse and cultural politics in early eighteenth-century England*, New York, NY: Cambridge University Press, 1994：4.

209 Sheldon Rothblatt. *Tradition and change in English liberal education*. Faber and Faber，1976：50.

210 Oliver Goldsmith. *An enquiry into the present state of polite learning in Europe*, London:1774：26.

211 Oliver Goldsmith. *An enquiry into the present state of polite learning in Europe*, London，1774：32.

212 Oliver Goldsmith. *An enquiry into the present state of polite learning in Europe*, London，1774：155.

在他看来，最能体现"品位"的是文雅知识，也就是美的知识、贴近常识的知识，和科学知识相对的知识[213]。他所谓的"文雅"知识比较接近"文学"这个概念，大致包括诗歌、戏剧、历史和散文。没有证据表明他将数学视为一门文雅知识，他甚至认为牛津剑桥的数学课程太多了：

> "我们大学的数学课程太多了。数学似乎是一门科学，那些最平庸的知识分子就可以胜任。我忘记了谁说过以下一段话，'只要愿意，所有人都能学会数学'"[214]。

戈德史密斯关于文雅知识的阐述在十八世纪影响较大。诺克斯还在公学读书时就曾聆听过戈德史密斯关于纯美文学（Belles Lettres）的见解[215]，他后来颇为风行的《博雅教育》一书对文雅知识的侧重即与奥利弗·戈德史密斯的影响有关。和戈德史密斯一样，他将纯美文学视为与科学相对的概念。[216]他所说的"文雅知识"大致包括历史、诗歌、道德哲学和雄辩术，并不包括算术、几何等数学学科[217]。在他看来，那些决定从商的学生，不应该局限于书写和算术，不管他们在这两种技艺上的造诣如何精深，他们的情感都不会变得更加优雅。书写和算术永远不能造就绅士[218]。

和戈德史密斯、诺克斯一样，休谟也将文雅艺术视为和科学[219]相对的概念，前者在开明的君主制中更加兴旺，而后者则在共和制中更为繁荣。在共和制中，人的成功来自下面的人民，因为人必须让自己变得有用、勤奋，这两者都催生科学；在开明的君主制中，人的福祉来自上层权贵，因此他必须变得文雅、得体，让人赏心悦目[220]。君主政体的权威来自人们对祭司阶层和

---

213　Oliver Goldsmith. *An enquiry into the present state of polite learning in Europe*, London，1774：72.

214　Oliver Goldsmith. *An enquiry into the present state of polite learning in Europe*, London，1774：149.

215　关于这段经历的记述，参见 Vicesimus Knox. *Liberal Education*. London: Charles Dilly,1785 卷一， p.79.

216　Vicesimus Knox. *The Works of Vicesimus Knox, D.D.: With a Biographical Preface*，Vol.IV., London，1824：370.

217　Vicesimus Knox. *Liberal Education*. London: Charles Dilly, 1785. 卷一， p.289.

218　Vicesimus Knox. *Liberal Education*. London: Charles Dilly,1785. 卷一， p.139.

219　休谟所说的科学包括道德哲学、神学、形而上学、道德哲学、自然哲学、数学，等等。

220　David Hume. *Essays and Treatises on Several Subjects*，Edinburgh，1809：130.

君主的敬畏，因此，君主政体必然强调权威和秩序，反对人们在宗教、政治、形而上学和道德哲学领域自由地运用理性。自然哲学和数学得以保留，但并不受人尊崇[221]。因此，正如劳伦斯·克莱因所论，作为一种知识分类原则，文雅艺术和文雅知识指的是人文的、艺术的知识，与哲学的、数学的、科学的知识相对[222]。

不过，劳伦斯·克莱因的概括还不完全准确。事实上，在十八世纪，文雅艺术并不纯粹是一个知识的概念，它还包括舞蹈、行为举止等与礼仪有关的"艺术"。1749 年在伦敦出版的一本题为《文雅艺术》的书籍中，arts 分为三类，一为机械艺术，它们为生活所必需；一为文雅艺术，包括音乐、诗歌、绘画、雕塑、行为举止和舞蹈；第三类为既实用又令人愉悦的艺术，包括雄辩术和建筑。[223]

与文雅知识、文雅艺术相对应，文雅教育（polite education）在十八世纪成为一个非常重要的教育学概念。和侧重学识取向的博雅教育不同，文雅教育或者礼仪教育是一种社会取向的、身体化的教育，其最终目的不是为了发展人的理智，而是为了使人养成优雅的举止，掌握一些必要的社交性才艺（如舞蹈、书法），领悟处世之道，以便在社会中如鱼得水、一展宏图。约翰·柯里漫画式的笔触向我们生动地展示了当时人们所谓的"文雅教育"：

> "确实，对那些无知但又渴望上进的男男女女们来说，如果运用得当，剧院可以在某种程度上提供寄宿学校所不能提供的东西，也就是所谓的文雅教育（polite education）。通过模仿在后台的优雅绅士，有抱负的年轻小伙可以改善他们的行为举止……，如果留心学习，还可以学到最时髦的誓言……稍加修正，这些都算得上是装饰性的才艺。在这个雅致的时代中，女孩子们的扭捏害臊已经不合时宜……她们应当注意女演员们的穿着、仪态、眼神、优雅的戏剧步法，……以改善自身的仪表。[224]"

221 David Hume. *Essays and Treatises on Several Subjects*，Edinburgh，1809：131.

222 Lawrence E. Klein. *Shaftesbury and the culture of politeness: moral discourse and cultural politics in early eighteenth-century* England, New York, NY: Cambridge University Press,1994：5.

223 Paul Oskar Kristeller. *The Modern System of the Arts: A Study in the History of Aesthetics* （Ⅱ）[J] Journal of the History of Ideas, Vol. 13, No. 1. （Jan., 1952），pp. 17-46.

224 John Corry. *The English Metropolis, Or, London in the Year 1820*, London, 1820：296.

　　谢尔顿·罗斯布拉特在《英国博雅教育的传统与变革》一书中将博雅教育（liberal education）等同于文雅教育（polite education）[225]，这种观点委实值得商榷。

　　查斯特菲尔德勋爵（1694-1773）是十八世纪文雅教育理论的主要代表人物之一，他教导儿子说，甚至连书写这样的细节也不能掉以轻心，因为清晰优雅的书写是"文雅教育"的一部分，没有什么比潦草的书写更"缺乏教养"[226]。

　　从宏观的角度看，礼仪、礼貌、文雅之所以突然之间变得如此重要，主要是基于以下几个方面的原因：

　　首先，礼貌或礼仪是对"17 世纪的总危机"的一个回应。一个追求自我利益但谦恭待人的人，是一个可以信任的人，是一个遵循规则的人，这就意味着交易成本的降低以及对任意性权力的约束；在礼节和礼貌严格控制下的"互动仪式"，使得政府建立在一个更为可靠的基础之上[227]。

　　其次，礼貌、纪律和治理术之间存在复杂的关联。或者按照福柯的说法，礼貌和纪律造就了"驯服的身体"和遵纪守法的"良民"、"绅士"，从而使得理性化的现代国家建立在更为牢固的社会基础之上[228]。礼仪或礼貌可以缓解不同宗教、不同阶层之间的冲突[229]。

　　再次，十八世纪的英国社会是一个崇尚交谈、喜好交际的社会。当时咖啡馆、沙龙、酒馆非常兴盛，都市的男男女女，都热中于交谈闲聊。上流社会流行雇佣仆人，这使得闲暇时间尤为充分。十八世纪的最后二十五年中，英国议会中的辩论尤为盛行，这使得演讲、共同交谈的能力尤为有用。在沉寂了大半个世纪之后，英国的议会辩论又因为国际事务、殖民地危机而重新如火如荼地展开。议会政治日益民主化，此前为少数实权人物所垄断的决策权，现在交到了议会面前。[230]

---

225 在与笔者的通信中，罗斯布拉特教授指出，十八世纪的人们经常不加区分地使用一些概念。

226 Chesterfield. *Principles of politeness, and of knowing the world*，Dublin，1790：57.

227 李猛.论抽象社会［J］社会学研究.1999（1）：1-23.

228 李猛. 论抽象社会［J］社会学研究.1999（1）：1-23.

229 Sheldon Rothblatt. *Tradition and change in English liberal education*，Faber and Faber，1976：14-16.

230 Sheldon Rothblatt. *Tradition and change in English liberal education*，Faber and Faber，1976：63.

　　而具体到教育场域，十八世纪的教育家，包括查斯特菲尔德勋爵、普莱斯特里、诺克斯、特恩布尔等人都十分重视文雅、礼貌和教养，其主要的原因在于，在一个高度重视礼仪、举止的社会中，外表的优雅往往比内在的学问更加重要，更能使人在社会中立足，并获得向上发展的机会。对于当时过分重视外表的优雅、得体的礼仪的社会风气，普莱斯特里、诺克斯等来自教育阵营的学者们事实上是啧有烦言的。然而，他们毕竟阻挡不了社会发展的大趋势。诺克斯慨叹说：

> "年轻人看到，荣誉被颁发的原因是性格（characters），而性格并非以坚实的才能为基础。相形之下，那些博学的、德性高尚的人只获得极其有限的吝啬的褒扬。他们扔下了书本，放松了道德约束，开始学习俗世的礼仪（manners of the world），获取一些肤浅的优雅，因为他们发现这是获得赞助最成功的途径"[231]。

　　在 18 世纪，文雅的观念是与"自由"（liberty）的观念联系在一起的。经过光荣革命，英国成为了一个施行议会民主制度的自由国家。与此同时，随着绝对主义权力的衰落，建立在公共领域基础之上的市民社会开始形成。谢尔顿·罗斯布拉特教授在解释"文雅"、"礼貌"与"自由"的关系时指出，在十八世纪，博雅教育的目的是培养文明、开化的公民，并使公民积极参与到礼貌、文雅的交谈中去。这种礼貌的交谈同时意味着自我的规训和自我的控制。因为，在交谈之中，人们需要温文尔雅、礼貌得体，控制不得当的感情。一个能够自我规训、自我控制的市民群体，将是一个"自治"的群体，由于市民是自治的，国家的作用将被缩减至最小，在这个意义上，市民是自由的，博雅教育是自由的。[232]

## 4.2 "文雅"观念及其对博雅教育的影响

　　关于这一时期博雅艺术（libeal arts）和文雅艺术（polite arts）之间的关系，笔者曾向美国研究博雅教育思想史的权威学者谢尔顿·罗斯布拉特和布鲁斯·金博尔致信请教。罗斯布拉特认为所谓的博雅教育，几乎等同于"文雅／礼貌教育"，博雅艺术和文雅知识几乎可以视为同义词。[233]布鲁斯·金博尔

---

231 Vicesimus Knox.*Winter Evenings: Or Lucubrations on Life and Letters Vol.2*，New York，1805：170.

232 参见 Sheldon Rothblatt 与笔者的电子邮件通信，2007 年 7 月 17 日。

233 这是 Sheldon Rothblatt 在与笔者通信中所表达的观点。

则持不同意见，他指出，尽管博雅艺术和文雅艺术有重叠之处，但两者不尽相同，博雅艺术关注的是学术性的知识，如算术、文法、修辞，等等，而后者关注的则是社会行为，如舞蹈、交谈、书写，等等[234]。根据我们上面的分析，布鲁斯·金博尔教授的意见显然更为准确。

文雅和文雅知识的观念对这一时期的博雅教育观念和实践的影响大致可归纳为以下几点：

（一）就教育思想史的话语而言，文雅（politeness）或文雅教育的观念对博雅教育思想的影响是显而易见的。我们在第三节中研究了十八世纪博雅教育话语最重要的三位阐述者，这三位作者或多或少都受到了文雅观念的影响。

在这一时期的教育学论著中，我们通常能看到"polite and liberal education"这样的表述。在这三位作者的教育论著中，文雅、文雅知识、文雅艺术、文雅教育的术语也随处可见。

就思想史的传承关系而言，维塞斯莫·诺克斯深受奥利弗·戈德史密斯的影响，强调博雅教育的目的在于获取文雅知识与实用知识。沙夫茨伯里伯爵是十八世纪文雅观念最重要的源头之一，苏格兰"自由"教育观念最重要的阐述者乔治·特恩布尔就深受其影响[235]。特恩布尔的《"自由"教育之我见》一书用大量的篇幅了讨论文雅、教养（well-breeding）、文明礼貌（civility）、社交性（sociality）等问题。在乔治·特恩布尔看来，完整的"自由"教育应该是*文雅、德性与知识*的结合："将文雅（politeness）融合进知识与德性，'自由'教育方告结束，臻于完满"[236]。

（二）人们越来越多地从"文雅／礼貌"的角度来定义绅士，文雅绅士、文雅学者成为这一时期的教育理想类型。理想的绅士应该是一个温文尔雅、口才超群，善于待人接物，懂得体谅别人的人。一个文雅的人，应该处处以他人为先，尊敬长辈，同情弱者，对女性殷勤周到，对陌生人谦恭有礼。

---

234　参见 Bruce Kimball 与笔者的个人通信，2007 年 12 月 8 日。

235　在爱丁堡大学期间，特恩布尔是 Rankenian Club 的活跃分子，该俱乐部最主要的活动就是研读沙夫茨伯里的著作。

236　George Turnbull. *Observations upon liberal education*（1742），Indianapolis, Ind.：Liberty Fund，2003：314.-而在十九世纪和二十世纪，"教养"的问题通常被逐入家庭领域、宗教领域和社会领域，几乎不再受到教育学的关注。

（三）相应地，在十八世纪的英国，传统的"自由"技艺课程范式转变成了"文雅知识"的课程范式。正如中世纪的经院哲学家从心灵自由的角度来阐释博雅艺术一样，十八世纪的人们则更多地从"文雅"的角度来定义知识。依照这种标准，一门学科能够被视为"自由"教育的一部分，取决于其是否文雅，是否有助于培养学生的社交能力和处世之道。十七世纪末，古典学在牛津、剑桥取得优势地位。新古典主义在英国渐成潮流。所谓的"人文学"（humane learning），指的就是对古典文本的学习。古典人文学或文雅学问最受重视，因为这些知识宜于交谈。维塞斯莫·诺克斯就指出，"文雅知识，或者说道德、历史、雄辩术和诗歌方面的知识，其最大的价值在于为优雅的交谈提供了取之不尽的素材"[237]。在十七世纪下半叶迅猛发展的近代科学遭到古典主义者的抨击，理由是这些学科不够"文雅"（polite）或"文明"（civilized）[238]。一位主张将化学纳入课程的学者不得不申辩说化学也是一门"文雅的知识"，对交谈颇为有利。[239]而休谟在为科学知识辩护时，也说科学知识"使人性情雅驯，珍视那些荣誉、德性蕴涵其中的美好情感"[240]。

（四）文雅的观念不仅改变了博雅教育的课程内容，甚至推动了教学方法的变革。文雅、礼貌的根本目的是促进人与人之间的交往。在教育领域，则表现为教师与学生之间的沟通。为此，一切妨碍两者成功交流的东西必须被去除。例如，在教授化学、自然哲学等比较深奥的内容时，教师不能采用过分抽象的、学究气的方法，而应该采用与实践相结合的、活泼多变的教学方式，以激发绅士（在文雅社会中，学生均被视为绅士）的兴趣。为了使近代自然科学（例如牛顿的《自然哲学原理》）更加普及，很多学者都在从事使科学通俗化的工作。

（五）文雅（politeness）、文明（civility）、善于交际（sociability）这些价值观源自社会领域而非公学、大学等教育系统，但它们最终对后者产生了

237 Vicesimus Knox. *Liberal Education*. London: Charles Dilly,1785. 卷一，p.289.

238 Sheldon Rothblatt. *Tradition and change in English liberal education*，Faber and Faber，1976：43.

239 Sheldon Rothblatt: *"The Limbs of Osiris: Liberal Education in the English-speaking World." In The European and American University since 1800: Historical and Sociological Essays*. Sheldon Rothblatt and Bjorn Wittrock, eds. Cambridge, New York: Cambridge University Press. （1993）

240 Bruce Kimball. *Orators & philosophers: a history of the idea of liberal education*，New York: College Entrance Examination Board ，1995：187.

深刻的影响，并最终为后者所接受。十八世纪一些关于面向大学新生的小册子，以及家长的书信都叮嘱学生要善于结交朋友，要文明礼貌，慷慨好客。1750年一份反映牛桥生活的出版物提到，行为举止和礼仪（鞠躬、步法，等等）已经成为大学学院教育的一个重要组成部分，并被视为一门需要精通的"艺术"：

> "这种艺术（因为它确实是一门艺术，如果不是一门科学的话）的好处是如此明显，以致于它在所有高尚教育（ingenuous education）的场所都被传授。在有些学院，礼貌和仪态的要求甚至到了这样的程度：年轻人在两百码远的地方就必须向他们的长辈行礼"[241]。

绅士教育不仅仅是一种知识教育，更是一种礼仪或礼貌的教育。礼仪教育的目标是使社会交际活动能够愉快、有序地进行。其中最重要的社会交际活动当属交谈。随着沙龙、咖啡馆、茶馆等社会公共领域的兴起，交谈成为英国人一项非常重要的活动。在交谈中，口音开始成为关注的焦点之一。在十八世纪前半叶，人们在交谈中还允许有地方方言，允许个别语法的差异，到了下半叶，人们越来越重视语言的"标准化"。语法的瑕疵、语音的差异开始变得不受欢迎，甚至无可容忍了。由于其国际都市的地位，伦敦音变成了标准的英语发音，其他地方的方言需要受到杂草一样的对待[242]。

在与人交谈时，要注意"礼貌"。例如，

> "当你和别人交谈时，不要凝视着他，好像你在和一幅画在交谈。不要老盯着一个物体，那是没有礼貌的表现。……用一只眼眨眼是恶毒的表现。……把手插在口袋里，或藏在外衣下面，是对同伴的疏忽。不要带着鼻腔说话，……不要歪着嘴说话。"[243]

与女性的交往是十八世纪社会交际的另外一种重要形式。很多作家甚至认为，绅士必须与女性为伴，方可修成正果，成为真正的文雅绅士。文雅绅士应该尊重女性、体贴女性，而这种风度、行为举止并不能从正式的学校中获得，而必须在与有德女士的朝夕相处中涵养而成：

---

241 *The Student, Or, The Oxford and Cambridge Monthly Miscellany*. Oxford, 1750：330.

242 Sheldon Rothblatt. *Tradition and change in English liberal education*，Faber and Faber，1976：64.

243 Obadiah Walker. *Of Education Especially of Young Gentlemen*，London，1673：218-219.

"与有德女士来往是养成良好仪态的最佳学府。在交往当中，男女双方均竭尽全力取悦对方，在潜移默化之中，心灵变得优雅。女性之温柔、谦逊，必使其倾慕者欣然从之，时刻戒备，以免乱了规矩，有失体面。"[244]

文雅教育（polite education）或高雅教育（genteel education）最重要的目标是培养绅士风度，使人很好地融入社会。因此，舞蹈、击剑、打猎等在社交场合非常重要的绅士技能也成为这种教育不可或缺的一部分。在十八世纪，舞蹈教师成为一个专门的职业，专门面向绅士、贵族阶层的子弟。

自然，这种聚焦于礼仪、风度、举止的教育并非纯粹是"非功利"的。乔治·特恩布尔即指出，良好的教养可以使人结交到更多的朋友，获取更大的成功。在这方面，*良好的教养甚至比教师所传授的学问更加重要*[245]。礼仪、举止不仅关乎朋友的结交，而且直接影响一个人在世俗社会中的前途，甚至神职人员的升迁也与礼仪、举止有关。

十八世纪是古典主义的世纪，这一时代的作家们往往将一切美好的事物（如自由、民主、科学、文化）追溯至古希腊罗马，同样，他们也认为古希腊罗马是"文雅"的典范，尽管如此，这一时代所推崇的文雅观念却与古罗马的传统有着显著的不同。

首先，在休谟看来，文雅的观念在君主国和宫廷中最为盛行，而西塞罗时期的罗马是一个共和国。罗马人并非文雅、礼貌的典范："罗马人总是把自己的名字放在别人的名字之前，这一点也说明这个民族事实上缺乏礼貌"[246]。根据古罗马讽刺诗人尤维纳利斯的记载，古罗马人的奴隶主在招待客人时，总是把更好的面包和酒留给自己而不是客人，休谟指责说，这是极其"缺乏教养"的风俗[247]。

其次，和古罗马不同的是，十八世纪的文雅观念特别推崇对女性的殷勤（gallantry）。休谟指出，在野蛮的国家中，女性总是受到粗暴的对待，被奴役，被拐卖，被虐待。在文明的国家中，男性应该对女性彬彬有礼、百般谦

---

244 David Hume. *Essays and Treatises on Several Subjects*，Edinburgh：1809：138.

245 George Turnbull. *Observations upon liberal education*（1742），Indianapolis, Ind.：Liberty Fund，2003：306.

246 David Hume. Essays and Treatises on Several Subjects, Edinburgh：1809：134.

247 David Hume. Essays and Treatises on Several Subjects, Edinburgh：1809：137.

让。在十八世纪的交谈圈子中，尤其是在沙龙中，女性的地位举足轻重。而在古罗马，女性的角色局限在家庭之内，她们在作为公共领域的社交场合中根本没有一席之地。女性在公共领域的缺席对古罗马的文风也产生了直接的影响，西塞罗的文体风格对于女性来说显然过于阳刚。因此，休谟特别指出，对女性的殷勤是现代的发明[248]，"它最早出现在宫廷之中"[249]。

最后，十八世纪的修辞学和纯美文学范式强调的是文雅的品位，而不是公民话语。西塞罗的雄辩术指向的是公共事务，而十八世纪的纯美文学的典范——例如《旁观者》（Spectator）中的美文——往往极力回避争议性的政治话题[250]。在亚当·斯密、布莱尔（Hugh Blair）和坎贝尔（Campbell）等苏格兰大学的修辞学教授看来，现代修辞学是"交谈社会"中听众之间的自由的情感交流。因此，发端苏格兰的纯美文学传统与古罗马的雄辩术传统不可同日而语。

因此，南希·阿姆斯壮（Nancy Armstrong）指出，文雅的观念具有"女性化、反贵族"的特点，它与十八世纪的性格认同以及中产阶级的文化密切相联，它是十八世纪的一种意识形态建构，其目的是为了巩固贵族和专门职业群体（律师等）的地位，使其区别于"鄙俗"的下层阶级。亚当·斯密告诉学生，应当摒弃华而不实、过分矫饰的语言，言行举止克制有度，乃是绅士区别于群氓的标志。波考克指出，十八世纪所建构的这种意识形态是一种"礼仪的意识形态"，其指向的主要是社会维度而非政治维度。[251]因此，十八世纪的"文雅教育"显然与西塞罗所倡导的"雄辩家教育"有所区别。如果说，西塞罗希冀培养的是站在演说台上雄辩滔滔的雄辩家的话，那么，十八世纪所试图塑造的则是侃侃而谈的文雅绅士。

## 本章小结　礼貌社会中的博雅教育

17、18 世纪，礼貌社会兴起，博雅教育旨在养成文雅绅士和文雅学者。所谓博雅教育，指的是绅士教育。博雅艺术或博雅学科（Liberal arts 或 liberal

---

248 David Hume. Essays and Treatises on Several Subjects, Edinburgh：1809：135.

249 David Hume. Essays and Treatises on Several Subjects, Edinburgh：1809：139.

250 Thomas P. Miller. *The Formation of College English: Rhetoric and Belles Lettres in the British Cultural Provinces*，University of Pittsburgh Press，1997：168.

251 Adam Potkay. "Classical Eloquence and Polite Style in the Age of Hume". *Eighteenth-Century Studies*, Vol. 25, No. 1.（Autumn, 1991），pp. 31-56.

studies）可理解为绅士学科。值得注意的是，这一时期的很多教育学家都将博雅教育和公民自由、精神自由联系起来。

18 世纪的绅士是一个"文雅的人"[252]，或"绅士-学者"，故绅士教育以文雅知识为核心。由于礼仪、社交、交谈成为博雅教育最为重要的目标，语言和礼仪最受重视，这一时期的博雅教育与中世纪强调逻辑学的传统不同，也与纽曼之后强调"心智训练"的传统迥然有别。舞蹈、击剑成为绅士教育的必要组成部分，舞蹈学校、击剑学校纷纷兴起，炙手可热。

接受博雅教育场所的多样化是 18 世纪英国博雅教育的另一个显著特征。牛桥两校事实上已经不是承载博雅教育的最主要场所，咖啡馆、社交圈子、舞蹈教师、公学、非国教派学园、游学、交谈均是培养"文雅绅士"的可靠途径。

和中世纪相比，"博雅艺术"概念发生了革命性的变化。随着现代美术概念的形成以及美术地位的提高，绘画、雕塑、建筑这三门"视觉艺术"或"姐妹艺术"被普遍认为属于博雅艺术的范畴，政治学、自然哲学、医学都被视为博雅艺术或博雅科学。博雅学艺的外延在扩大，其内涵也在发生显著的变化。在中世纪，人们普遍地从心灵自由和精神自由的层面理解 liberal，而在十八世纪，人们更多地从"雅"的角度来定义 liberal。[253]

尽管"博雅艺术"的概念没有销声匿迹，但在知识和课程层面，更为活跃的概念是文雅艺术、文雅知识、纯美文学、人文学科，而非博雅艺术。"七艺"的经典模式依然留在人们的记忆之中，但它已无法有效表达这一时期的文化实践。内在于七艺之中的三艺和四科走向分裂，人文主义教育家发现，敏感性精神和几何学精神也许根本无法调和，于是出现了一种将数学科学排除出"人文科学"或"文雅知识"的努力。沃勒斯坦在回顾大学体系的形成与发展时指出，"两种文化"的分裂倾向的固化在十八世纪正式出现，而且，这种分裂"前所未有"，深刻地影响了此后两百多年大学学术体制的发展。[254]以赛亚·伯林也指出，自然科学与文化科学的分裂始于十八世纪的意大利思

---

252 David Hume. *Essays and Treatises on Several Subjects*. Edinburgh，1809：136.

253 这 可 以 从 "liberal and elegant arts" 这个短语中略见一斑。Joseph Priestly. *Miscellaneous observations relating to education*，Bath，1778：115.

254 （美）伊曼纽尔·沃勒斯坦. 转型中的世界体系. 北京：社会科学文献出版社，2006：81.

想家维柯[255]。两者的判断可谓不谋而合。

在古希腊罗马时期，使博雅艺术和其对立面区分开来的是"政治标准"。在中世纪，使博雅艺术和其对立面区分开来的主要是"知识标准"。在文艺复兴时期，"审美"的标准开始介入知识的分类学之中。到十八世纪，社会标准和审美标准占据上风，这主要表现在文雅艺术或文雅知识这两个概念上。

十八世纪博雅教育思想的三位主要阐述者维塞斯莫·诺克斯、普莱斯特里和特恩布尔都不约而同地将博雅教育和公民政府、公民社会或公民自由联系起来，这一共同点反映了从臣民社会转向公民社会的变迁。但是，在用什么样的课程方案来培养公民或绅士这一点上，三者产生了分歧。罗斯布拉特认为，十八世纪的博雅教育理论很少关注课程问题[256]，这一论断站不住脚。事实上，正是在课程领域，十八世纪的教育家们出现了分歧。1789 年，《爱丁堡杂志》刊登美国开国元勋本杰明·拉什（Benjamin Rush）的一篇长文，**该文的主要观点就是不宜将古希腊文和古拉丁文列入博雅教育课程的内容**。[257]从对博雅教育课程的不同立场来看，普莱斯特里代表了来自非国教学园的博雅教育观，侧重政治知识和历史；乔治·特恩布尔代表的则是苏格兰大学的"民主"传统，强调自然哲学与道德哲学的结合；维塞斯莫·诺克斯代表的则是来自公学和牛桥的传统，坚持古典语言和古典文学的核心地位。十八世纪的英格兰学者侧重从"博"与"雅"（符合绅士身份的）来阐释 liberal 的语义，而乔治·特恩布尔则从"内在自由"的角度来阐释 liberal 的语义，从而将 liberal 理解为"自由"。普莱斯特里和特恩布尔坚持现代学科（英语、英国法律、自然哲学，等等）的优先性，他们代表的是"现代化的"博雅教育理论。

然而，普莱斯特里、乔治·特恩布尔的挑战未能改变十八世纪教育的"中心－边缘"格局，他们所代表的仍然是精英教育系统之外的实践。在公学和牛桥，在上流社会中，博雅教育指以古典文学、文雅知识为主的教育，也即

---

255 （英）以赛亚·伯林. 反潮流—观念史论文集. 冯克利译. 南京：译林出版社，2002：101.

256 Sheldon Rothblatt. *The Modern University and its Discontents*，Cambridge University Press，1997：186

257 ,An Inquiry into the Inutility of a Knowledge of the Latin and Greek Languages, as a branch of Liberal Education, with Hints of a Plan of Liberal Instruction, without them., Edinburgh Magazine, 10:60 （1789:Dec.）p.378-390.

古典教育。这一时期的博雅教育通过品位、文雅、礼貌、优雅、知识（古典学）等标准和其对立面"区隔"开来，而且，这种"区隔"的存在仍然依赖于教育体制的分割，那些在文法学校、公学、牛津、剑桥、私人教师中受教育的人被认为是博雅教育的接受者，而在算术学校、商业学校、技术学校中接受教育的人则被认为是鄙俗教育的接受者。

十八世纪的博雅教育指向的是伦理和社会。正如罗斯布拉特所指出的那样，十八世纪的博雅教育意味着正确的言行以及伦理的自我发展。这是该时期的博雅教育观念与后世的最大不同。我们甚至可以说，在乔治王朝时代，所谓博雅教育的历史，就是"正确生活的艺术与科学"。它关注的是受教育者道德 – 社会层面的行为。不管是技艺或科学，"所强调的都是生活而非认知"[258]。英国著名政治家威廉·皮特（1707-1778）在书信中这样告诫自己在剑桥求学的侄子：

> "你应该做一位绅士，饱读诗书，才具过人，以报效国家；不要做一位学究，那种人博览群书，只为赢得学富五车的名声，而不是将学问用于经世致用。[259]"

这段话颇能体现整个十八世纪博雅教育的时代精神。

---

258 谢尔顿·罗斯布拉特指出，这种对于博雅教育的理解直到维多利亚早期还"没有被完全抛弃"。然而，我们也应该看到，这种以塑造品性为圭臬的贵族教育，尽管志趣高远，对于大学自身的发展来说却非常不利。由于无法提供有效的心智训练，大学零落凋敝，牛桥两校有些学院有时只有两三个学生。学生热衷于打猎、击剑、舞蹈等娱乐，根本无心学习，代表西方理智传统的学术知识在大学的衰落窳败，绝大部分的人在其他地方而不是在大学接受博雅教育。Sheldon Rothblatt. *Tradition and change in English liberal education*, Faber and Faber, 1976: 14-16.

259 William Pitt. *Letters Written by the Late Earl of Chatham to His Nephew Thomas Pitt*, London, 1804: 13.